JN125147

Q&A 改正建築物省エネ法のポイント

令和元年11月施行

編集　建築物省エネ法研究会

新日本法規

はしがき

2016年11月に「パリ協定」が発効し、温室効果ガス排出量削減等のための新たな国際的な枠組みが確立されたこと等を背景として、住宅・建築物の省エネ対策の強化が喫緊の課題となっております。

こうした状況の中、第198回国会において、注文戸建住宅及び賃貸アパートの住宅トップランナー制度の対象への追加、中規模非住宅建築物の適合義務制度の対象への追加や小規模住宅・非住宅建築物における建築士から建築主への説明義務制度の創設等を措置した「建築物のエネルギー消費性能の向上に関する法律の一部を改正する法律（令和元年法律第4号）」（改正建築物省エネ法）が2019年5月に成立しました。

これにより、2019年11月から、注文戸建住宅や賃貸アパートが住宅トップランナー制度の対象に追加されたほか、2021年4月からは適合義務制度の対象が拡大したり、小規模住宅・非住宅建築物の説明義務制度が開始したりするなど、建築物に係る手続や設計・施工等の実務が変わります。

本書は、2019年11月16日から施行された改正建築物省エネ法の、法律、政令、省令、告示や関連予算等の内容について、Ｑ＆Ａ方式で分かりやすく解説したものです。建築に携わる方々にとって、本書が改正された法律の正しい理解の一助となることを願います。

2020年1月

建築物省エネ法研究会

略　語　表

1　略記例

解説の根拠として（　）中に法令を掲げる場合は、次のように略記しました。

建築物エネルギー消費性能基準等を定める省令第1条第1項第1号イ＝基準省令1①一イ

2　略　語

解説の根拠で使用した法令の略語は、次のとおりです。なお、〔　〕内は本文中で使用した略語です。

法〔本法〕	建築物のエネルギー消費性能の向上に関する法律
〔本法施行規則〕	建築物のエネルギー消費性能の向上に関する法律施行規則
基準省令	建築物エネルギー消費性能基準等を定める省令

目　次

Ｑ＆Ａ編

第１　総　論

第２　基本的な方針等（法律第3〜6条）

第３　建築物エネルギー消費性能基準（法律第2条）

第4 建築物のエネルギー消費性能の表示に関する指針（法律第7条）

第5 基準適合義務（法律第3章第1節）

第6 届出制度（法律第3章第2節）

第7 説明義務制度

第8　特殊の構造・設備を用いた建築物の大臣認定制度（法律第3章第3節）

第9　住宅トップランナー制度（法律第3章第4・5節）

第10　性能向上計画認定・容積率特例制度（法律第4章）

第11　基準適合認定・表示制度（法律第5章）

第12　登録省エネ判定機関（法律第6章第1節）

第13　登録省エネ評価機関（法律第6章第2節）

第14　その他

第15　関連制度等

資 料 編

Ｑ＆Ａ編

2

第1　総　論

Q1　今回の法律改正の背景について教えてください。

A　我が国のエネルギー源は、その中心である化石燃料の大半を輸入に頼るという根本的な脆弱性を抱えており、エネルギーの安定的確保が常に大きな課題とされています。

また、温室効果ガス排出削減のための国際的な枠組みである「パリ協定」が2015年12月に採択され、同協定を踏まえた地球温暖化対策計画（2016年5月閣議決定）において、2030年度の温室効果ガス排出量を2013年度と比較して26％削減する中期目標が掲げられています。

住宅・建築物分野においては、地球温暖化対策計画等に基づく2030年度の中期目標等の達成に向け、同年度のエネルギー消費量を2013年度と比較して約2割削減することが求められており、住宅・建築物のエネルギー消費性能（以下「省エネ性能」といいます。）の向上を図ることは喫緊の課題となっています。

Q2 今回の法律改正の経緯について教えてください。

A 住宅・建築物分野においては、地球温暖化対策計画等に基づく2030年度の中期目標等の達成に向け、2030年度のエネルギー消費量を2013年度と比較して約2割削減することが求められており、省エネ性能の向上を図ることは喫緊の課題となっています。

こうした状況から、2018年9月から社会資本整備審議会建築分科会及び同分科会建築環境部会において審議を行い、パブリックコメントを経て、2019年1月に「今後の住宅・建築物の省エネルギー対策のあり方について（社会資本整備審議会第二次答申）」が取りまとめられました。

当該答申等を踏まえて政府として検討した結果、同年2月15日に「建築物のエネルギー消費性能の向上に関する法律の一部を改正する法律案」が閣議決定されました。同年4月23日に衆議院において全会一致で可決、同年5月10日に参議院において全会一致で可決・成立し、同年5月17日に公布されました。

建築物の省CO_2・省エネに関する政府の目標について教えてください。

パリ協定を踏まえた地球温暖化対策計画（2016年5月閣議決定）において、CO_2排出量の2030年度の削減目安として、2013年度比で約▲25％となっています。各部門の目安は産業部門約▲7％、業務その他部門約▲40％、家庭部門約▲39％、運輸部門約▲28％、エネルギー転換部門約▲28％となっています。ここから2030年エネルギーミックスにおける電源構成を踏まえると最終エネルギー消費量の削減率は、住宅・建築物分野では約▲20％となります。

また、具体的な施策としては、下記の事項が掲げられています。

「パリ協定に基づく成長戦略としての長期戦略」（令和元年6月11日閣議決定）

・今世紀後半のできるだけ早期に住宅やオフィス等のストック平均のエネルギー消費量を正味でおおむねゼロ以下（ZEH（ネット・ゼロ・エネルギー・ハウス）・ZEB（ネット・ゼロ・エネルギー・ビル）相当）としていくために必要となる建材、機器等の革新的な技術開発や普及を促す。

「成長戦略フォローアップ」（令和元年6月21日閣議決定）

・2030年までに、自家消費型ZEH等の普及を進め、新築住宅・建築物の平均でZEH・ZEB相当となることを目指す。

今回の法律改正の概要について教えてください。

A

今回の法律改正では、

① 中規模のオフィスビル等の適合義務制度の対象への追加

② マンション等に係る届出義務制度の監督体制の強化

③ 注文戸建住宅及び賃貸アパートの住宅トップランナー制度の対象への追加

④ 戸建住宅等における建築士から建築主への説明義務制度の創設

⑤ 複数建築物連携型プロジェクトの容積率特例制度の対象への追加

⑥ 地方公共団体が条例で独自に建築物エネルギー消費性能基準（以下「省エネ基準」といいます。）を強化できる制度の創設

等の措置を総合的に講じることにより、省エネ性能の向上を進めることとしています。

Q5 法律の目的、エネルギーの使用の合理化等に関する法律との関係について教えてください。

A 本法第1条において、本法の目的は、以下のとおり規定されています。

> 第1条　この法律は、社会経済情勢の変化に伴い建築物におけるエネルギーの消費量が著しく増加していることに鑑み、建築物のエネルギー消費性能の向上に関する基本的な方針の策定について定めるとともに、一定規模以上の建築物の建築物エネルギー消費性能基準への適合性を確保するための措置、建築物エネルギー消費性能向上計画の認定その他の措置を講ずることにより、エネルギーの使用の合理化等に関する法律（昭和54年法律第49号）と相まって、建築物のエネルギー消費性能の向上を図り、もって国民経済の健全な発展と国民生活の安定向上に寄与することを目的とする。

ポイントとしては以下が挙げられます。

・背景としては、業務・家庭部門の著しいエネルギー消費量の増加を踏まえ、建築物におけるエネルギー消費量の削減が求められていること

・建築物におけるエネルギー消費量の削減のためには、新築時等の建築行為の機会を捉えて、建築物の外壁・窓や空気調和設備等の性能向上を図ることが有効であり、本法は、（エネルギーの使用方法等ではなく）建築物の省エネ性能に着目した法律であるということ

・さらに、個々の建築物の省エネ性能の向上を通じて、ひいては国民経済の健全な発展と国民生活の安定向上に寄与することを目的としていること

なお、エネルギーの使用の合理化等に関する法律において、窓サッシ、断熱材等の省エネ性能の向上を図るための建材のトップランナー制度が措置されており、この制度も建築物の省エネ性能の向上に寄与するものであることから、本法は、これと相まって建築物の省エネ性能の向上を図るものと規定されています。

Q6　今回改正された法律の施行スケジュールについて教えてください。

A　次の措置を盛り込んだ建築物のエネルギー消費性能の向上に関する法律の一部を改正する法律(令和元年法律第4号)は、令和元年5月17日に公布されました。

①　マンション等に係る届出義務制度の監督体制の強化

②　注文戸建住宅及び賃貸アパートの住宅トップランナー制度の対象への追加

③　複数建築物連携型プロジェクトの容積率特例制度の対象への追加

④　中規模のオフィスビル等の適合義務制度の対象への追加

⑤　戸建住宅等における建築士から建築主への説明義務制度の創設

⑥　地方公共団体が条例で独自に省エネ基準を強化できる制度の創設

①～③については、公布後半年以内の施行（令和元年11月16日施行)、④～⑥については、公布後2年以内の施行（令和３年4月施行予定）としています。

第２　基本的な方針等(法律第3～6条)

「基本方針」にはどのような事項が定められていますか。

建築物のエネルギー消費性能の向上に関する基本的な方針（基本方針）には、本法において、以下の内容を定めることとされています（法3）。

①　建築物の省エネ性能の向上の意義及び目標に関する事項

②　建築物の省エネ性能の向上のための施策に関する基本的な事項

③　建築物の省エネ性能の向上のために建築主等が講ずべき措置に関する基本的な事項

④　上記①～③に掲げるもののほか、建築物の省エネ性能の向上に関する重要事項

これらを踏まえ、改正法の施行（令和元年11月16日）に伴い改正された「建築物のエネルギー消費性能の向上に関する基本的な方針（令和元年国土交通省告示第793号）」においては、

①について、

・建築物の省エネ性能の向上は、法の目的である建築物部門のエネルギー消費量の削減のみならず、温室効果ガスの削減や外壁・窓等の断熱化による健康維持・増進等においても重要である旨

②について、

・国、地方公共団体の役割や、法による規制的措置・誘導的措置に関する考え方、各種支援措置や技術開発等のあり方

③について、

・建築物の建築主、所有者、設計者、特定建築主・特定建設工事業者、販売・賃貸事業者、熱損失防止建築材料の製造事業者といった様々な主体ごとに講ずべき措置（建築主の場合、建築行為の際の省エネ基準への適合。所有者の場合、省エネ改修や維持保全の実施等）

といった事項について定められています。

国の責務、地方公共団体の責務について教えてください。

A

国の責務、地方公共団体の責務については、本法において、それぞれ次のように定められています。

① 国の責務

・国は、建築物の省エネ性能の向上に関する施策を総合的に策定し、及び実施する責務を有する。

・国は、地方公共団体が建築物の省エネ性能の向上に関する施策を円滑に実施することができるよう、地方公共団体に対し、助言その他の必要な援助を行うよう努めなければならない。

・国は、建築物の省エネ性能の向上を促進するために必要な財政上、金融上及び税制上の措置を講ずるよう努めなければならない。

・国は、建築物の省エネ性能の向上に関する研究、技術の開発及び普及、人材の育成その他の省エネ性能の向上を図るために必要な措置を講ずるよう努めなければならない。

・国は、教育活動、広報活動その他の活動を通じて、建築物の省エネ性能の向上に関する国民の理解を深めるとともに、その実施に関する国民の協力を求めるよう努めなければならない。

② 地方公共団体の責務

・地方公共団体は、建築物の省エネ性能の向上に関し、国の施策に準じて施策を講ずるとともに、その地方公共団体の区域の実情に応じた施策を策定し、及び実施する責務を有する。

Q 9　建築主等の努力義務について教えてください。

本法第6条において、建築主等の努力義務として、以下の内容が規定されています。

> 建築主（次章第1節若しくは第2節又は附則第3条の規定が適用される者を除く。）は、その建築（建築物の新築、増築又は改築をいう。以下同じ。）をしようとする建築物について、建築物エネルギー消費性能基準に適合させるために必要な措置を講ずるよう努めなければならない。

建築主は、新築、増築又は改築をしようとする建築物について、省エネ基準に適合させるための措置を講ずるよう努めなければならないとされています。これは、近年の省エネに係る技術水準の向上等を背景として、技術的・経済的知見から、省エネ基準への適合を図ることが比較的容易なものとなりつつあることに鑑み、改正前の省エネ性能向上の努力義務から強化することとされています。なお、基準適合義務（法11）、届出義務（法19）等の規定が適用される者については、基準適合の努力義務を課す必要がないため、努力義務の対象から除くこととしています。

> 建築主は、その修繕等（建築物の修繕若しくは模様替、建築物への空気調和設備等の設置又は建築物に設けた空気調和設備等の改修をいう。第29条第1項において同じ。）をしよう

とする建築物について、建築物の所有者、管理者又は占有者は、その所有し、管理し、又は占有する建築物について、エネルギー消費性能の向上を図るよう努めなければならない。

また、建築主は、修繕、模様替又は設備の設置若しくは改修しようとする建築物について、建築物の所有者等は、所有、管理、又は占有する建築物について、省エネ性能の向上を図るよう努めなければならないこととされています。これは、修繕等の場合は、省エネ基準に適合させるために、本来予定していない壁の解体を行った上で断熱材を充填する必要があるなど、新築等の場合に比べて大きな追加的なコスト負担が生じることから、全ての建築物について省エネ基準適合を求めるのは非現実的であるため、これらの場合における建築主等については省エネ性能の向上の努力義務とされています。

第3　建築物エネルギー消費性能基準（法律第2条）

Q10　「建築物エネルギー消費性能」とは何ですか。

A　建築物の「エネルギー消費性能」とは、本法第2条第2号において、「建築物の一定の条件での使用に際し消費されるエネルギーの量を基礎として評価される性能」とされています。

「建築物の一定の条件での使用に際し」とは、建物の使用時間や利用人数といった前提条件を一定に揃えることを指しており、これにより、同じ用途・規模であっても実際には様々な使われ方をする建築物について、基準への適合を判断したり、性能を比較することが可能となっています。

また、ここでいう「エネルギー」は、建築物に設ける

・空気調和設備
・空気調和設備以外の換気設備
・照明設備
・給湯設備
・昇降機

において消費されるエネルギーを指し、これ以外の設備（持込み家電やOA機器等）により消費されるエネルギー消費量は含まれません。

11

「建築物エネルギー消費性能基準」の概要について教えてください。

「建築物エネルギー消費性能基準」は、本法第2条第3号において、「建築物の備えるべきエネルギー消費性能の確保のために必要な建築物の構造及び設備に関する基準」とされています。

基準の全体像は建築物エネルギー消費性能基準等を定める省令（平成28年経済産業省令・国土交通省令第1号）において定められ、詳細の計算方法等は告示に定められています。

【図　本法の基準の体系】

法律「建築物省エネ法」
「建築物のエネルギー消費性能の向上に関する法律」

省令「基準省令」
「建築物エネルギー消費性能基準等を定める省令」
・建築物エネルギー消費性能基準
・特定建築主の新築する分譲一戸建て規格住宅や、特定建設工事業者の新たに建設する請負型規格住宅のエネルギー消費性能の一層の向上のために必要な住宅の構造及び設備に関する基準
・建築物のエネルギー消費性能の向上の一層の促進のために誘導すべき基準

告示「非住宅・住宅計算方法」
「建築物エネルギー消費性能基準等を定める省令における算出方法等に係る事項」
＜非住宅＞一次エネルギー消費量、PAL＊
標準入力法、主要室入力法、モデル建物法
＜住　宅＞U_A値、η_{AC}値、一次エネルギー消費量
標準計算法、モデル住宅法、フロア入力法

告示「住宅仕様基準」
「住宅部分の外壁、窓等を通しての熱の損失の防止に関する基準及び一次エネルギー消費量に関する基準」
＜住　宅＞部位別仕様基準

（出典：国土交通省）

基準の内容としては、これまでの省エネ基準をベースとし、

・非住宅建築物は一次エネルギー消費量基準のみ

・住宅は外皮基準（外壁・窓等の断熱性能に関する基準）と一次エネルギー消費量基準の両方

となっています。

コラム

○一次エネルギー消費量とは

「一次エネルギー」とは、自然界に存在するままの形でエネルギー源として利用される石油、石炭、天然ガス等の化石燃料等を指し、建物で使用される電気や都市ガス等は、一次エネルギーを加工（変換）して得られる「二次エネルギー」です。

電気や都市ガス等の二次エネルギーの消費量を比較するだけでは、化石燃料等の限りある資源がどれだけ使われたかを比較評価することができません。

そこで、一次エネルギーから二次エネルギーへの加工に要したエネルギー等も勘案した係数（変換係数）を用いて、電力消費量やガス消費量等を一次エネルギーに換算することにより、異なる種類のエネルギーの消費量を比較評価することを可能としています。

本法における省エネ基準については、建築物に設ける空調や給湯等の設備における年間の一次エネルギー消費量を基準としています。

非住宅建築物の基準の概要について教えてください。

A

非住宅建築物の省エネ基準は、一次エネルギー消費量基準です。一次エネルギー消費量基準は、建築物に設ける空調・換気設備、照明設備、給湯設備、昇降機において標準的な使用条件の下で消費される年間の一次エネルギー消費量で評価される基準です。

具体的には、非住宅部分（後述のモデル建物法を用いる場合は、非住宅部分と同じ用途のモデル建築物）の設計一次エネルギー消費量（※1）と基準一次エネルギー消費量（※2）について、

設計一次エネルギー消費量≦基準一次エネルギー消費量

であることが求められます。

※1　当該非住宅部分の外皮、空気調和設備等の設計仕様に基づき算出される一次エネルギー消費量の設計値

※2　当該非住宅部分の用途、規模等に応じて定められる、一次エネルギー消費量の基準値

【一次エネルギー消費量基準の考え方】

設計値（設計一次エネルギー消費量）　≦　**基準値**（基準一次エネルギー消費量）⇒ 設計値が基準値を下回ればよい。

「一次エネルギー消費量」

＝ 空調エネルギー消費量（※） ＋ 換気エネルギー消費量
＋ 照明エネルギー消費量 ＋ 給湯エネルギー消費量
＋ 昇降機エネルギー消費量
＋ その他エネルギー消費量（OA機器等）
－ 太陽光発電設備等による創エネ量

※　外壁、窓等の断熱化等により空調エネルギー消費量を削減可能

一次エネルギー消費量を算出し、基準への適合判断を行う方法は、以下のいずれかにより行われます。

①　標準入力法又は主要室入力法（基準省令1①一イ）

設計一次エネルギー消費量と基準一次エネルギー消費量について、実際の非住宅部分の室用途、室面積構成等に基づき（主要室入力法の場合、一部簡略化）算出する方法

②　モデル建物法（基準省令1①一ロ）

標準入力法とは異なり、設計一次エネルギー消費量と基準一次エネルギー消費量の算出に当たり、用途に応じた標準的な建築物（モデル建築物）の室用途・面積構成等を用いる、簡易的な評価方法

なお、今回の改正による説明義務制度の創設に併せて、300m^{2}未満を対象とした、現行のモデル建物法よりも入力項目を簡素化した簡易的な評価方法が、令和2年4月に試行版が公開され、令和3年4月に正式版が追加される予定です。

【表　標準入力法とモデル建物法の比較】

	メリット	デメリット
標準入力法	精緻に評価することができる（より性能が高く評価される。）。	全ての室について入力が必要なため、計算の手間が大きい。
モデル建物法	計算の手間が少なく、簡易に評価することができる。	安全側の計算結果となる（より性能が低く評価される。）。

標準入力法について教えてください。

標準入力法とは、建築物の非住宅部分における実際の計画（各室の用途や面積等）に基づき、基準一次エネルギー消費量と設計一次エネルギー消費量の算出を行い、基準適合を判断する方法です。建築物エネルギー消費性能基準等を定める省令第1条第1項第1号イに定められています。

基準一次エネルギー消費量は、設計する建築物を構成する室用途ごとの床面積に、室用途ごとに国が設定した単位面積当たりのエネルギー消費量（単位：メガジュール／m^2・年）を乗じ、それを合計することで算出されます。

【図　基準一次エネルギー消費量の算出方法】

● 建物全体の基準一次エネルギー消費量は、室用途毎・設備毎に定める基準一次エネルギー消費量を用いて算出。

①室用途毎に分類し床面積を集計

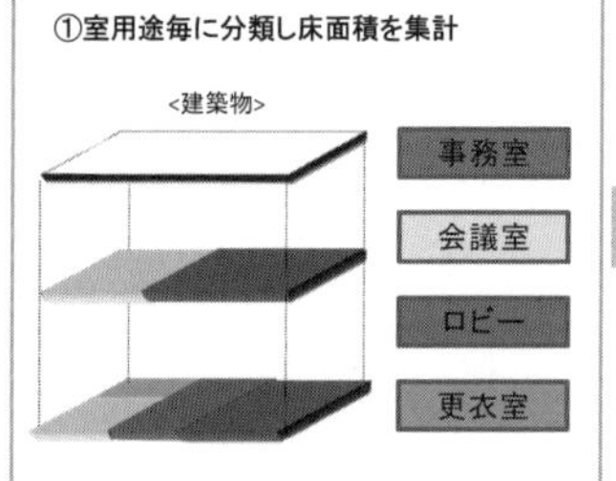

②室用途毎の基準一次エネルギー消費量を用いて、設備毎の基準一次エネルギー消費量を算出［例：空調］

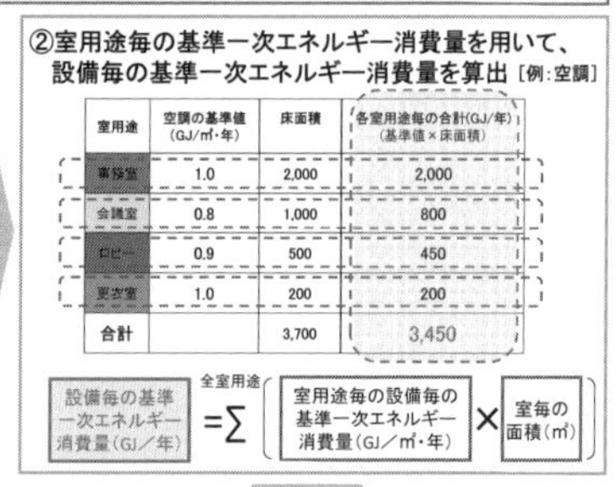

室用途	空調の基準値（GJ/㎡・年）	床面積	各室用途毎の合計(GJ/年)（基準値×床面積）
事務室	1.0	2,000	2,000
会議室	0.8	1,000	800
ロビー	0.9	500	450
更衣室	1.0	200	200
合計		3,700	3,450

設備毎の基準一次エネルギー消費量（GJ／年）＝ $\sum_{全室用途}$（室用途毎の設備毎の基準一次エネルギー消費量（GJ／㎡・年）× 室毎の面積（㎡））

③設備毎の基準一次エネルギー消費量を合計し、建物全体の基準一次エネルギー消費量を算出

建物全体の基準一次エネルギー消費量（GJ／年）＝ $\sum_{全設備}$ 設備毎の基準一次エネルギー消費量（GJ／年）

（出典：国土交通省）

設計一次エネルギー消費量は、設計する建築物に採用する設備等の省エネ性能等に応じて算出されるもので、

・当該建築物を構成する室用途ごとの床面積
・外壁・窓等の断熱性能
・採用する設備の効率、制御装置の有無
・太陽光発電等による創エネ量

等について、計算プログラムに入力することで算出されます。

上記により算出された基準一次エネルギー消費量と設計一次エネルギー消費量が、設計一次エネルギー消費量≦基準一次エネルギー消費量であれば基準適合となります。

Q14　モデル建物法について教えてください。

A　モデル建物法とは、設計一次エネルギー消費量と基準一次エネルギー消費量の算出に当たり、用途に応じた標準的な建築物（モデル建築物）の室用途・面積構成等を用いる、簡易な評価方法です。建築物エネルギー消費性能基準等を定める省令第1条第1項第1号ロに定められています。標準入力法では、各室の床面積と各室の外皮・設備の仕様を入力し計算を行いますが、モデル建物法では、各室の主な外皮・設備の仕様を入力することにより計算を行います。

【図　標準入力法とモデル建物法の違い】

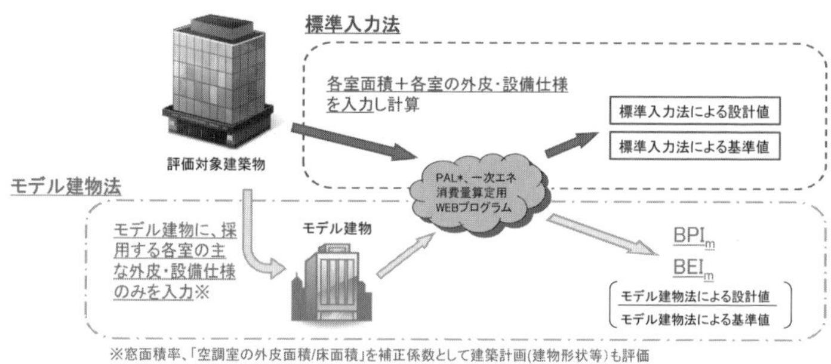

（出典：国土交通省）

モデル建物法では、用途に応じて15種類のモデル建築物が設定されています。

【モデル建物法で設定されているモデル建築物】

○事務所モデル　○福祉施設モデル　○クリニックモデル
○幼稚園モデル　○総合病院モデル　○大規模物販モデル

○学校モデル	○大学モデル	○小規模物販モデル
○講堂モデル	○集会所モデル	○シティホテルモデル
○飲食店モデル	○工場モデル	○ビジネスホテルモデル

なお、モデル建物法は計算の手間が少なく簡易に評価することができますが、標準入力法に比べて計算結果が安全側（より性能が低く評価される）となる点には注意が必要です。

住宅の基準の概要について教えてください。

A

住宅の省エネ基準は、①外皮基準と②一次エネルギー消費量基準からなり、省エネ基準に適合させるためには①と②の両方の基準を満たす必要があります。さらに、どちらの基準にも、省エネ性能を計算により算出する「性能基準」と外皮や設備の具体的な仕様を規定する「仕様基準」があります。

(1)　性能基準

性能基準は、建築物エネルギー消費性能基準等を定める省令第1条第2号イ(1)・(2)及びロ(1)・(2)に基づく告示に位置付けられています。

①　外皮基準

外皮平均熱貫流率（U_A値）と冷房期の平均日射熱取得率（η_{AC}値）の基準から成り、それぞれの地域の区分に応じて定められた基準値以下であることが求められます。

外皮平均熱貫流率：内外の温度差1度当たりの総熱損失量を外皮の面積で除した数値

平均日射熱取得率：日射量に対する室内に侵入する日射量の割合を外皮の面積で加重平均した数値

②　一次エネルギー消費量基準

非住宅建築物の一次エネルギー消費量基準と同様、設計一次エネルギー消費量が基準一次エネルギー消費量を超えないことが求められます。

(2)　仕様基準

仕様基準は、建築物エネルギー消費性能基準等を定める省令第1条第2号イ(3)及びロ(3)に基づく告示に位置付けられています。

① 外皮基準

外皮の部位ごとに、一定の断熱性能を求める基準で、

・外壁等の各部位の断熱性能

・開口部の断熱性能

・開口部の日射遮蔽性能

に関する具体的な基準値が定められています。

② 一次エネルギー消費量基準

各設備の効率に関する基準で、暖冷房、換気、照明、給湯でそれぞれ一定の省エネ性能の機器を採用していることが求められます。

住宅の一次エネルギー消費量基準（性能基準）について教えてください。

住宅の一次エネルギー消費量基準（性能基準）では、住宅部分の設計一次エネルギー消費量が基準一次エネルギー消費量を超えないことが求められます。

共同住宅等の場合は、各住戸と共用部分を含めた住棟全体の設計一次エネルギー消費量が、住棟全体の基準一次エネルギー消費量を超えなければ基準適合となります。また、今回の改正により、この評価方法に加えて、共用部分を評価しなくてもよいこととなりました。

住宅部分の設計一次エネルギー消費量は、暖房設備、冷房設備、機械換気設備、照明設備、給湯設備、エネルギー利用効率化設備についてそれぞれ算出した一次エネルギー消費量とその他一次エネルギー消費量（家電による消費分）を合計することにより得られます。一方、基準一次エネルギー消費量は、暖房設備、冷房設備、機械換気設備、照明設備、給湯設備についてそれぞれ算出した一次エネルギー消費量とその他一次エネルギー消費量（家電による消費分）を合計することにより得られます。

それぞれの数値の算出方法については、告示（平成28年国土交通省告示第265号）において定められています。実際の算出に当たっては、国立研究開発法人建築研究所のWeb算定プログラムに必要な情報（外皮や設備の仕様等）を入力することにより行います。また、今回の改正により、一戸建ての住宅及び共同住宅についてそれぞれ、空調設備の効率等の仕様を固定値とするモデル住宅を用いた評価方法が追加される予定となっています。なお、一戸建ての住宅の評価方法については、令和2年4月に試行版が公開、令和3年4月に正式版が公開され、共同住宅の評価方法については、令和2年4月に正式版が公開される予定となっています。

住宅の外皮基準（性能基準）について教えてください。

住宅の外皮基準（性能基準）は、外皮平均熱貫流率（U_A値）と冷房期の平均日射熱取得率（η_{AC}値）の基準からなります。

① 外皮平均熱貫流率

外皮平均熱貫流率とは、単位住戸の内外の温度差1度当たりの総熱損失量を外皮の面積で除した数値をいいます。

② 冷房期の平均日射熱取得率

平均日射熱取得率とは、日射量に対する室内に侵入する日射量の割合を、外皮の面積により加重平均した数値をいいます。

これらの数値について告示（平成28年国土交通省告示第265号）により国土交通大臣が定める方法により算出し、その数値が、地域の区分に応じた基準値以下であることが求められます。戸建住宅又は共同住宅等を住戸ごとに評価する場合の基準値は、次表のとおりです。なお、8地域の冷房期の平均日射熱取得率の数値については、令和2年4月より現行の3.2から6.7に見直しされる予定となっています。

地域の区分	外皮平均熱貫流率（単位　W／m^2・K）	冷房期の平均日射熱取得率
1	0.46	―
2	0.46	―

3	0.56	—
4	0.75	—
5	0.87	3.0
6	0.87	2.8
7	0.87	2.7
8	—	3.2（6.7）

また、今回の改正により追加された、共同住宅等を全住戸の平均で評価する場合の基準値は、次表のとおりです。

地域の区分	外皮平均熱貫流率（単位　W／m²・K）	冷房期の平均日射熱取得率
1	0.41	—
2	0.41	—
3	0.44	—
4	0.69	—
5	0.75	1.5
6	0.75	1.4
7	0.75	1.3
8	—	2.8

　また、今回の改正により、一戸建ての住宅及び共同住宅についてそれぞれ、部位別の外皮面積の割合等を固定値とするモデル住宅を用いた評価方法が追加される予定となっています。なお、一戸建ての住宅の評価方法については、令和2年4月に試行版が公開、令和3年4月に正式版が公開され、共同住宅の評価方法については、令和2年4月に正式版が公開される予定となっています。

Q18 住宅の仕様基準について教えてください。

A 住宅の仕様基準は、性能基準と同様、外皮に関する基準と、一次エネルギー消費量に関する基準により構成されます。

① 外皮に関する基準

以下の㋐及び㋑の基準により構成されます。

㋐ 外皮の断熱性能等に関する基準

次のいずれかに適合することが求められます。

・部位ごとの熱貫流率が、地域の区分等に応じて定められた基準値以下であること

・部位ごとの断熱材の熱抵抗が、地域の区分等に応じて定められた基準値以下であること

㋑ 開口部の断熱性能等に関する基準

次の両方に適合することが求められます。

・開口部の熱貫流率が、地域の区分と開口部比率の区分に応じて定められた基準値以下であること

・開口部の建具、附属部材及び庇、軒等が、定められた仕様に適合すること

② 一次エネルギー消費量に関する基準

暖冷房、換気、照明、給湯の各設備について、定められた仕様及び効率を満たす機器を採用していることが求められます。

コラム

○基準上評価される省エネ措置の例

省エネ基準において、非住宅建築物・住宅ともに求められる一

次エネルギー消費量基準では、設計一次エネルギー消費量を低減することにより基準値を下回る（＝基準に適合する）ことができます。

実際に省エネ計画を作成するに当たっては、

・断熱性能の高い窓サッシ等の採用
・高効率設備の採用、空調や照明等の制御装置の採用
・太陽光発電設備等の導入

等を必要に応じて組み合わせることにより、設計一次エネルギー消費量を低減することができます。

【図　省エネ性能向上のための取組例】

①外壁、窓等を通しての熱の損失防止（断熱化）

外壁の断熱材を厚くする、窓をペアガラスにする等、熱を逃げにくくし室内温度の維持を図ることで、空調設備で消費されるエネルギーを抑える

②設備の効率化

空調、照明等の設備の効率化を図り、同じ効用（室温、明るさ等）を得るために消費されるエネルギーを抑える

③太陽光発電等による創エネ

太陽光発電等によりエネルギーを創出することで、化石燃料によるエネルギーの消費を抑える

【住宅イメージ】

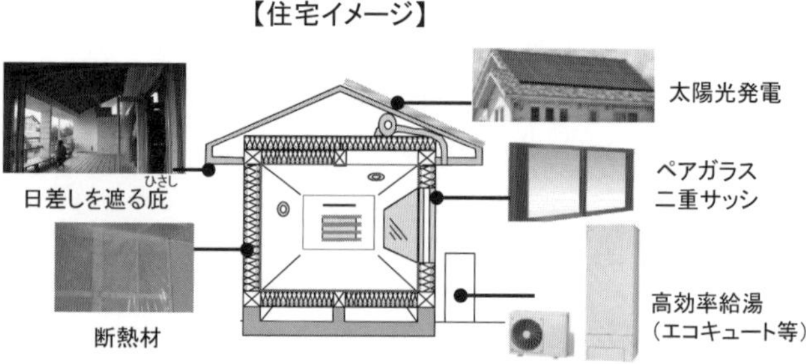

（出典：国土交通省）

第４　建築物のエネルギー消費性能の表示に関する指針（法律第7条）

19

本法第7条に基づく省エネ性能の表示の努力義務とは何ですか。

A

本法において、販売・賃貸事業者は、省エネ性能を表示する努力義務が規定されています（表示しない場合の罰則等はありません。）。

具体的には、本法第7条において、「建築物の販売又は賃貸を行う事業者は、その販売又は賃貸を行う建築物について、エネルギー消費性能を表示するよう努めなければならない。」と規定されています。

なお、どのように表示すべきかについては、建築物のエネルギー消費性能の表示に関する指針が策定され（平成28年国土交通省告示第489号）、平成28年4月から施行されています。

Q 20

本法第7条に基づく建築物のエネルギー消費性能の表示に関する指針の概要について教えてください。

A

本法第7条において、販売・賃貸事業者に係る省エネ性能の表示の努力義務が規定されていることを踏まえ、販売・賃貸事業者が、表示を行うに当たり、表示事項及び表示方法等に関する指針（建築物のエネルギー消費性能の表示に関する指針）を定めています。

本指針の概要は、以下のとおりです。

1　遵守事項

(1)の表示事項について、(2)の表示方法により、(3)に留意して、表示するよう努めるものとする。

ただし、本法第36条の基準適合認定表示（ｅマーク）を付する場合は、本指針により表示をしたものとする。

(1)　表示事項

①　建築物の名称（戸建住宅の場合は省略可）

②　評価年月日

③　第三者認証（※）又は自己評価の別

※　所管行政庁又は登録省エネ判定機関（登録建築物エネルギー消費性能判定機関）等が行った省エネ性能認証

④　第三者認証機関名称

⑤　設計一次エネルギー消費量（設計値）の基準一次エネルギー消費量（基準値）からの削減率

$$\frac{(\text{基準値}-\text{設計値})}{\text{基準値}}\times 100$$

⑥　基準値、誘導基準（省エネ基準を超える高い水準の基準）値及び設計値の関係図

⑦　一次エネルギー消費量基準の適合可否

⑧　外皮基準の適合可否

⑨　建築物の一部（テナント、住戸等）で評価した場合はその旨

⑩　第三者認証の場合は第三者認証マーク

ただし、⑤〜⑦の一次エネルギー消費量は、建築物エネルギー消費性能基準等を定める省令（基準省令）等の計算方法等により計算する（家電・OA等は除く。）。⑦⑧は、住宅の仕様基準への適合も含む。

(2)　表示方法

①　下記ラベルにより表示すること（字の色やデザインに応じてラベルの色、文字の配置及び大きさ等を変更可能）

・第三者認証の場合

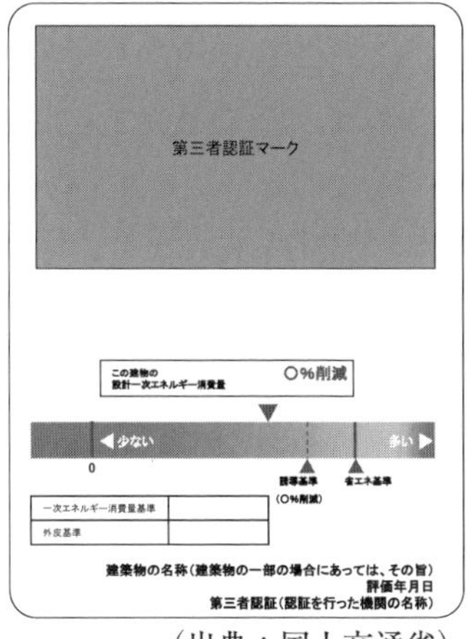

（出典：国土交通省）

＜ポイント＞

・非住宅建築物と住宅でデザインを統一

・第三者認証も自己評価も共通部分はデザイン統一

・自己評価の場合

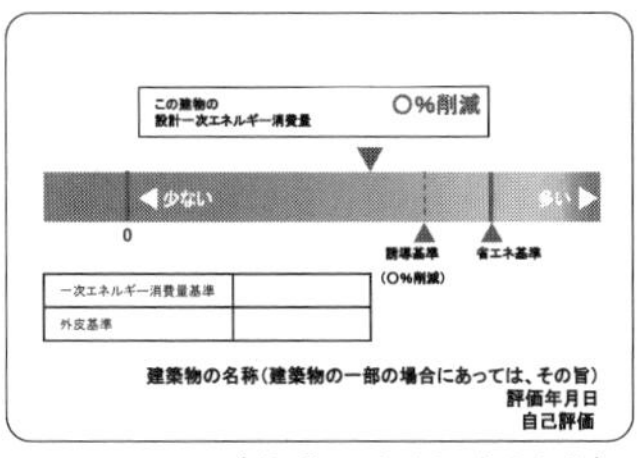

（出典：国土交通省）

＜解説＞

・一次エネルギー消費量基準及び外皮基準の欄は、適合する場合は「適合」、適合しない場合は「－」と表示

・削減率については、設計一次エネルギー消費量が基準一次エネルギー消費量を上回る場合は、○％増加と表示

② 建築物本体への貼付・刻印、広告、宣伝用物品、売買・賃貸借契約書類、電磁的記録等に表示し、見やすい箇所に表示すること等

③ ラベルを付することができる範囲が著しく制約されるときは、(1)②③⑤を除き、(1)の事項の一部を省略可能

(3) その他の事項

外皮性能を表示する場合は、非住宅建築物はBPI（PAL＊）、住宅はU_A値（外皮平均熱貫流率）又はη_{AC}値（冷房期の平均日射熱取得率）を表示すること（基準省令の計算方法等により計算）

2 推奨事項

省エネ性能を表示する場合においては、次の事項に配慮するものとする。

(1) 表示事項

一次エネルギー消費量を算出した場合は、「基準一次エネルギー消費量」及び「設計一次エネルギー消費量」を表示することが望ましい（一次エネルギー消費量は、基準省令等の計算方法等により計算（家電・OA等は除く。））。

非住宅建築物の場合、モデル建物法では一次エネルギー消費量は算定されないので、標準入力法等で計算することが望ましい。

(2) その他の事項

1(1)の表示事項及び2(1)の表示事項の表示に当たっては、次の方法による。

①　2(1)の表示事項は、以下のラベルにより表示すること（字の色やデザインに応じてラベルの色、文字の配置及び大きさ等を変更可能）

・第三者認証の場合　　　　　　　　・自己評価の場合

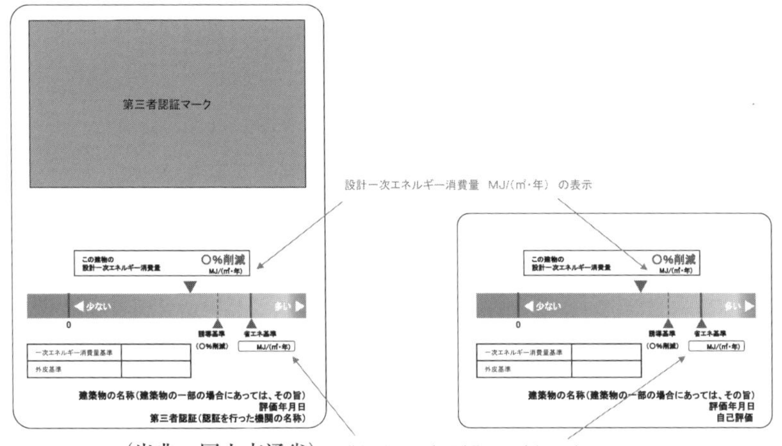

（出典：国土交通省）

（出典：国土交通省）

②　1(1)⑤～⑧・(3)及び2(1)において採用した省エネ性能の評価の方法について、解説が記載された資料の配布その他の適切な手段により明らかにすること

③　省エネ性能の程度を示す段階的な指標（例　★表示等）を表示する場合にあっては、当該指標の考え方等について、解説が記載された資料の配布その他の適切な手段により明らかにすること

④　販売・賃貸事業者は、建築物の販売又は賃貸をしようとするときは、購入又は賃借をしようとする者に対し、当該建築物の省エネ性能に関する表示の内容を説明すること

建築物のエネルギー消費性能の表示に関する指針に基づく第三者認証とはどのようなものですか。

A

建築物のエネルギー消費性能の表示に関する指針では、第三者認証による表示か自己評価による表示かを明確に区別することとされています。第三者認証とは、本法第15条第1項に規定する登録省エネ判定機関又は建築物のエネルギー性能評価についてこれと同等以上の能力を有する機関が行った認証をいい、所管行政庁による認証も含まれます。

具体的な第三者認証表示としては、本法第36条の所管行政庁認定（eマーク）又はBELSが該当します。

Q22 第三者認証の例である「BELS」はどのようなものですか。

A BELS（ベルス）とは、Building-Housing Energy-efficiency Labeling Systemの頭文字をとったもので、建築物省エネルギー性能表示制度の略称です。

「非住宅建築物に係る省エネルギー性能の表示のための評価ガイドライン（2013）」（国土交通省住宅生産課・2013年10月）に基づき、省エネ性能に特化した非住宅建築物のラベリング制度として平成26年4月より開始されたもので、一般社団法人住宅性能評価・表示協会が運用する制度です。

国土交通省が定める一次エネルギー消費量の評価方法に基づき計算（国立研究開発法人建築研究所のWeb算定プログラム等で計算）した結果の水準（設計一次エネルギー消費量／基準一次エネルギー消費量）に応じて5段階で星（★★★★★）により表示するものです。

平成28年4月より、本法第7条に基づく建築物のエネルギー消費性能の表示に関する指針が施行されたことに伴い、住宅のBELSもスタートしました。詳しくは、一般社団法人住宅性能評価・表示協会のBELSのホームページをご覧ください。

【BELSのデザイン】

（出典：一般社団法人住宅性能評価・表示協会）

「BELS」認証取得は、どのような手続が必要ですか。どのような建築物が対象ですか。

A　BELS認証は、一般社団法人住宅性能評価・表示協会に所属するBELS評価機関が審査を行います。建築物又は建築物の建築計画について、一次エネルギー消費量の計算結果及び設計図書等をBELS評価機関に提出し、審査が行われることとなります。

対象となる建築物の用途、規模等の制約はありません（平成28年4月からは住宅も対象となっています。）。対象建築行為としては、新築、増改築、修繕・模様替え、設備の設置・改修のいずれも対象です。また、改修等を伴わない既存建築物についても、現状の建築物の設計図書等をもとに申請し、認証を受けることができます。

認証・表示の単位も、建築物全体の評価・表示に加え、建築物の部分（テナント部分や住戸部分等）の評価・表示も可能となっています。

Q 24　表示するとどのようなメリットがありますか。なぜ表示制度が重要なのですか。表示を要件化している支援制度はありますか。

省エネ性能の表示により、建築物の購入者・賃借人、利用者等が省エネ性能を的確に知ることができます。

建築物の省エネ性能の見える化を通じて、性能の優れた建築物が市場で適切に評価され、選ばれるような環境整備を図ることが重要です。

また、表示を要件化している支援制度としては、ZEH等を対象とした地域型住宅グリーン化事業（高度省エネ型）やサステナブル建築物等先導事業（省CO_2先導型）（Q74参照）等があります。

第５　基準適合義務(法律第3章第1節)

Q 25

「基準適合義務」とは何ですか。法律上どのように規定されていますか。

A

本法第11条では、建築主は、一定の規模以上の非住宅建築物の新築等の特定建築行為をしようとするときは、当該建築物（非住宅部分に限ります。）を省エネ基準に適合させなければならないと規定されています。

さらに、この規定は、建築基準法第6条第1項に規定する建築基準関係規定とみなすとされています。

これらの規定により、建築主には省エネ基準適合義務がかかり、建築基準法に基づく建築確認・完了検査においても、省エネ基準への適合チェックが行われます。したがって、省エネ基準に適合しない場合は、確認済証が交付されず着工できない、あるいは完了検査済証が交付されず建物の使用を開始できません。

今回の改正により基準適合義務の対象となる建築行為はどのようなものですか。<2年目施行>

A

今回の改正後、基準適合義務及び適合性判定の対象となる建築行為は以下のとおりです。

①　特定建築物の新築

②　特定建築物の増改築（非住宅部分の増改築の床面積が300m²以上であるものに限ります。）

③　特定建築物以外の建築物の増築（非住宅部分の増築の規模が300m²以上であるものであって、当該建築物が増築後において特定建築物となる場合に限ります。）

ここで、特定建築物とは、令和3年4月から、非住宅部分の面積が300m²以上（予定）のものとなります。

また、これらの床面積を算定する際には、高い開放性を有する部分の床面積を除きます。

なお、今回の改正による基準適合義務の対象拡大は令和3年4月から適用される予定です。

Q27　非住宅建築物と住宅の複合建築物に係る非住宅部分の取扱いについて教えてください。

A　非住宅建築物と住宅の複合建築物については、①居住者以外の者のみが利用する部分（非住宅専用部分）、②居住者のみが利用する部分（住宅専用部分）、③居住者以外の者及び居住者が共用する部分（非住宅部分と住宅部分の共用部分）で構成されています。

非住宅専用部分については非住宅部分、住宅専用部分については住宅部分として取り扱うこととしています。

また、非住宅部分と住宅部分の共用部分としては、廊下、階段、自動車車庫、管理人室、機械室等が想定されますが、当該部分については、居住者以外の者が主として利用している場合、非住宅部分として取り扱うこととしています。具体的には、非住宅専用部分の床面積が住宅専用部分の床面積より大きい場合にあっては、原則として、非住宅部分として取り扱うこととしています（具体的なイメージについては、次図を参照してください。）。

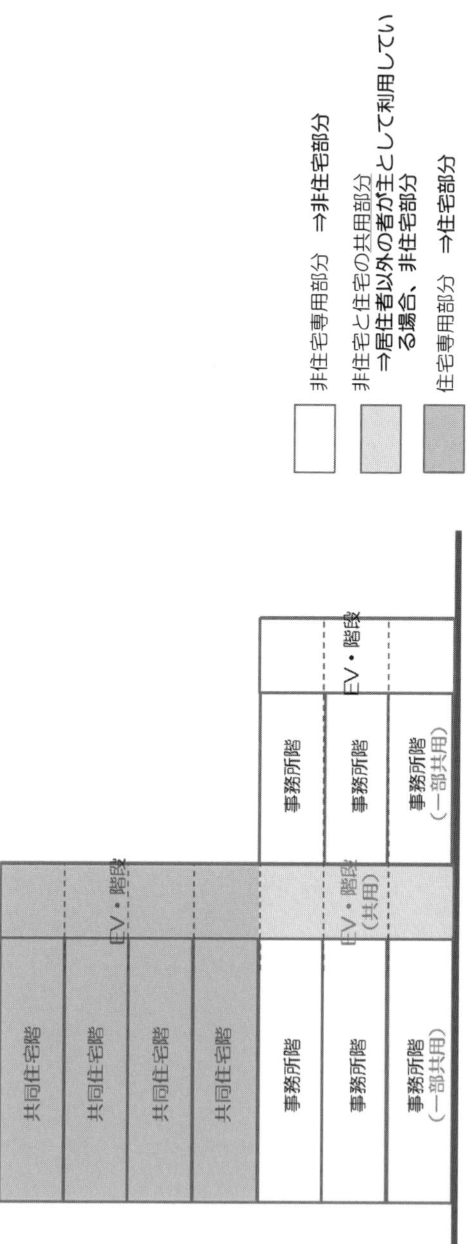

共同住宅階
共同住宅階
共同住宅階
共同住宅階
EV・階段
事務所階
事務所階
事務所階（一部共用）
EV・階段（共用）
事務所階
事務所階
事務所階（一部共用）
EV・階段
非住宅専用部分　⇒非住宅部分
非住宅と住宅の共用部分
⇒居住者以外の者が主として利用している場合、非住宅部分
住宅専用部分　⇒住宅部分

（出典：国土交通省）

Q28 既存建築物の増改築時における省エネ性能の算定方法について教えてください。

A 既存建築物の増改築時においては、本来、増改築後の建築物全体の省エネ性能を算定する必要がありますが、既存部分の建材・設備の仕様を精査するためには、多大な時間が必要となることがあります。

このため、既存建築物の増改築時においては、以下のとおりBEI（設計一次エネルギー消費量（その他一次エネルギー消費量を除きます。）を基準一次エネルギー消費量（その他一次エネルギー消費量を除きます。）で除した値）の算定ができることとしています。

① 既存部分のBEIは、当分の間、デフォルト値として1.2と設定可能とする（仕様を精査し1.2以下とすることも可）。

② 建築物全体のBEIは、既存部分のBEIと増改築部分のBEIとの面積按分で算定可能とする。

平成28年4月時点で現存している既存建築物については、建築物全体でBEI≦1.1であれば、省エネ基準に適合することとなり、平成29年4月時点で現存している既存建築物は、「既存面積＜増改築面積」の場合に基準適合義務の対象となるため（Q31参照）、結果として、増改築部分のBEIが1.0以下（新築と同等の基準）であれば基準に適合することとなります（具体的なイメージについては、次図を参照してください。）。

なお、デフォルト値を使用する場合、完了検査時の建築主事等による既存部分の確認は不要となります。

$$\text{建築物全体のBEI} = 1.2 \times \frac{\text{既存部分の床面積}}{\text{建物全体の床面積}} + \text{増改築部分のBEI} \times \frac{\text{増改築部分の床面積}}{\text{建物全体の床面積}}$$

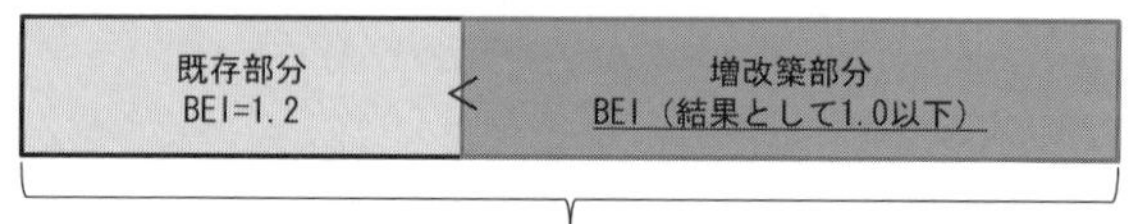

建築物全体　BEI≦1.1（平成28年4月時点で現に存する場合）

（出典：国土交通省）

Q 29　既存建築物は基準適合義務の対象となりますか。

既存建築物については、一定規模以上の増改築を行う場合を除き、基準適合義務の対象とはなりません。

基準適合義務は、あくまで特定建築行為をしようとする建築主に対する規制であり、現に存する既存建築物に遡及して適用されることはありません。

基準適合義務等の適用除外となる建築物はどのようなものですか。

特定建築物のうち基準適合義務・適合性判定の適用除外となる建築物は、本法第18条に以下のとおり規定されています。

① 居室を有しないこと又は高い開放性を有することにより空気調和設備を設ける必要がないものとして政令で定める用途に供する建築物（畜舎等）

② 法令又は条例の定める現状変更の規制及び保存のための措置その他の措置がとられていることにより省エネ基準に適合させることが困難なものとして政令で定める建築物（文化財指定された建築物、又はその再現建築物等）

③ 仮設の建築物であって政令で定めるもの（応急仮設建築物等）

なお、基準適合義務・適合性判定の適用除外（法18）と届出義務の適用除外（法22）の建築物は同じであるため、当該規定により基準適合義務の対象外となった建築物については、届出もする必要はありません。②と③はエネルギーの使用の合理化等に関する法律で規定されていた適用除外と同じです（政令も同様の内容を規定）。

Q 31　基準適合義務の対象とはならずに届出の対象となる「特定増改築」とは何ですか。

本法の附則第3条において、基準適合義務の施行の際（平成29年4月1日時点）、現に存する建築物について行う特定増改築については、当分の間、基準適合義務は適用せず、所管行政庁への届出義務とする旨が規定されています。

ここで、特定増改築とは、特定建築行為に該当する増築又は改築のうち、当該増築又は改築に係る部分（非住宅部分に限ります。）の床面積の合計の当該増築又は改築後の特定建築物（非住宅部分に限ります。）の延べ面積に対する割合が2分の1以下であるものです。

適合義務制度施行（平成29年4月1日）前に新築された既存建築物については、既存部分の省エネ性能が必ずしも基準に適合しているとは限りません。このため、増改築部分が既存部分の面積と比べて一定以上であれば、建築物全体を基準適合することが困難とはいえませんが、そうでない場合には、増改築を行わない既存部分を含め建築物全体での基準適合を図ることは困難である場合が想定されます。このことから、「（非住宅建築物の増改築部分の面積）／（増改築後の非住宅建築物の延べ面積）」の割合が2分の1以下のものは、基準適合義務までは求めず届出義務とすることとしています。

Q32

基準適合義務がかかる建築行為については、適合性判定、建築確認、完了検査など、どのような手続が必要ですか。建築着工、建物使用開始までの手続の流れについて教えてください。

A

基準適合義務がかかる特定建築行為をしようとする建築主について確認申請から着工までに必要となる主な手続とその流れは以下のとおりです。

①　建築確認申請(建築主→建築主事又は指定確認検査機関)【建築基準法】

②　省エネ性能確保計画の提出（建築主→所管行政庁又は登録省エネ判定機関）【本法】

③　適合判定通知書の交付（所管行政庁又は登録省エネ判定機関→建築主）【本法】

④　適合判定通知書等の提出（建築主→建築主事又は指定確認検査機関）【本法】

⑤　確認済証の交付（建築主事又は指定確認検査機関→建築主）【建築基準法】

※　適合判定通知書又はその写しがなければ確認済証の交付はできません【本法】。

⑥　建築着工【建築基準法】

また、建築着工後、省エネ性能確保計画に変更（軽微な変更を除きます。）があった場合は、変更後の省エネ性能確保計画を提出し、再度、省エネ適合性判定を受けることが必要です。

なお、完了検査から建物使用開始までは、通常の建築基準法の確認検査の手続と同じですが、完了検査の審査対象として省エネ基準も対象となることから、省エネ適合性判定に要した設計図書どおりに工事が行われたかどうかについて建築主事又は指定確認検査機関の検査が必要となります。

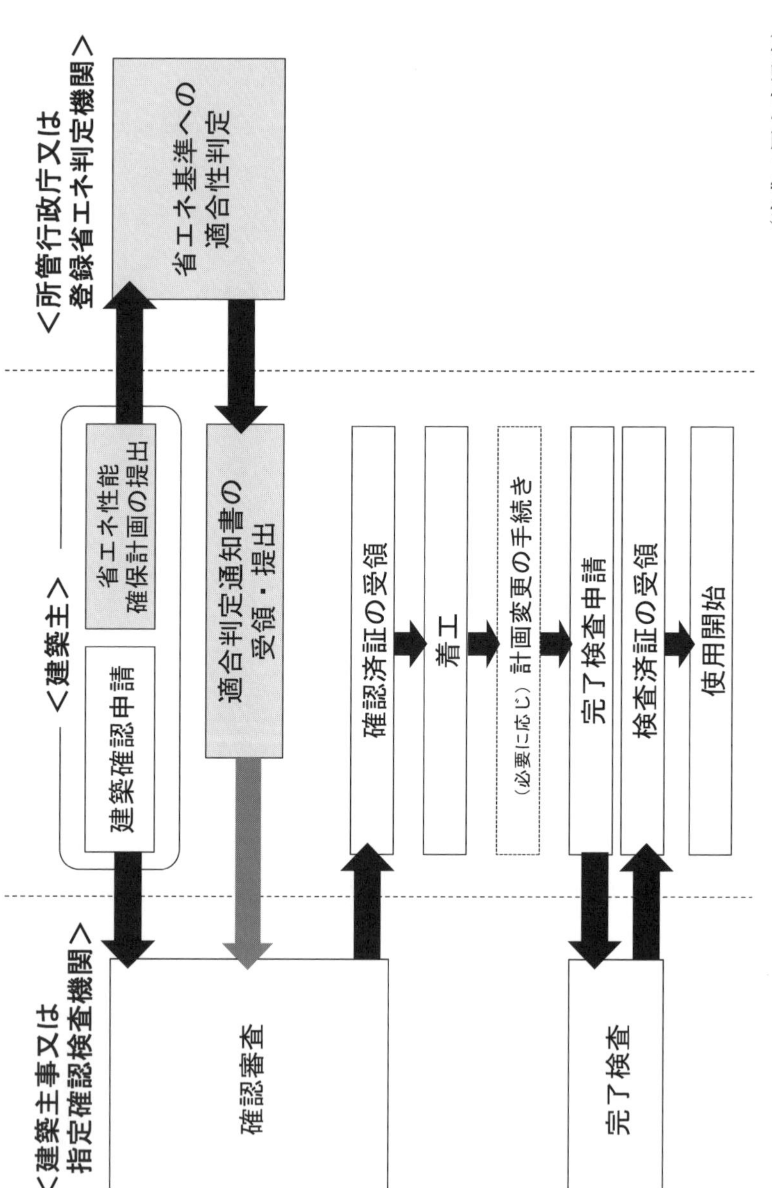
＜建築主事又は指定確認検査機関＞
＜建築主＞
＜所管行政庁又は登録省エネ判定機関＞
建築確認申請
省エネ性能確保計画の提出
省エネ基準への適合性判定
適合判定通知書の受領・提出
確認審査
確認済証の受領
着工
（必要に応じ）計画変更の手続き
完了検査申請
完了検査
検査済証の受領
使用開始

（出典：国土交通省）

適合性判定に必要となる申請書類等について教えてください。

申請に必要となる書類は、本法施行規則別記様式第1の計画書の正本及び副本に、それぞれ以下の書類を添えたものとなります（詳細は後掲資料編の建築物のエネルギー消費性能の向上に関する法律施行規則第1条をご覧ください。）。

①　建築物の概要に関する図書

・設計内容説明書

・付近見取図、配置図

・仕様書（仕上げ表を含みます。）

・各階平面図、床面積求積図、用途別床面積表

・立面図

・断面図又は矩計図、各部詳細図

・各種計算書（一次エネルギー消費量、外皮性能）

②　建築設備に関する図書

・機器表

・仕様書、系統図、各階平面図、制御図

※　住戸については機器表のみです。

③　その他、所管行政庁が必要と認める図書

なお、住宅部分の床面積（高い開放性を有する部分を除いた床面積）が300m²以上の計画を、登録省エネ判定機関に申請する場合にあっては、計画書の正本・添付図書の写しの提出も必要となります（正本・副本・正本の写しの3セットの書類の提出が必要となります。）。

建築確認や適合性判定時における具体的な手続の流れについて教えてください。

具体的な手続の流れは次のとおりです。

①　建築主は、建築確認に際し、所管行政庁又は登録省エネ判定機関による省エネ基準への適合性判定を受け、適合判定通知書を、建築主事又は指定確認検査機関に提出することが必要となります。

②　所管行政庁又は登録省エネ判定機関は、建築主より提出を受けた平面図・機器表等の設計図書や各種計算書等により、計画が省エネ基準に適合しているかどうかを判定します。

③　建築主事又は指定確認検査機関は、確認審査時において、次の3点を審査します。

㋐　基準適合義務対象となる建築行為であること

㋑　適合判定通知書が提出されていること

㋒　確認申請書と計画書が整合していること

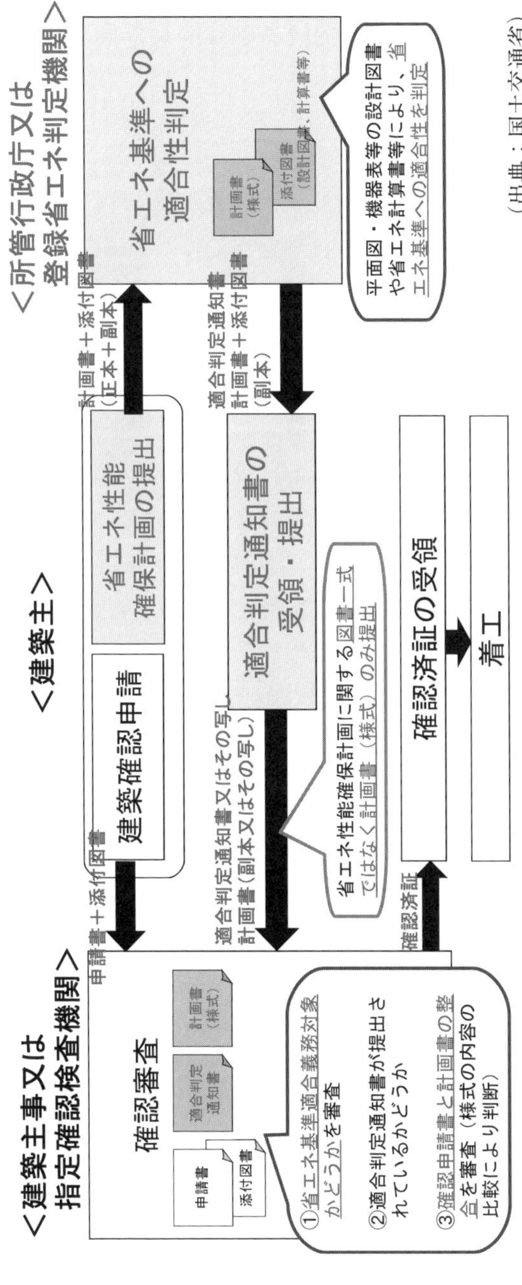
＜建築主事又は指定確認検査機関＞
確認審査
申請書
添付図書
適合判定通知書
計画書（様式）
①省エネ基準適合義務対象かどうかを審査
②適合判定通知書が提出されているかどうか
③確認申請書と計画書の整合を審査（様式の内容の比較により判断）
申請書＋添付図書
適合判定通知書又はその写し
計画書（副本又はその写し）
確認済証
＜建築主＞
建築確認申請
省エネ性能確保計画の提出
適合判定通知書の受領・提出
省エネ性能確保計画に関する図書一式ではなく計画書（様式）のみ提出
確認済証の受領
着工
＜所管行政庁又は登録省エネ判定機関＞
計画書＋添付図書（正本＋副本）
適合判定通知書
計画書＋添付図書（副本）
省エネ基準への適合性判定
計画書（様式）
添付図書（設計図書、計算書等）
平面図・機器表等の設計図書や省エネ計算書等により、省エネ基準への適合性を判定

（出典：国土交通省）

計画変更時における具体的な手続の流れについて教えてください。

A

具体的な手続の流れは次のとおりです。

① 建築主は、適合性判定を受けた計画の変更を行った場合には、当該工事の着手前に、変更後の計画を所管行政庁又は登録省エネ判定機関に提出する必要があります。

② ただし、変更が軽微な変更に該当する場合にあっては、当該計画の提出を不要としています。非住宅部分に係る軽微な変更には、具体的に以下の変更が該当します。

㋐ 建築物の省エネ性能を向上させる変更

㋑ 一定以上の省エネ性能を有する建築物について、一定の範囲内で省エネ性能を低下させる変更

㋒ 建築物の省エネ性能に係る計算により、省エネ基準に適合することが明らかな変更（次のいずれかに該当する変更を除きます。）

・建築物の用途の変更

・建築物の省エネ性能の算定方法の変更（モデル建物法⇔標準入力法）

・モデル建物法を使用している場合における一次エネルギー消費量モデル建築物の変更

③ なお、上記②㋒に該当する変更を行う場合、建築主は、所管行政庁又は登録省エネ判定機関より「軽微変更該当証明書」の交付を受け、完了検査申請時に当該証明書を提出する必要があります。

④ また、計画の変更内容が省エネ性能に関する事項のみの場合は、変更後の計画に係る確認申請は不要となります。

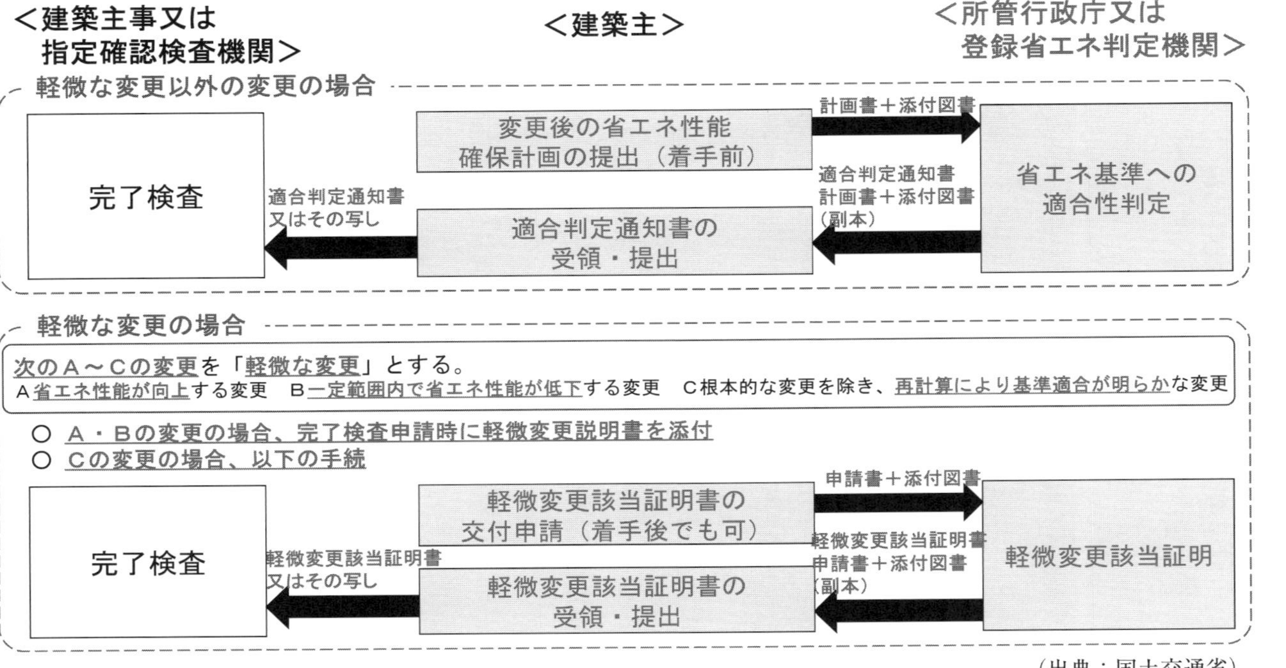
＜建築主事又は
指定確認検査機関＞
＜建築主＞
＜所管行政庁又は
登録省エネ判定機関＞
軽微な変更以外の変更の場合
完了検査
変更後の省エネ性能
確保計画の提出（着手前）
計画書＋添付図書
省エネ基準への
適合性判定
適合判定通知書
計画書＋添付図書
（副本）
適合判定通知書の
受領・提出
適合判定通知書
又はその写し
軽微な変更の場合
次のA～Cの変更を「軽微な変更」とする。
A省エネ性能が向上する変更　B一定範囲内で省エネ性能が低下する変更　C根本的な変更を除き、再計算により基準適合が明らかな変更
○ A・Bの変更の場合、完了検査申請時に軽微変更説明書を添付
○ Cの変更の場合、以下の手続
完了検査
軽微変更該当証明書の
交付申請（着手後でも可）
申請書＋添付図書
軽微変更該当証明
軽微変更該当証明書
申請書＋添付図書
（副本）
軽微変更該当証明書の
受領・提出
軽微変更該当証明書
又はその写し

（出典：国土交通省）

完了検査に必要となる申請書類等について教えてください。

A　基準適合義務の対象となる建築物については、完了検査申請書に、以下の書類を添えることが必要となります。

① 適合性判定に要した図書及び書類（変更後の計画に係る適合性判定を受けた場合は、当該判定に要した図書及び書類を含みます。）

② （省エネ性能に係る変更が行われている場合）省エネ性能に係る軽微な変更説明書

③ 省エネ基準に係る工事監理報告書

なお、計画の変更の内容がQ35②ⓤの軽微な変更に該当する場合、「軽微な変更説明書」に、所管行政庁又は登録省エネ判定機関が交付した「軽微変更該当証明書」を添付することが必要となります。また、変更後の計画について適合性判定を受けている場合、変更後の計画に係る適合判定通知書を添付することが必要となります。

完了検査時における具体的な手続の流れについて教えてください。

建築主事又は指定確認検査機関は、建築主より完了検査の申請を受けた後、次の2点の検査を行います。

①　（省エネ性能に係る変更が行われている場合）建築主より提出を受けた「軽微な変更説明書」の確認により、計画が省エネ基準に適合しているかどうかを検査

②　申請者より提出を受けた工事監理報告書等の書類確認や目視により、適合性判定を受けた計画等のとおり工事が実施されたものであるかどうかを検査

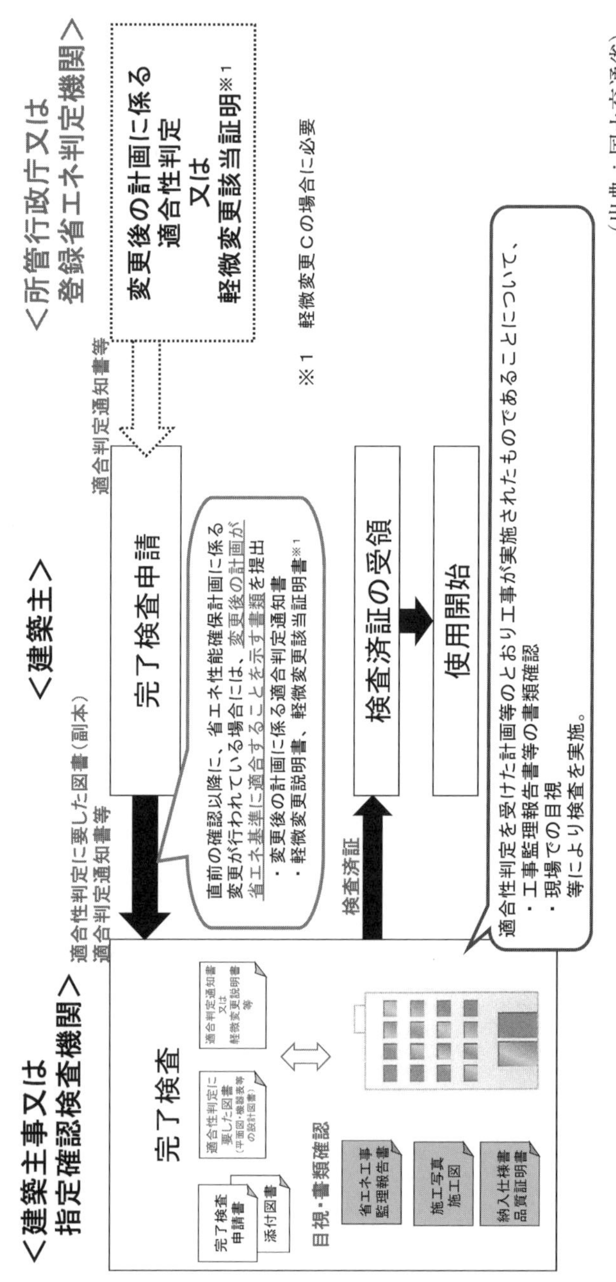
＜建築主事又は
指定確認検査機関＞
＜建築主＞
＜所管行政庁又は
登録省エネ判定機関＞
適合性判定に要した図書（副本）
適合判定通知書等
適合判定通知書等
完了検査
完了検査
申請書
添付図書
適合性判定に
要した図書
（平面図・機器表等
の設計図書）
適合判定通知書
又は
軽微変更説明書
等
目視・書類確認
省エネ工事
監理報告書
施工写真
施工図
納入仕様書
品質証明書
完了検査申請
直前の確認以降に、省エネ性能確保計画に係る
変更が行われている場合には、変更後の計画が
省エネ基準に適合することを示す書類を提出
・変更後の計画に係る適合判定通知書
・軽微変更説明書、軽微変更該当証明書※1
変更後の計画に係る
適合性判定
又は
軽微変更該当証明※1
※1　軽微変更Cの場合に必要
検査済証
検査済証の受領
使用開始
適合性判定を受けた計画等のとおり工事が実施されたものであることについて、
・工事監理報告書等の書類確認
・現場での目視
等により検査を実施。

（出典：国土交通省）

38 **中規模の非住宅建築物に対する基準適合義務はいつから適用されますか。<2年目施行>**

今回の改正により新たに追加された中規模の非住宅建築物に対する基準適合義務は、改正法公布後2年以内の施行日（令和3年4月予定）以後に確認申請がされた建築物について適用されます。

なお、例外として、当該施行日以後に確認申請がされた建築物であっても、当該施行日前に届出がされたものについては、基準適合義務・適合性判定の規定は適用されず、当該届出に係る指示及び命令等の規定が適用されることとなります。届出内容に変更があった場合も、基準適合義務・適合性判定の規定は適用されません。

非住宅建築物と住宅の複合建築物の新築の際に必要な手続について教えてください。<2年目施行>

複合建築物の新築の際に必要な手続については下記のとおりです。

<2021年3月31日まで>

① 非住宅部分が2,000m²以上かつ住宅部分が300m²未満の場合

非住宅部分のみ適合性判定が必要

② 非住宅部分が2,000m²以上かつ住宅部分が300m²以上の場合

非住宅部分は適合性判定、住宅部分は所管行政庁へ計画の提出が必要

※ 登録省エネ判定機関が非住宅部分の適合性判定をする場合、申請された計画の住宅部分については、当該機関は所管行政庁に速やかに書類を送付することとなります。

③ 非住宅部分が2,000m²未満で、非住宅部分と住宅部分の合計が300m²以上の場合

届出が必要

<2021年4月1日以降>

① 非住宅部分が300m²以上かつ住宅部分が300m²未満の場合

非住宅部分のみ適合性判定が必要

② 非住宅部分が300m²以上かつ住宅部分が300m²以上の場合

非住宅部分は適合性判定、住宅部分は所管行政庁へ計画

の提出が必要

※　登録省エネ判定機関が非住宅部分の適合性判定をする場合、申請された計画の住宅部分については、当該機関は所管行政庁に速やかに書類を送付することとなります。

③　非住宅部分が300m²未満で、非住宅部分と住宅部分の合計が300m²以上の場合

届出が必要

なお、これらの床面積を算定する際は、高い開放性を有する部分の床面積を除きます。

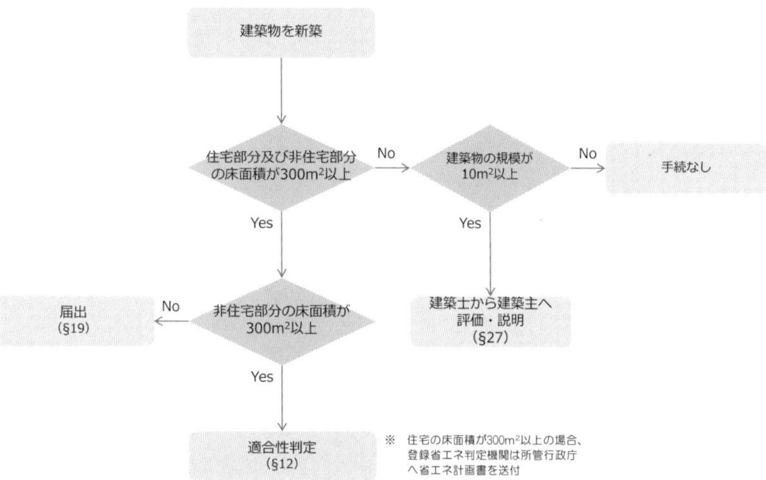

（出典：国土交通省）

Q 40

適合性判定は、所管行政庁と登録省エネ判定機関のいずれに対しても申請可能ですか。また、適合性判定と建築確認・検査は、同一の機関の同一の部署が行うことができますか。

A

適合性判定は、所管行政庁が行うものですが、所管行政庁は、登録省エネ判定機関に適合性判定の全部又は一部を行わせることができることとされています。

所管行政庁が登録省エネ判定機関に適合性判定を行わせることとした場合、建築主（申請者）は、適合性判定の申請先として、所管行政庁又は登録省エネ判定機関のいずれも選択することが可能となります。

所管行政庁や登録省エネ判定機関の申請窓口等は、一般社団法人住宅性能評価・表示協会のホームページ（http://www.hyoukakyoukai.or.jp（2019.12.13））で検索することができます。

また、適合性判定と建築確認・検査は、同一の機関の同一の部署が行うことが可能です。

建築主は、建築基準法の指定確認検査機関であって本法の登録省エネ判定機関である機関に対しては、建築確認・検査と適合性判定の両方を同時に申請することができます。

Q 41

基準に違反した建築物を新築した場合はどうなりますか。是正命令を受けたり、罰金が科されることはありますか。

A

省エネ基準に適合しない特定建築物を新築等した場合は、建築主に対し、所管行政庁は違反の是正命令をすることができます。これに先立ち、所管行政庁は、建築主等に対し報告聴取や現場の立入検査をすることができます。

なお、所管行政庁の是正命令に違反した者は、300万円以下の罰金が科されることがあります。

第6　届出制度（法律第3章第2節）

Q42　届出制度の概要と今回の改正内容について教えてください。

A　建築主は、一定規模以上の新築、改築、増築をしようとするときは、その工事に着手する日の21日前までに、当該行為に係る建築物の省エネ性能の確保のための構造及び設備に関する計画を所管行政庁に届け出なければなりません。

ただし、今回の改正により、届出に併せて、登録住宅性能評価機関又は登録省エネ判定機関が行う省エネ性能の評価の結果（省エネ基準に適合するものに限ります。）を記載した書面を提出することで、届出期限を3日前に短縮することができます。これは、省エネ性能の評価においては、民間の機関が、本法に基づく省エネ適合性判定に準じた形で、一定の基準に基づき建築物の省エネ性能を評価する仕組み（住宅性能評価やBELS等）が普及しつつあり、こうした評価制度の過程で行われる省エネ性能に関する技術的審査の結果を参考とすると、所管行政庁による届出内容の確認が容易となることから、

・届出者にとって、手続負担の軽減を図る
・所管行政庁にとって、届出内容の確認に係る負担を軽減し、省エネ基準に適合しない建築物への指導に注力できる環境を整備する

観点から、届出に併せてこれらの審査の結果を記載した書面が提出された場合には、届出期限を短縮することとしています。

Q43

届出制度の対象となる建築行為はどのようなものですか。また、適用除外となる建築物はどのようなものですか。

A

届出の対象となるのは、次の建築行為です。

・特定建築物以外の建築物の新築で、床面積の合計が300m²以上のもの

・建築物の増築又は改築で、当該増築又は改築に係る部分の床面積の合計が300m²以上のもの（特定建築行為に該当するものを除きます。）

・2017年4月1日に現に存する建築物について行う特定増改築

基準適合義務・適合性判定の対象となる特定建築行為（Q25参照）については、届出の対象外となっており、特定増改築（Q31参照）については、届出が必要です。

また、届出制度の適用除外となる建築物（法22）は、基準適合義務・適合性判定の適用除外となる建築物と同じです（Q30参照）。

今回の改正により届出期限が着工の3日前までとなるのはどのような場合ですか。

届出に併せて、登録住宅性能評価機関又は登録省エネ判定機関が行う省エネ性能の評価の結果（省エネ基準に適合するものに限ります。）を記載した書面を提出することで、届出期限を3日前に短縮することができます。

省エネ性能の評価の結果を記載した書面として、具体的には、設計住宅性能評価やBELS評価書等が考えられます。

45　届出に必要となる書類等について教えてください。

届出に必要となる書面は、本法施行規則別記様式第22の届出書の正本及び副本に、それぞれ次の書類を添えたものとなります（詳細は後掲資料編の建築物のエネルギー消費性能の向上に関する法律施行規則第12条をご覧ください。）。

① 建築物の概要に関する図書
- ・付近見取図、配置図
- ・仕様書（仕上げ表を含みます。）
- ・各階平面図、床面積求積図、用途別床面積表
- ・立面図
- ・断面図又は矩計図、各部詳細図
- ・各種計算書

② 建築設備に関する図書
- ・機器表
- ・仕様書、系統図、各階平面図、制御図

③ その他、所管行政庁が必要と認める図書

なお、届出に併せて、登録住宅性能評価機関又は登録省エネ判定機関が行う省エネ性能の評価の結果（省エネ基準に適合するものに限ります。）を記載した書面を提出する場合には、次の書類を添えることで足ります。

① 建築物の概要に関する図書
- ・付近見取図、配置図
- ・各階平面図、床面積求積図、用途別床面積表
- ・立面図
- ・断面図又は矩計図

届出に違反した場合や基準に適合していない場合はどうなりますか。

届出をしないで、又は虚偽の届出をして、届出対象行為をした者は、50万円以下の罰金に処せられることがあります。

届出に係る計画が省エネ基準に適合せず、当該建築物の省エネ性能の確保のため必要があると認めるときは、所管行政庁は当該計画の変更その他必要な措置をとるべきことを指示することができることとされています。

また、所管行政庁は、指示を受けた者が、正当な理由がなくてその指示に係る措置をとらなかったときは、その者に対し、相当の期限を定めて、その指示に係る措置をとるべきことを命ずることができます。この命令に違反した者は、100万円以下の罰金に処せられることがあります。

第７　説明義務制度

説明義務制度の概要について教えてください。＜2年目施行＞

A

説明義務制度は、小規模建築物を設計する建築士に対し、
・設計に係る小規模建築物が省エネ基準に適合するか否か
・適合しない場合には、省エネ性能確保のための措置
を建築主に対して書面をもって説明することを義務付ける制度です。

小規模建築物の建築主の多くは個人であり、その多くは十分な専門的知見がないことから、その関心は専門家からの具体的な説明や提案を受けて初めて顕在化・具体化する可能性があります。しかしながら、現状、建築主は省エネ性能に関して十分な情報・理解を得ることができていないため、省エネ性能の向上に向けた具体的な行動につながっていないと考えられることから、専門家（建築士）が関与しながら建築主の行動変容を促し、省エネ基準への適合を推進する仕組みとして創設されたものです。

48

説明義務制度の対象となる建築行為はどのようなものですか。<2年目施行>

延べ面積300m²未満の小規模の住宅・非住宅建築物の新築、増築又は改築のうち、基準適合義務又は届出義務の対象となる建築行為以外のもの及び省エネ性能に及ぼす影響が少ないものとして政令で定める規模以下（10m²以下）の建築行為以外のものが対象となる予定です。

Q 49　建築主に対してどのような説明をする必要があるのですか。＜2年目施行＞

小規模建築物の設計を行うときは、

・設計に係る小規模建築物が省エネ基準に適合するか否か

・適合しない場合には、省エネ性能確保のための措置

について、建築主に対して説明する必要があります。

なお、建築主から説明を要しない旨の意思の表明があった場合については、説明の必要はありません。

50

建築確認の際に説明結果等の図書の提出は必要ですか。＜2年目施行＞

建築確認において、説明の際に建築主に交付した書面の写しを提出する必要はありません。

なお、当該書面の写しは、建築士法に基づく建築士事務所に保存する図書として保存を義務付けることとする予定です。

Q51 説明を行わなかった場合はどうなりますか。＜2年目施行＞

建築士が所属する建築士事務所の存する都道府県は、建築士法に基づき、報告徴収や立入検査を通じて、建築士事務所に保存されている図書の内容等を確認することが可能となっています。

報告徴収や立入検査などにより、保存されている図書の内容等を確認し、建築主から説明を要しない旨の意思の表明がなかったにもかかわらず、建築士から建築主に対する説明が行われなかった場合や評価結果を改ざんした場合など、業務上不誠実な行為をしたと認められる場合には、国又は都道府県は、建築士法に基づき懲戒処分を行うことが可能となっています。

第８　特殊の構造・設備を用いた建築物の大臣認定制度（法律第3章第3節）

Q52　**大臣認定制度の趣旨及び概要について教えてください。また、大臣認定を受けるとどのようなメリットがあるのですか。**

A　現状では、省エネ基準で評価できない省エネ新技術がありますが、大臣認定制度はこれらの新技術の円滑な導入を図ることを目的としています。こうした特殊の構造・設備を用いる建築物を新築等しようとする場合において、建築主の申請により、国土交通大臣が個別に省エネ基準に適合する建築物と同等以上の省エネ性能を有するものである旨の認定をすることができます。

なお、申請に当たっては、登録省エネ評価機関（登録建築物エネルギー消費性能評価機関）が作成した建築物の省エネ性能に関する評価書を添付し、これに基づき国土交通大臣が認定のための審査を行うこととなります。

大臣認定による法律上の特例は、適合性判定通知書みなしと届出みなしの2つがあります。

基準適合義務対象となる建築物については、所管行政庁又は登録省エネ判定機関が交付した適合判定通知書がなければ、建築基準法の確認済証が交付されず建築着工ができませんが、大臣認定を受けたときは、適合判定通知書の交付を受けたものとみなされます。

また、大臣認定を受けたときは、本法第19条第1項の届出をしたものとみなされ、所管行政庁による変更指示や命令の規定は適用されません。

大臣認定の対象となる「特殊の構造又は設備」とは、どのようなものですか。

A

大臣認定の対象となる「特殊の構造又は設備」は、自然換気の利用や河川水の熱源としての利用といった、建設地固有の条件に基づき、性能試験等を行う必要があるものなどであって、現行の省エネ基準で評価することができないものが該当します。

なお、「特殊の構造又は設備」を用いた建築物であっても、「特殊の構造又は設備」に関する性能を評価しなくても省エネ基準に適合することが確認できる場合にあっては、大臣認定によることなく適合性判定を受けることができます。

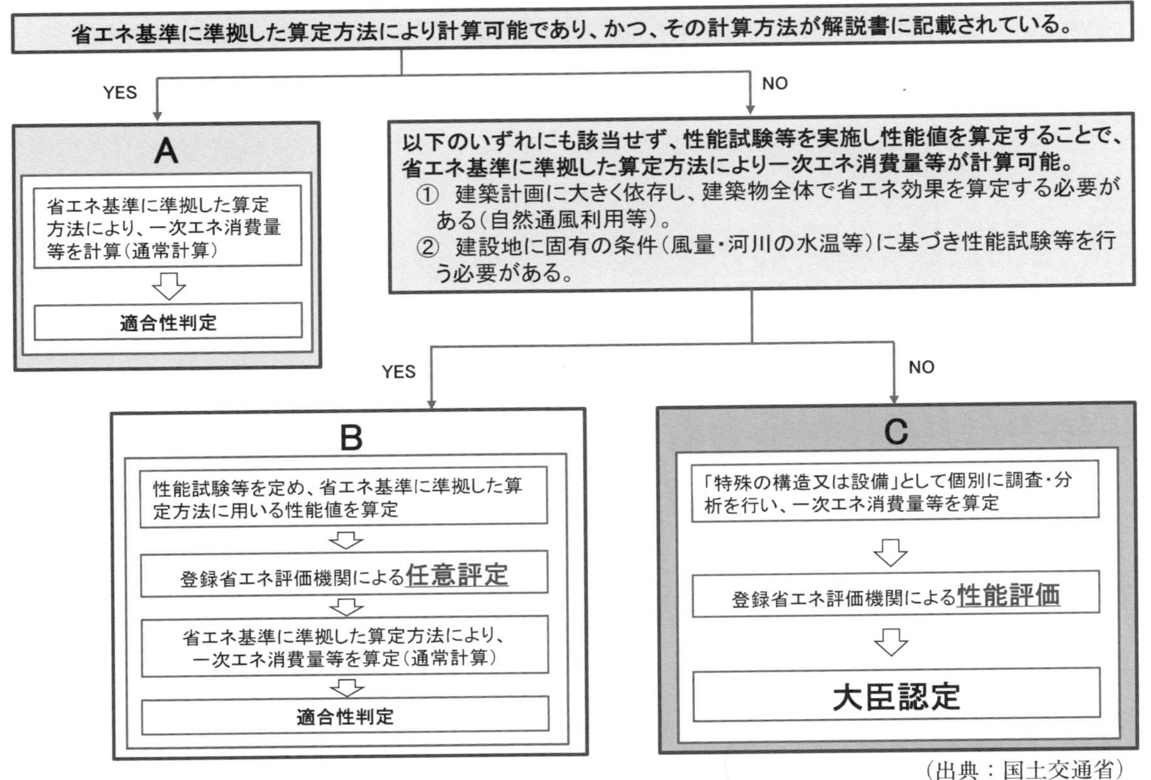
省エネ基準に準拠した算定方法により計算可能であり、かつ、その計算方法が解説書に記載されている。
YES
NO
A
省エネ基準に準拠した算定方法により、一次エネ消費量等を計算（通常計算）
適合性判定
以下のいずれにも該当せず、性能試験等を実施し性能値を算定することで、省エネ基準に準拠した算定方法により一次エネ消費量等が計算可能。
① 建築計画に大きく依存し、建築物全体で省エネ効果を算定する必要がある（自然通風利用等）。
② 建設地に固有の条件（風量・河川の水温等）に基づき性能試験等を行う必要がある。
YES
NO
B
性能試験等を定め、省エネ基準に準拠した算定方法に用いる性能値を算定
登録省エネ評価機関による任意評定
省エネ基準に準拠した算定方法により、一次エネ消費量等を算定（通常計算）
適合性判定
C
「特殊の構造又は設備」として個別に調査・分析を行い、一次エネ消費量等を算定
登録省エネ評価機関による性能評価
大臣認定

（出典：国土交通省）

第9　住宅トップランナー制度（法律第3章第4・5節）

54

住宅トップランナー制度の概要、今回の改正により対象となる事業者について教えてください。

特定建築主及び特定建設工事業者は、その新築又は新たに建設する住宅について住宅トップランナー基準に適合させるよう努めなければなりません。

また、特定建築主及び特定建設工事業者に対しては、国土交通大臣は、当該新築又は新たに建設する住宅につき、住宅トップランナー基準に照らして省エネ性能の向上を相当程度行う必要があると認めるときは、その目標を示して、その新築又は新たに建設する住宅の省エネ性能の向上を図るべき旨の勧告等をすることができることとなっています。

対象となる事業者は、特定建築主については分譲の戸建住宅を年間150戸以上新築する建築主、特定建設工事業者については注文の戸建住宅を年間300戸以上又は賃貸の共同住宅・長屋を年間1,000戸以上建設する工事業者となります。

特定建築主とは、自らが定めた一戸建ての住宅の構造及び設備に関する規格に基づき一戸建ての住宅を新築し、これを分譲することを業として行う建築主をいいます。

特定建設工事業者とは、自らが定めた住宅の構造及び設備に関する規格に基づき住宅を新たに建設する工事を業として請け負う者をいいます。

住宅トップランナー基準はどのような内容ですか。

A

住宅トップランナー基準は、以下のとおり設定されています。

＜分譲の戸建住宅＞

2020年度以降に新築する住宅について、各年度に供給する全ての住宅が省エネ基準の外皮基準に適合すること、各年度に供給する全ての住宅の平均で一次エネルギー消費性能基準について省エネ基準の値から15％削減することとされています。

＜注文の戸建住宅＞

2024年度以降に新築する住宅について、各年度に供給する全ての住宅が省エネ基準の外皮基準に適合すること、各年度に供給する全ての住宅の平均で一次エネルギー消費性能基準について省エネ基準の値から25％削減することとされていますが、一次エネルギー消費性能基準については、当面の間、省エネ基準の値から20％削減することとされています。

＜賃貸の共同住宅・長屋＞

2020年度以降に新築する住宅について、各年度に供給する全ての住宅が省エネ基準の外皮基準に適合すること、各年度に供給する全ての住宅の平均で一次エネルギー消費性能基準について省エネ基準の値から10％削減することとされています。

56

住宅トップランナー基準に適合していない場合はどうなりますか。

A

住宅トップランナー制度の対象となる特定建築主及び特定建設工事業者に対しては、国土交通大臣は、それらが新築又は新たに建設する住宅につき、住宅トップランナー基準に照らして省エネ性能の向上を相当程度行う必要があると認めるときは、その目標を示して、その新築又は新たに建設する住宅の省エネ性能の向上を図るべき旨の勧告をすることができることとなっています。

勧告に従わない場合はその旨が公表されることがあります。また、正当な理由なくその勧告に係る措置をとらなかった場合において、国土交通大臣は、住宅トップランナー基準に照らして特定建築主又は特定建設工事業者が行うべきその新築又は新たに建設する住宅の省エネ性能の向上を著しく害すると認めるときは、社会資本整備審議会の意見を聴いて、当該特定建築主又は特定建設工事業者に対し、相当の期限を定めて、その勧告に係る措置をとるべきことを命ずることができるとされています。当該命令に違反した者は、100万円以下の罰金に処せられることがあります。

第10　性能向上計画認定・容積率特例制度（法律第4章）

57

性能向上計画認定の概要、今回の改正により対象となる建築物について教えてください。

建築物エネルギー消費性能向上計画の認定（以下「性能向上計画認定」といいます。）は、省エネ基準を上回る高い省エネ性能を有する建築物の計画について、所管行政庁の認定を受けることにより、容積率の特例等の優遇措置を受けることができる制度です。

認定の対象となる建築物、建築行為は、以下のとおりです。

・対象建築物

全ての建築物

・対象建築行為

新築、増築、改築、修繕・模様替え、空気調和設備等の設置・改修。ただし、省エネ性能の向上に資するものに限られます（省エネ性能に関係のない工事（クロスの張り替え等）は対象外となります。）。

・認定基準

誘導基準（省エネ基準を超える高い水準の基準）に適合すること等

今回の改正により、複数の住宅・非住宅建築物の連携による省エネ性能向上の取組により関係する建築物が、それぞれ誘導基準に適合する計画（複数棟の計画）についても認定の対象となります。

Q58　容積率特例の内容について教えてください。

A　性能向上計画認定を受けるためには、高い省エネ性能を実現する必要がありますが、そのためには通常では設置しないような省エネ設備（コージェネレーション設備等）を導入することにより、追加的な床面積を必要とする場合が考えられます。

建築物を計画する場合、建築物の延べ面積の敷地面積に対する割合（容積率）が、都市計画で定められる用途地域に応じて一定の値を超えないようにしなければなりませんが（建築基準法52）、性能向上計画認定を受けた場合、当該建築物の床面積のうち、省エネ設備を設置する部分の床面積を、容積率を算定する際の建築物の延べ面積に算入しないことができます。これにより、容積率の制限により高い省エネ性能の設備の導入を妨げることがないようにするというのが、本法の容積率特例制度の趣旨です。

不算入となる具体的な省エネ設備は、以下のとおりです。

① 太陽熱集熱設備、太陽光発電設備その他再生可能エネルギー源を活用する設備であって省エネ性能の向上に資するもの
② 燃料電池設備
③ コージェネレーション設備
④ 地域熱供給設備
⑤ 蓄熱設備
⑥ 蓄電池（床に据え付けるものであって、再生可能エネルギー発電設備と連携するものに限ります。）
⑦ 全熱交換器

認定を受けた場合の適合性判定や届出等の手続の特例について教えてください。

A　適合性判定や届出が必要な建築物について、性能向上計画認定を受けた場合には、手続の一部又は全部が免除されることになります。具体的には以下のとおりです。

・適合性判定の対象となる建築物

認定を受けた場合、適合性判定を受けたものとみなされるため、適合性判定を受ける必要はありません。この場合、認定通知書の写しを、建築確認を行う建築主事等に対して提出する必要があります（提出するまでは確認済証が交付されません。）。建築主事に対して確認申請を行った場合は、確認済証交付期限の3日前までに提出する必要があります。

・届出の対象となる建築物

認定を受けた場合、届出を行ったものとみなされるため、届出を行う必要はなく、手続は不要です。なお、この場合、届出に係る所管行政庁の指示・命令等の対象とはなりません。

適合性判定や届出等の手続の特例のほかに認定を受けるとどのようなメリットがあるのですか。

性能向上計画認定を受けた場合、令和元年度予算等において、以下の融資や補助金の支援を受けることができます。

<融　資>

性能向上計画認定を受けた住宅の取得は、独立行政法人住宅金融支援機構のフラット35Ｓの金利引下げ措置（当初10年間の金利を0.25％引下げ）の対象となっています。詳細は独立行政法人住宅金融支援機構のホームページ（https://www.jhf.go.jp/loan/yushi/info/flat35.html(2019.12.13)）等をご確認ください。

<補助金>

性能向上計画認定を受けているものを対象（※）とした補助事業として、以下のものがあります。

※　別途求められる要件があります。詳しくは各事業の公募要領等をご確認ください。

①　非住宅建築物

・地域型住宅グリーン化事業（優良建築物型）

流通事業者、建築士、中小工務店等からなるグループにより建設される一定の良質な建築物について、補助対象費用の2分の1かつ床面積1m²当たり1万円を限度に補助

・既存建築物省エネ化推進事業

改修前と比較して原則20％以上の省エネ効果が見込まれることや、改修後の省エネ性能を表示すること等を要件に、事業の実施に要する費用の一部を支援（補助率3分の1、上限5,000万円）

②　住　宅

・地域型住宅グリーン化事業（高度省エネ型）

地域における木造住宅の生産体制の強化のため、流通事業者、建築士、中小工務店等からなるグループにより建設される「地域型住宅」について、補助対象費用の2分の1かつ一戸当たり100万円を限度に補助

③　複数棟

・省エネ街区形成事業

複数の住宅・非住宅建築物で連携した取組に係る性能向上計画認定を受けているプロジェクトを対象として、エネルギーマネジメントシステムを導入することにより、更なる省エネ効果が見込まれること等を要件に、省エネ設備の整備費等の一部を支援（補助率2分の1、上限原則5億円／プロジェクト）

性能向上計画の認定基準について教えてください。

A　省エネ基準を超える高い水準の誘導基準に適合する必要があります。

誘導基準は、非住宅建築物・住宅共に外皮基準と一次エネルギー消費量基準の両方について、適合する必要があります。ただし、既存建築物（平成28年3月31日までに竣工した建築物をいいます。）については、外皮基準は免除され、一次エネルギー消費量基準のみとなります。

また、適切な資金計画が立てられていることも認定基準となっています。

①　非住宅建築物の場合

・外皮性能

H25基準と同様、PAL＊の基準に適合することが求められます。具体的には、屋内周囲空間の年間熱負荷を屋内周囲空間の床面積の合計で除した数値が、用途及び地域の区分に応じた基準値以下であることが求められます。

※　既存建築物の場合は、対象外。

・一次エネルギー消費量

省エネ基準に比べて2割削減した水準（BEI＝0.8）を満たすことが求められます。

②　住宅の場合

・外皮性能

省エネ基準と同様、外皮平均熱貫流率（U_A値）、冷房期の日射熱取得率（η_{AC}値）に関する基準に適合することが求められます。

※　既存建築物の場合は、対象外

・一次エネルギー消費量

省エネ基準に比べて1割削減した水準（BEI＝0.9）を満たすことが求められます。

③　複合建築物の場合

非住宅建築物について①、住宅部分について②に適合することが求められますが、一次エネルギー消費量基準については、複合建築物全体で設計値及び基準値を算定し、外皮基準については、基準に適合すればよいこととなっています。

なお、今回の改正により対象となる複数棟の計画の場合は、それぞれの棟が誘導基準に適合する必要があります。

62　認定までの手続について教えてください。

所管行政庁に直接申請する場合と、民間機関で適合証の発行を受けた上で所管行政庁に申請する場合があります。認定までの手続は、以下のとおりとなります。

(1)　所管行政庁に直接申請する場合

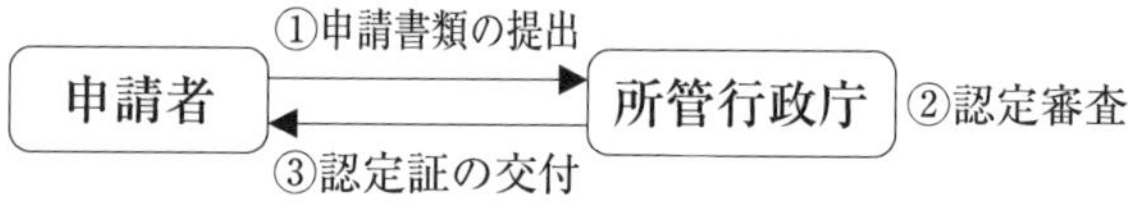

(2)　民間機関の適合証取得後に、所管行政庁に申請する場合

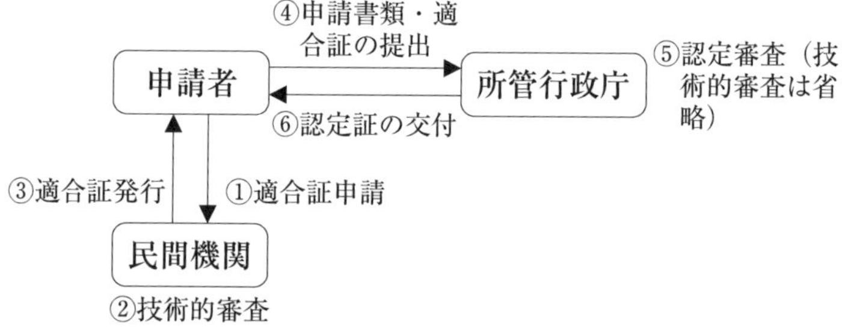

建物を建てようとする区域によって、(1)及び(2)の両方が可能な場合と、どちらか片方のみの場合があります。どちらの手続をとればよいか、また、どのような機関で適合証を受ければよいかについては、建物を建てようとする区域の所管行政庁にお問い合わせください。

認定に必要となる申請書類等について教えてください。

A 申請に必要となる書類は、以下のとおりです（詳細は後掲資料編の建築物のエネルギー消費性能の向上に関する法律施行規則第23条をご覧ください。）。

① 建築物の概要に関する図書

・設計内容説明書

・付近見取図、配置図

・仕様書（仕上げ表を含みます。）

・各階平面図、床面積求積図、用途別床面積表

・立面図

・断面図又は矩計図、各部詳細図

・各種計算書（一次エネルギー消費量、外皮性能）

② 建築設備に関する図書

・機器表

・仕様書、系統図、各階平面図、制御図

※ 一戸建ての住宅、共同住宅の住戸については機器表のみです。

③ その他、所管行政庁が必要と認める図書

これらの図書は、他の制度（建設住宅性能評価等）の申請書として用いたものを活用できることがあります。詳しくは所管行政庁へお問い合わせください。

なお、事前に登録省エネ判定機関等による技術的審査適合証の発行を受ける場合も、同様の書類を提出することになります（詳しくは各機関のホームページ等によりご確認ください。）。

今回の改正により対象となる複数棟の計画の場合、申請建築物以外の建築物についても①～③の書類が必要となるほか、申請建築物に設置される熱又は電気を供給するための熱源機器等から他の建築物に熱又は電気を供給するために必要な導管等の配置図や他の建築物が申請建築物から熱又は電気の供給を受けることの同意等が必要となります。

第11　基準適合認定・表示制度（法律第5章）

基準適合認定・表示制度の概要、対象となる建築物について教えてください。

省エネ基準に適合することについて所管行政庁の認定を受けることにより、その旨（法定マーク）を建築物やその敷地、広告等に表示することができる制度です。認定を受けていないにもかかわらず、法定マークを表示することは法律上禁止されており（違反した場合は罰則の対象となります。）、信頼性の高い表示制度となっています。

対象となる建築物は全ての建築物ですが、既に竣工した建築物についてのみ申請することができます。計画段階のもの、工事中のものについては申請できませんので、竣工してから申請を行う必要があります。申請は建築物の所有者が行います。

認定は、建築物全体（棟単位）について行います。建築物の部分について認定を受けることはできません。

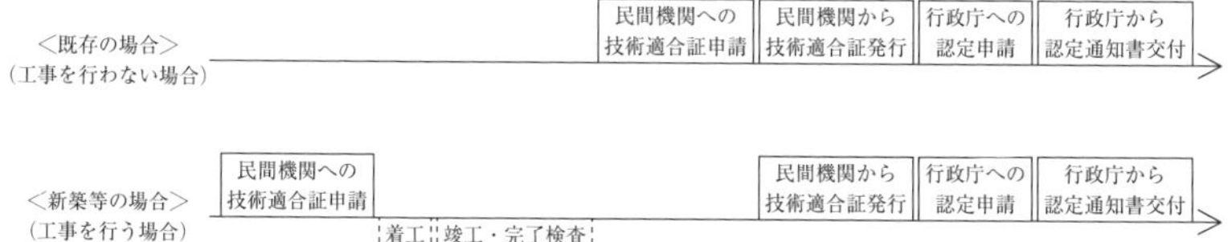

※新築等の場合も、完成後に認定申請可能。なお、民間機関への適合証の申請は着工前でも可能だが、適合証の発行は完了検査後でないとできない。

どのような表示ができるのですか。

認定を受けた建築物やその敷地等に以下の認定マーク（eマーク）を表示することができます。

建築物エネルギー消費性能基準
適合認定建築物
この建築物は、建築物のエネルギー消費性能の向上に関する法律第36条第２項の規定に基づき、建築物エネルギー消費性能基準に適合していると認められます。
建築物の名称
建築物の位置
認定番号
認定年月日
認定行政庁
適用基準

※カラー又は白黒の表示

※文字の部分は省略可能

認定マークを表示することができるものは以下のとおりです。

・建築物、建築物の敷地

・広告、契約に関する書類

・ホームページ等の電子媒体

・物件の販促品

なお、認定マークは、認定取得後に自ら国土交通省のホームページからダウンロードして利用することができます。また、一般財団法人建築環境・省エネルギー機構において、認定マークの表示プレートの作成を受け付けています（有料）。

66

基準適合認定の認定基準について教えてください。

認定基準は、省エネ基準に適合することです（誘導基準ではありません。）。

非住宅建築物の場合は一次エネルギー消費量基準、住宅の場合は外皮基準と一次エネルギー消費量基準の両方に適合する必要があります。ただし、既存住宅（平成28年3月31日までに竣工した住宅をいいます。）については、外皮基準は免除され、一次エネルギー消費量基準のみとなります。

①　非住宅建築物の場合

一次エネルギー消費量基準：設計一次エネルギー消費量が、基準一次エネルギー消費量を上回らないこと（BEI＝1.0）

②　住宅の場合

・外皮基準：H25基準と同等の基準（U_A値、η_{AC}値）に適合すること

※　既存住宅の場合は、対象外。

・一次エネルギー消費量基準：設計一次エネルギー消費量が、基準一次エネルギー消費量を上回らないこと（BEI＝1.0）

③　複合建築物の場合

非住宅部分について①、住宅部分について②に適合することが求められますが、一次エネルギー消費量基準については、複合建築物全体で設計値及び基準値を算定し、基準に適合すればよいこととなっています。

認定までの手続について教えてください。新築等の建築計画については認定の対象となりますか。

所管行政庁に直接申請する場合と、民間機関で適合証の発行を受けた上で、所管行政庁に申請する場合があります。認定までの手続は、以下のとおりとなります。

(1)　所管行政庁に直接申請する場合

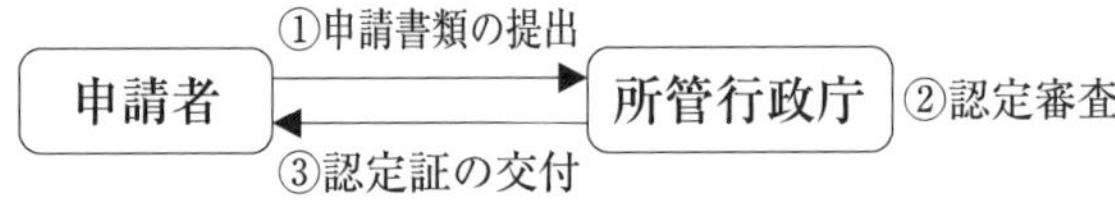

(2)　民間機関の適合証取得後に、所管行政庁に申請する場合

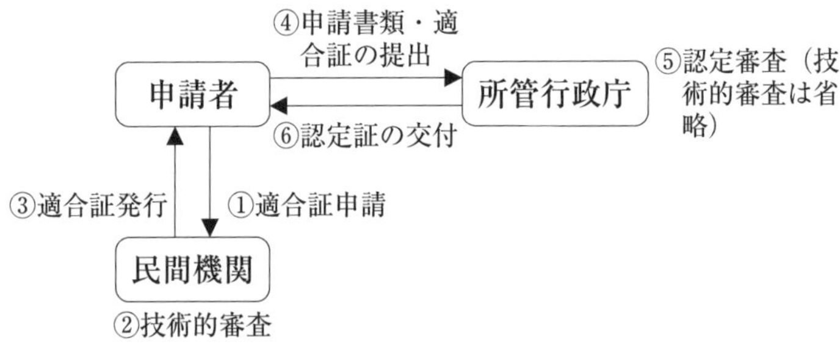

建物を建てようとする区域によって、(1)及び(2)の両方が可能な場合と、どちらか片方のみの場合があります。どちらの手続をとればよいか、また、どのような機関で適合証を受ければよいかについては、建物を建てようとする区域の所管行政庁にお問い合わせください。

新築等の建築計画については、竣工してから申請を行う必要があります。計画段階又は工事中の申請はできません。

認定に必要となる申請書類等について教えてください。

A　認定に必要となる申請書類等は、以下のとおりです（詳細は後掲資料編の建築物のエネルギー消費性能の向上に関する法律施行規則第30条をご覧ください。）。

①　建築物の概要に関する図書
- 設計内容説明書
- 付近見取図、配置図
- 仕様書（仕上げ表を含みます。）
- 各階平面図、床面積求積図、用途別床面積表
- 立面図
- 断面図又は矩計図、各部詳細図
- 各種計算書（一次エネルギー消費量、外皮性能）

②　建築設備に関する図書
- 機器表
- 仕様書、系統図、各階平面図、制御図

※　一戸建ての住宅、共同住宅の住戸については機器表のみです。

③　その他、所管行政庁が必要と認める図書

これらの図書は、他の制度（建設住宅性能評価等）の申請書として用いたものを活用できることがあります。詳しくは所管行政庁へお問い合わせください。

なお、事前に民間機関の適合証の発行を受ける場合も、同様の書類を提出することになります（詳細は各機関のホームページ等によりご確認ください。）。

第12 登録省エネ判定機関（法律第6章第1節）

69

登録省エネ判定機関は何を行う機関ですか。

登録省エネ判定機関は、省エネ性能適合性判定を行います。省エネ性能適合性判定とは、特定建築行為を行おうとする建築主から提出された省エネ性能確保計画について、省エネ基準に適合しているかについて判定を行います。判定は、省令で定める要件を満たす適合性判定員が行います。

判定の対象となる部分は非住宅部分のみであり、住宅部分についての審査は行いません。提出された計画に床面積が300m²以上の住宅部分が含まれる場合は、住宅部分の計画を所管行政庁に通知する必要があります。

第13　登録省エネ評価機関（法律第6章第2節）

登録省エネ評価機関は何を行う機関ですか。

A

登録省エネ評価機関は、特殊の構造及び設備を用いた建築物の大臣認定（法23）のための性能評価を行います。

性能評価では、これまでの省エネ基準で評価できない省エネ技術に加え、実験・実測データ等を提出させ、各分野の専門家の意見も踏まえて、省エネ基準に適合する建築物との同等性を審査します。評価は、法律で定められた要件を満たす評価員が行います。

第14 その他

71

地方公共団体の条例による省エネ基準の強化について教えてください。＜2年目施行＞

A

住宅・非住宅建築物の省エネ基準は、現行の本法において、適合義務制度や計画の届出義務制度で活用されているほか、令和3年4月施行予定の説明義務制度においても、当該基準への適否を説明することが義務付けられています。

このように様々な施策において活用されている省エネ基準は、全国を8つの地域に市町村単位で区分した上で、各地域の気候や供給されている住宅の仕様等を踏まえ、地域ごとの基準値を設定しています。

この8つの地域区分については、例えば、その区域内での気候条件にばらつきがある市町村において、一部のエリアで基準を強化することにより、よりきめ細かな省エネ施策の推進が可能となるケースも想定されます。

こうしたケースにも対応できるようにするため、地方公共団体が、その地方の自然的・社会的条件の特殊性を踏まえ、省エネ基準を条例により強化することが可能となりました。

72

本法についてより詳しく知りたいのですが、関連情報はどこで入手できますか。

国土交通省のホームページにおいて、「建築物省エネ法のページ」が設けられています（https://www.mlit.go.jp/jutakukentiku/jutakukentiku_house_tk4_000103.html(2019.12.13)）。

本法に係る法律、政令、省令、告示等に加え、基準策定に係る審議会資料や今後の講習会日程、講習会資料、Q＆A、パンフレット及びDVD等の最新情報について掲載されています。

また、制度の内容等について、「省エネサポートセンター」で質問を受け付けています（http://www.ibec.or.jp/ee_standard/support_center.html(2019.12.13)）。

Q 73

住宅の適合義務化の時期など、今後の義務化のスケジュールや本法の改正予定について決まっていますか。

A

今回の改正においては、住宅については、

・省エネ基準への適合率が低い水準にとどまっているため、適合義務制度の対象とした場合、市場の混乱を引き起こすことが懸念されること

・関連する事業者に省エネ関連の技術について習熟していない者が相当程度存在していること

等の課題があることから、適合義務制度の対象とはせずに、届出義務制度の監督体制の強化、説明義務制度の創設、住宅トップランナー制度の対象拡大等の措置により省エネ性能の向上を図ることとしています。

今後については、まずは本法に盛り込まれた措置の推進状況を丁寧にフォローアップしつつ、更なる省エネ対策の充実に向けた検討を進めていくこととなっています。

第15　関連制度等

省エネ住宅の新築に係る支援制度について教えてください。

令和元年度予算等において、省エネに取り組む住宅の新築に対して、補助・融資・税の様々な支援を行っています。

【表　省エネ住宅の新築に係る支援制度一覧（令和元年度）】

支援措置の名称	予算額	支援対象	主な補助率・補助額等
地域型住宅グリーン化事業（高度省エネ型）	130億円の内数	地域の中小工務店のグループの下で行われる省エネ性能に優れた木造住宅の新築	補助率：「掛かり増し費用」の1／2 限度額：ZEH　140万円／戸 低炭素認定住宅　110万円／戸　ほか
次世代住宅ポイント事業	1,300億円	消費税率10%が適用される省エネ性能（省エネ基準相当）に優れた住宅等の新築	30万ポイント（※） ※　ZEH等の場合は35万ポイント
サステナブル建築物等先導事業（省CO_2先導型）	99.83億円の内数	先導性の高い省エネ化に取り組む住宅（主にLCCM住宅）の新築	補助率：「掛かり増し費用」の1／2 限度額：125万円／戸

フラット35S		省エネ性能（省エネ基準相当）に優れた住宅等の新築	適用金利▲0.25％／年、当初5年間（※） ※ 省エネ基準▲10％相当の場合は10年間
住宅ローン減税（所得税）		長期優良住宅（省エネ基準相当を含みます）等の新築	一般住宅に比べ、最大控除額を100万円加算【税額控除】
投資型減税（所得税）		長期優良住宅（省エネ基準相当を含みます）等の新築	控除率：10％ 最大控除額：65万円【税額控除】
固定資産税、登録免許税、不動産取得税の優遇措置		長期優良住宅（省エネ基準相当を含みます）等の新築	固定資産税：一般住宅に比べ、軽減期間を2年延長 登録免許税：一般住宅に比べ、税率を0.05％～0.2％減免 不動産取得税：一般住宅に比べ、課税標準から100万円控除
贈与税非課税措置		住宅購入費用の贈与を受けて行う省エネ性能（省エネ基準相当）に優れた住宅等の新築	一般住宅に比べ、非課税限度額を500万円加算

Q75 省エネ住宅の改修に係る支援制度について教えてください。

A 令和元年度予算等において、省エネに取り組む住宅の改修に対して、補助・融資・税の支援を行っています。

【表　省エネ住宅の改修に係る支援制度一覧（令和元年度）】

支援措置の名称	予算額	支援対象	主な補助率・補助額等
地域型住宅グリーン化事業（省エネ改修型）	130億円の内数	地域の中小工務店のグループの下で行われる木造住宅の省エネ改修工事（省エネ基準相当）	50万円／戸（定額）
次世代住宅ポイント事業	1,300億円	窓、断熱材の充実等の断熱改修工事 高効率給湯器・高断熱浴槽等の設置工事等	断熱改修：0.2万～10万ポイント／対象部位 高効率給湯器等の設置：0.4万～2.4万ポイント ほか
長期優良住宅化リフォーム推進事業	45億円	省エネ性能等を有する住宅（省エネ基準相当）への改修工事	補助率：1／3 限度額：200万円／戸（※） ※　省エネ基準▲20％相当の場合は250万円／戸
フラット35リノベ		中古住宅購入と併せて実施する省エネ性能を有する住	適用金利▲0.5％／年、当初5年間（※） ※　省エネ基準▲10％相当の場合は10年間

		宅（省エネ基準相当）等への改修工事	
省エネリフォーム税制（所得税／投資型）		省エネ性能を有する住宅（省エネ基準相当）等への改修工事	控除率：省エネ改修工事費の10% 最大控除額：25万円／戸（※） 【税額控除】 ※　太陽光発電を設置する場合は35万円／戸

省エネビル等の新築に係る支援制度について教えてください。

令和元年度予算等において、省エネに取り組むビル等（非住宅建築物）の新築に対して支援を行っています。

【表　省エネビル等の新築に係る支援制度一覧（令和元年度）】

支援措置の名称	予算額	支援対象	主な補助率・補助額等
サステナブル建築物等先導事業（省 CO_2 先導型）	99.83 億円の内数	先導性の高い省エネ化に取り組む非住宅建築物の新築プロジェクト	補助率：1／2 限度額：5億円／プロジェクト
省エネ街区形成事業 【令和元年度より開始】	99.83 億円の内数	複数建物の連携により街区全体として高い省エネ性能を実現するプロジェクト	補助率：1／2 限度額：5億円／プロジェクト

サステナブル建築物等先導事業（省CO_2先導型）

令和元年度予算額
環境・ストック活用推進事業 99.83億円の内数

省エネ・省CO_2技術による低炭素化、健康、災害時の継続性、少子化対策等に係る住宅・建築物のリーディングプロジェクトを広く民間等から提案を募り、支援を行うことにより、総合的な観点からサステナブルな社会の形成を図る。

事業の成果等を広く公表することで、取り組みの広がりや意識啓発に寄与

（出典：国土交通省）

省エネ街区形成事業

令和元年度予算額：環境・ストック活用推進事業 99.83億円の内数

【概要と目的】

複数の住宅・建築物で連携した取組に係るエネルギー消費性能向上計画認定を受けているプロジェクト（エネルギーマネジメントシステムを導入しているものに限る）を民間等から募り、支援を行う

↓

街区全体として高い省エネ性能を実現し、当該技術の普及啓発に寄与することを期待

【街区全体として高い省エネ性能を実現するプロジェクトのイメージ】

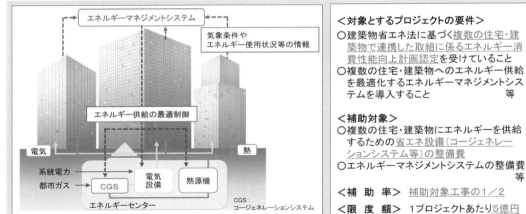

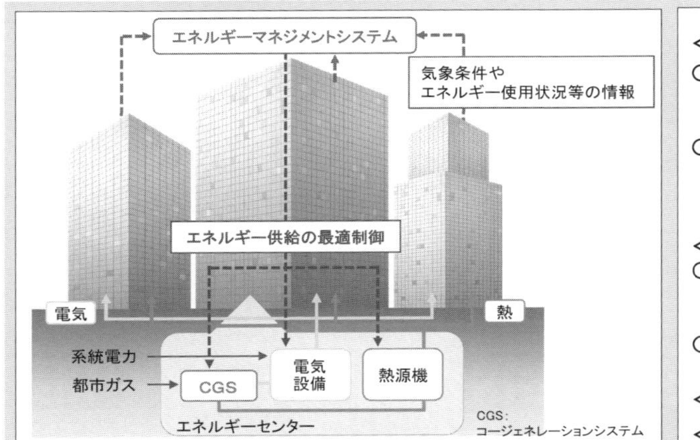

＜対象とするプロジェクトの要件＞

○建築物省エネ法に基づく複数の住宅・建築物で連携した取組に係るエネルギー消費性能向上計画認定を受けていること

○複数の住宅・建築物へのエネルギー供給を最適化するエネルギーマネジメントシステムを導入すること　等

＜補助対象＞

○複数の住宅・建築物にエネルギーを供給するための省エネ設備（コージェネレーションシステム等）の整備費

○エネルギーマネジメントシステムの整備費　等

＜補　助　率＞　補助対象工事の1／2

＜限　度　額＞　1プロジェクトあたり5億円

（出典：国土交通省）

省エネビル等の改修に係る支援制度について教えてください。

令和元年度予算等において、省エネに取り組むビル等（非住宅建築物）の改修に対して支援を行っています。

【表　省エネビル等の改修に係る支援制度一覧（令和元年度）】

支援措置の名称	予算額	支援対象	主な補助率・補助額等
既存建築物省エネ化推進事業	99.83億円の内数	20％以上の省エネ効果が見込まれる既存非住宅建築物の省エネ改修工事等	補助率：1／3 限度額：5,000万円／プロジェクト
サステナブル建築物等先導事業（省 CO_2 先導型）	99.83億円の内数	先導性の高い省エネ化に取り組む建築物の改修プロジェクト	補助率：1／2 限度額：5億円／プロジェクト

既存建築物省エネ化推進事業

令和元年度予算額：環境・ストック活用推進事業 99.83億円の内数

建築物ストックの省エネ改修等を促進するため、民間等が行う省エネ改修工事・バリアフリー改修工事に対し、改修後の省エネ性能を表示をすることを要件に、国が事業の実施に要する費用の一部を支援する。

下線：令和元年度要件見直し

【事業の要件】

A 以下の要件を満たす、建築物の改修工事
- ①躯体（壁・天井等）の省エネ改修を伴うものであること
- ②改修前と比較して20%以上の省エネ効果が見込まれること（ただし、外皮改修面積割合が20%を超える場合は15%以上）
- ③改修後に一定の省エネ性能に関する基準を満たすこと
- ④省エネ性能を表示すること
- ⑤事例集への情報提供に協力すること

B 300㎡以上の既存住宅・建築物における省エネ性能の診断・表示

【補助対象費用】

1) 省エネ改修工事に要する費用
2) エネルギー計測等に要する費用
3) バリアフリー改修工事に要する費用（省エネ改修工事と併せてバリアフリー改修工事を行う場合に限る）
4) 省エネ性能の表示に要する費用

【補助率・上限】

・補助率：1/3、　定額（Bの事業で特に波及効果の高いもの）

・上限

＜建築物＞

5,000万円／件（設備部分は2,500万円）

※　バリアフリー改修を行う場合にあっては、バリアフリー改修を行う費用として2,500万円を加算（ただし、バリアフリー改修部分は省エネ改修の額以下とする。）

＜支援対象のイメージ＞

○　躯体の省エネ改修
・天井、外壁等（断熱）　・開口部（複層ガラス、二重サッシ等）　等

○　高効率設備への改修
・空調、換気、給湯、照明　等

○　バリアフリー改修
・廊下等の拡幅、手すりの設置、段差の解消　等

○　省エネ性能の表示

＜省エネ改修例＞

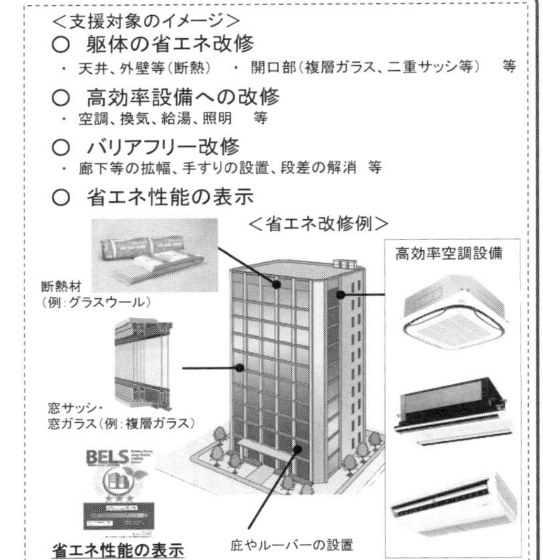

（出典：国土交通省）

大工・中小工務店等への支援制度について教えてください。

大工・中小工務店の方々の省エネ住宅への取組を支援するため、令和元年度予算において、各種補助事業や講習会等を実施しています。

(1)　地域型住宅グリーン化事業

中小工務店を含めた関連事業者の連携体制（グループ）による、地域材を用いた省エネ性能や耐久性等に優れた木造住宅（本法の性能向上計画認定住宅が含まれます。）の整備に対し、建設費用の一部を補助するものです。

(2)　省エネ住宅・建築物の整備に向けた体制整備事業

①　省エネ住宅の設計技術、施工技術の普及を図るため、大工・中小工務店の方々向けの「住宅省エネルギー技術講習会」（令和元年度は、「改正建築物省エネ法説明会」と合わせて実施）を各都道府県において開催しています。

②　住宅の設備・建材事業者等が行う、中小工務店向けの支援事業（本法の改正内容に関する講習会や、中小工務店の自社標準住宅仕様に対する省エネ仕様の提案等）に対して補助を行っています。

地域型住宅グリーン化事業

令和元年度予算額：130億円

地域における木造住宅の生産体制を強化し、環境負荷の低減を図るため、資材供給、設計、施工などの連携体制により、地域材を用いて省エネルギー性能や耐久性等に優れた木造住宅・建築物の整備、住宅の省エネ改修の促進を図るとともに、当該木造住宅の整備と併せて行う三世代同居への対応等に対して支援を行う。

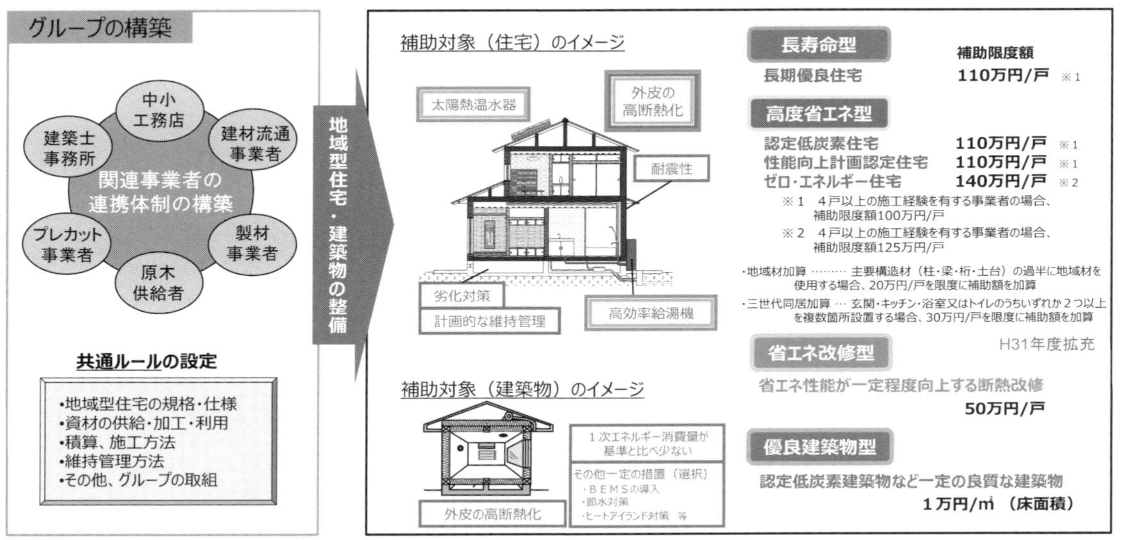

（出典：国土交通省）

79

伝統的木造住宅への対応について教えてください。

通常の住宅と同様、両面真壁の土塗壁等の伝統工法を用いた住宅（以下「伝統的木造住宅」といいます。）についても、300m²以上の新築等を行う場合は届出義務制度の対象となり、300m²未満の新築等を行う場合は説明義務制度の対象となります。

伝統的木造住宅では、構造上の制約等から断熱構造とすることが難しい場合があるため、国土交通大臣が定める仕様に適合するもの、又は、所管行政庁が地域の気候及び風土に応じた住まいづくりの観点から適切と認めるもの（※1）については、外皮基準を適用除外とした上で、一次エネルギー消費量基準の基準値についても合理化（※2）されています。

※1　「気候風土適応住宅認定ガイドライン」を整備

※2　当該住宅の外皮性能を前提とした基準値を設定

<国土交通大臣が定める仕様>

○以下の1～3のいずれかに該当する

1　外壁の過半が両面を真壁造とした土塗壁である

2　外壁が両面を真壁造とした落とし込み板壁である

3　以下の①及び②に該当する

①　外壁が以下のいずれかの仕様である

㋐　片面を真壁造とした土塗壁である

㋑　片面を真壁造とした落とし込み板壁である

㋒　過半が両面を真壁造とした落とし込み板壁である

② 屋根、床、窓について、以下のいずれかの仕様であるもの

㋐ 屋根が化粧野地天井である

㋑ 床が板張りである

㋒ 窓の過半が地場製作の木製建具である

なお、所管行政庁は、国土交通大臣が定める仕様に、各地域の気候及び風土に応じていることに係る要件（例：地域産の木材の使用を必須とする）を追加し対象を拡大できることとするとともに、各地域の独自の仕様（例：萱葺屋根）を必須要件として追加できることとしています。

また、平成29年度以降、「サステナブル建築物等先導事業（気候風土適応型）」において、「地域の気候風土に応じた環境負荷の低い住宅」を新築する事業を支援しています。これは、伝統的な住文化を継承しつつも、環境負荷の低減を図るモデル的取組を支援するもので、具体的には、伝統的な木造建築技術を応用しつつ、省エネや長寿命化の工夫が見られ、かつ、現行基準では評価が難しい環境負荷低減対策等を行っているものを想定しています。

サステナブル建築物等先導事業（気候風土適応型）

令和元年度予算：99.83億円の内数

気候風土に応じた木造住宅の建築技術等に係るリーディングプロジェクトを広く民間等から提案を募り、支援を行うことにより、総合的な観点からサステナブルな社会の形成を図る。

気候風土適応分野（地域の気候風土に応じた環境負荷の低い住宅）の概要

伝統的な住文化を継承しつつも、環境負荷の低減を図るモデル的な住宅の建設に対して、国が掛かり増し費用の一部を補助。

● 補助対象事業者

民間事業者等

● 補助額

【建設工事費】
気候風土に適応した環境負荷の低い住宅とすることによる掛かり増し費用の1／2の額。ただし、補助対象となる部分の建設工事費全体の10%以内又は戸あたり100万円のうち少ない金額を上限額とする。

● 対象プロジェクト

伝統的な木造建築技術を応用しつつも、省エネ化の工夫や現行基準で評価が難しい環境負荷低減対策等を図ることにより、長期優良住宅や低炭素住宅と同程度に良質なモデル的な木造住宅の建設。

※専門家による評価委員会により、審査を実施。

●現行の省エネ基準では評価が難しい環境負荷低減を図る取組（想定）

- 縁側の両側のガラスと障子等によるダブルスキンで断熱効果を向上
- 通風など建築計画の工夫による冷房負荷等の低減
- 地域材の多用

◆ 補助対象住宅のイメージ

○ 外観のイメージ

○ 内観のイメージ

○土壁で外断熱とした施工のイメージ

（出典：国土交通省）

資料編

○建築物のエネルギー消費性能の向上に関する法律

（平成27年7月8日法律第53号）

最終改正　令和元年6月14日法律第37号
（令和元年5月17日法律第4号の一部は未施行につき該当条文末尾参照）

〔（注）　令和元年5月17日法律第4号によって改正された部分に下線を付しました。〕

目次

〔未施行〕　目次は、令和元年5月17日法律第4号で次のように改正され、公布の日から起算して2年を超えない範囲内において政令で定める日から施行。

目次

第１章 総 則

（目的）

第１条 この法律は、社会経済情勢の変化に伴い建築物におけるエネルギーの消費量が著しく増加していることに鑑み、建築物のエネルギー消費性能の向上に関する基本的な方針の策定について定めるとともに、一定規模以上の建築物の建築物エネルギー消費性能基準への適合性を確保するための措置、建築物エネルギー消費性能向上計画の認定その他の措置を講ずることにより、エネルギーの使用の合理化等に関する法律（昭和54年法律第49号）と相まって、建築物のエネルギー消費性能の向上を図り、もって国民経済の健全な発展と国民生活の安定向上に寄与することを目的とする。

（定義）

第２条 この法律において、次の各号に掲げる用語の意義は、それぞれ当該各号に定めるところによる。

一 建築物 建築基準法（昭和25年法律第201号）第2条第1号に規定する建築物をいう。

二　エネルギー消費性能　建築物の一定の条件での使用に際し消費されるエネルギー（エネルギーの使用の合理化等に関する法律第2条第1項に規定するエネルギーをいい、建築物に設ける空気調和設備その他の政令で定める建築設備（第6条第2項及び第29条第3項において「空気調和設備等」という。）において消費されるものに限る。）の量を基礎として評価される性能をいう。

三　建築物エネルギー消費性能基準　建築物の備えるべきエネルギー消費性能の確保のために必要な建築物の構造及び設備に関する経済産業省令・国土交通省令で定める基準をいう。

四　建築主等　建築主（建築物に関する工事の請負契約の注文者又は請負契約によらないで自らその工事をする者をいう。以下同じ。）又は建築物の所有者、管理者若しくは占有者をいう。

五　所管行政庁　建築主事を置く市町村の区域については市町村長をいい、その他の市町村の区域については都道府県知事をいう。ただし、建築基準法第97条の2第1項又は第97条の3第1項の規定により建築主事を置く市町村の区域内の政令で定める建築物については、都道府県知事とする。

（令元法4・一部改正）

〔未施行〕　本条は、令和元年5月17日法律第4号で次のように改正され、公布の日から起算して2年を超えない範囲内において政令で定める日から施行。

（定義等）

第２条　この法律において、次の各号に掲げる用語の意義は、それぞれ当該各号に定めるところによる。

一　〔現行〕

二　エネルギー消費性能　建築物の一定の条件での使用に際し消費されるエネルギー（エネルギーの使用の合理化等に関する法律第2条第1項に規定するエネルギーをいい、建築物に設ける空気調和設備その他の政令で定める建築設備（第6条第2項及び第34条第3項において「空気調和設備等」という。）において消費されるものに限る。）の量を基礎として評価される性能をいう。

三～五　〔現行〕

2　地方公共団体は、その地方の自然的社会的条件の特殊性により、建築物エネルギー消費性能基準のみによっては建築物のエネルギー消費性能の確保を図ることが困難であると認める場合においては、条例で、建築物エネルギー消費性能基準に必要な事項を付加することができる。

第2章　基本方針等

（基本方針）

第3条　国土交通大臣は、建築物のエネルギー消費性能の向上に関する基本的な方針（以下「基本方針」という。）を定めなければならない。

2　基本方針においては、次に掲げる事項を定めるものとする。

一　建築物のエネルギー消費性能の向上の意義及び目標に関する事項

二　建築物のエネルギー消費性能の向上のための施策に関する基本的な事項

三　建築物のエネルギー消費性能の向上のために建築主等が講ずべき措置に関する基本的な事項

四　前3号に掲げるもののほか、建築物のエネルギー消費性能の向上に関する重要事項

3　基本方針は、エネルギーの使用の合理化等に関する法律第3条第1項に規定する基本方針との調和が保たれたものでなければならない。

4　国土交通大臣は、基本方針を定めようとするときは、経済産業大臣に協議しなければならない。

5　国土交通大臣は、基本方針を定めたときは、遅滞なく、これを公表しなければならない。

6　前3項の規定は、基本方針の変更について準用する。

（国の責務）

第4条　国は、建築物のエネルギー消費性能の向上に関する施策を総合的に策定し、及び実施する責務を有する。

2　国は、地方公共団体が建築物のエネルギー消費性能の向上に関する施策を円滑に実施することができるよう、地方公共団体に対し、助言その他の必要な援助を行うよう努めなければならない。

3　国は、建築物のエネルギー消費性能の向上を促進するために必要な財政上、金融上及び税制上の措置を講ずるよう努めなければならない。

4　国は、建築物のエネルギー消費性能の向上に関する研究、技術の開発及び普及、人材の育成その他の建築物のエネルギー消費性能の向上を図るために必要な措置を講ずるよう努めなければならない。

5　国は、教育活動、広報活動その他の活動を通じて、建築物のエネルギー消費性能の向上に関する国民の理解を深めるとともに、その実施に関する国民の協力を求めるよう努めなければならない。

（地方公共団体の責務）

第5条　地方公共団体は、建築物のエネルギー消費性能の向上に関し、国の施策に準じて施策を講ずるとともに、その地方公共団体の区域の実情に応じた施策を策定し、及び実施する責務を有する。

（建築主等の努力）

第６条　建築主（次章第1節若しくは第2節又は附則第3条の規定が適用される者を除く。）は、その建築（建築物の新築、増築又は改築をいう。以下同じ。）をしようとする建築物について、建築物エネルギー消費性能基準に適合させるために必要な措置を講ずるよう努めなければならない。

2　建築主は、その修繕等（建築物の修繕若しくは模様替、建築物への空気調和設備等の設置又は建築物に設けた空気調和設備等の改修をいう。第29条第1項において同じ。）をしようとする建築物について、建築物の所有者、管理者又は占有者は、その所有し、管理し、又は占有する建築物について、エネルギー消費性能の向上を図るよう努めなければならない。

（令元法4・一部改正）

〔未施行〕　本条は、令和元年5月17日法律第4号で次のように改正され、公布の日から起算して2年を超えない範囲内において政令で定める日から施行。

（建築主等の努力）

第６条　建築主（次章第1節若しくは第2節又は附則第3条の規定が適用される者を除く。）は、その建築（建築物の新築、増築又は改築をいう。以下同じ。）をしようとする建築物について、建築物エネルギー消費性能基準（第2条第2項の条例で付加した事項を含む。第29条第2項、第32条第2項及び第35条第1項第1号を除き、以下同じ。）に適合させるために必要な措置を講ずるよう努めなければならない。

2　建築主は、その修繕等（建築物の修繕若しくは模様替、建築物への空気調和設備等の設置又は建築物に設けた空気調和設備等の改修をいう。第34条第1項において同じ。）をしようとする建築物について、建築物の所有者、管理者又は占有者は、その所有し、管理し、又は占有する建築物について、エネルギー消費性能の向上を図るよう努めなければならない。

（建築物の販売又は賃貸を行う事業者の努力）

第７条　建築物の販売又は賃貸を行う事業者は、その販売又は賃貸を行う建築物について、エネルギー消費性能を表示するよう努めなければならない。

（令元法4・一部改正）

（建築物に係る指導及び助言）

第８条　所管行政庁は、建築物のエネルギー消費性能の確保のため必要があると認めるときは、建築主等に対し、建築物エネルギー消費性能基準を勘案して、建築物の設計、施工及び維持保全に係る事項について必要な指導及び助言をすることができる。

（建築物の設計等に係る指導及び助言）

第９条　国土交通大臣は、建築物エネルギー消費性能基準に適合する建築物の建築が行われることを確保するため特に必要があると認めるときは、建築物の設計又は施工を行う事業者に対し、建築物エネルギー消費性能基準を勘案して、建築物のエネルギー消費性能の向上及び建築物のエネルギー消費性能の表示について必要な指導及び助言をすることができる。

（建築材料に係る指導及び助言）

第10条　経済産業大臣は、建築物エネルギー消費性能基準に適合する建築物の建築が行われることを確保するため特に必要があると認めるときは、建築物の直接外気に接する屋根、壁又は床（これらに設ける窓その他の開口部を含む。）を通しての熱の損失の防止の用に供される建築材料の製造、加工又は輸入を行う事業者に対し、建築物エネルギー消費性能基準を勘案して、当該建築材料の断熱性に係る品質の向上及び当該品質の表示について必要な指導及び助言をすることができる。

第３章　建築主が講ずべき措置等

第１節　特定建築物の建築主の基準適合義務等

（特定建築物の建築主の基準適合義務）

第11条　建築主は、特定建築行為（特定建築物（居住のために継続的に使用する室その他の政令で定める建築物の部分（以下「住宅部分」という。）以外の建築物の部分（以下「非住宅部分」という。）の規模がエネルギー消費性能の確保を特に図る必要がある大規模なものとして政令で定める規模以上である建築物をいう。以下同じ。）の新築若しくは増築若しくは改築（非住宅部分の増築又は改築の規模が政令で定める規模以上であるものに限る。）又は特定建築物以外の建築物の増築（非住宅部分の増築の規模が政令で定める規模以上であるものであって、当該建築物が増築後において特定建築物となる場合に限る。）をいう。以下同じ。）をしようとするときは、当該特定建築物（非住宅部分に限る。）を建築物エネルギー消費性能基準に適合させなければならない。

2　前項の規定は、建築基準法第6条第1項に規定する建築基準関係規定とみなす。

〔未施行〕　本条は、令和元年5月17日法律第4号で次のように改正され、公布の日から起算して2年を超えない範囲内において政令で定める日から施行。

（特定建築物の建築主の基準適合義務）

第11条　建築主は、特定建築行為（特定建築物（居住のために継続的に使用する室その他の政令で定める建築物の部分（以下「住宅部分」という。）以外の建築物の部分（以下「非住宅部分」という。）の規模がエネルギー消費性能の確保を特に図る必要があるものとして政令で定める規模以上である建築物をいう。以下同じ。）の新築若しくは増築若しくは改築（非住宅部分の増築又は改築の規模が政令で定める規模以上であるものに限る。）又は特定建築物以外の建築物の増築（非住宅部分の増築の規模が政令で定める規模以上であるものであって、当該建築物が増築後において特定建築物となる場合に限る。）をいう。以下同じ。）をしようとするときは、当該特定建築物（非住宅部分に限る。）を建築物エネルギー消費性能基準に適合させなければならない。

2　〔現行〕

（建築物エネルギー消費性能適合性判定）

第12条　建築主は、特定建築行為をしようとするときは、その工事に着手する前に、建築物エネルギー消費性能確保計画（特定建築行為に係る特定建築物のエネルギー消費性能の確保のための構造及び設備に関する計画をいう。以下同じ。）を提出して所管行政庁の建築物エネルギー消費性能適合性判定（建築物エネルギー消費性能確保計画（非住宅部分に係る部分に限る。第5項及び第6項において同じ。）が建築物エネルギー消費性能基準に適合するかどうかの判定をいう。以下同じ。）を受けなければならない。

2　建築主は、前項の建築物エネルギー消費性能適合性判定を受けた建築物エネルギー消費性能確保計画の変更（国土交通省令で定める軽微な変更を除く。）をして特定建築行為をしようとするときは、その工事に着手する前に、その変更後の建築物エネルギー消費性能確保計画を所管行政庁に提出しなければならない。この場合において、当該変更が非住宅部分に係る部分の変更を含むものであるときは、所管行政庁の建築物エネルギー消費性能適合性判定を受けなければならない。

3　所管行政庁は、前2項の規定による建築物エネルギー消費性能確保計画の提出を受けた場合においては、その提出を受けた日から14日以内に、当該提出に係る建築物エネルギー消費性能適合性判定の結果を記載した通知書を当該提出者に交付しなければならない。

4　所管行政庁は、前項の場合において、同項の期間内に当該提出者に同項の通知書を交付することができない合理的な理由があるときは、28日の範囲内において、同項の期間を延長することができる。この場合においては、その旨及びその延長する期間並びにその期間を延長する理由を記載した通知書を同項の期間内に当該提出者に交付しなければならない。

5　所管行政庁は、第3項の場合において、建築物エネルギー消費性能確保計画の記載によっては当該建築物エネルギー消費性能確保計画が建築物エネルギー消費性能基準に適合するかどうかを決定することができない正当な理由があるときは、その旨及びその理由を記載した通知書を同項の期間（前項の規定によりその期間を延長した場合にあっては、当該延長後の期間）内に当該提出者に交付しなければならない。

6　建築主は、第3項の規定により交付を受けた通知書が適合判定通知書（当該建築物エネルギー消費性能確保計画が建築物エネルギー消費性能基準に適合するものであると判定された旨が記載された通知書をいう。以下同じ。）である場合においては、当該特定建築行為に係る建築基準法第6条第1項又は第6条の2第1項の規定による確認をする建築主事又は指定確認検査機関（同法第77条の21第1項に規定する指定確認検査機関をいう。第8項において同じ。）に、当該適合判定通知書又はその写しを提出しなければならない。ただし、当該特定建築行為に係る建築物の計画（同法第6条第1項又は第6条の2第1項の規定による確認の申請に係る建築物の計画をいう。次項及び第8項において同じ。）について同法第6条第7項又は第6条の2第4項の通知書の交付を受けた場合は、この限りでない。

7　建築主は、前項の場合において、特定建築行為に係る建築物の計画が建築基準法第6条第1項の規定による建築主事の確認に係るものであるときは、同条第4項の期間（同条第6項の規定によりその期間が延長された場合にあっては、当該延長後の期間）の末日の3日前までに、前項の適合判定通知書又はその写しを当該建築主事に提出しなければならない。

8　建築主事は、建築基準法第6条第1項の規定による確認の申請書を受理した場合において、指定確認検査機関は、同法第6条の2第1項の規定による確認の申請を受けた場合において、建築物の計画が特定建築行為に係るものであるときは、建築主から第6項の適合判定通知書又はその写しの提出を受けた場合に限り、同法第6条第1項又は第6条の2第1項の規定による確認をすることができる。

9　建築物エネルギー消費性能確保計画に関する書類及び第3項から第5項までの通知書の様式は、国土交通省令で定める。

（国等に対する建築物エネルギー消費性能適合性判定に関する手続の特例）

第13条　国、都道府県又は建築主事を置く市町村（以下「国等」という。）の機関の長が行う特定建築行為については、前条の規定は、適用しない。この場合においては、次項から第9項までの規定に定めるところによる。

2　国等の機関の長は、特定建築行為をしようとするときは、その工事に着手する前に、建築物エネルギー消費性能確保計画を所管行政庁に通知し、建築物エネルギー消費性能適合性判定を求めなければならない。

3　国等の機関の長は、前項の建築物エネルギー消費性能適合性判定を受けた建築物エネルギー消費性能確保計画の変更（国土交通省令で定める軽微な変更を除く。）をして特定建築行為をしようとするときは、その工事に着手する前に、その変更後の建築物エネルギー消費性能確保計画を所管行政庁に通知しなければならない。この場合において、当該変更が非住宅部分に係る部分の変更を含むものであるときは、所管行政庁の建築物エネルギー消費性能適合性判定を求めなければならない。

4　所管行政庁は、前2項の規定による通知を受けた場合においては、その通知を受けた日から14日以内に、当該通知に係る建築物エネルギー消費性能適合性判定の結果を記載した通知書を当該通知をした国等の機関の長に交付しなければならない。

5　所管行政庁は、前項の場合において、同項の期間内に当該通知をした国等の機関の長に同項の通知書を交付することができない合理的な理由があるときは、28日の範囲内において、同項の期間を延長することができる。この場合においては、その旨及びその延長する期間並びにその期間を延長する理由を記載した通知書を同項の期間内に当該通知をした国等の機関の長に交付しなければならない。

6　所管行政庁は、第4項の場合において、第2項又は第3項の規定による通知の記載によっては当該建築物エネルギー消費性能確保計画（非住宅部分に係る部分に限る。）が建築物エネルギー消費性能基準に適合するかどうかを決定することができない正当な理由があるときは、その旨及びその理由を記載した通知書を第4項の期間（前項の規定によりその期間を延長した場合にあっては、当該延長後の期間）内に当該通知をした国等の機関の長に交付しなければならない。

7　国等の機関の長は、第4項の規定により交付を受けた通知書が適合判定通知書である場合においては、当該特定建築行為に係る建築基準法第18条第3項の規定による審査をする建築主事に、当該適合判定通知書又はその写しを提出しなければならない。ただし、当該特定建築行為に係る建築物の計画（同条第2項の規定による通知に係る建築物の計画をいう。第9項において同じ。）について同条第14項の通知書の交付を受けた場合は、この限りでない。

8　国等の機関の長は、前項の場合において、建築基準法第18条第3項の期間（同条第13項の規定によりその期間が延長された場合にあっては、当該延長後の期間）の末日の3日前までに、前項の適合判定通知書又はその写しを当該建築主事に提出しなければならない。

9　建築主事は、建築基準法第18条第3項の場合において、建築物の計画が特定建築行為に係るものであるときは、当該通知をした国等の機関の長から第7項の適合判定通知書又はその写しの提出を受けた場合に限り、同条第3項の確認済証を交付することができる。

（特定建築物に係る基準適合命令等）

第14条　所管行政庁は、第11条第1項の規定に違反している事実があると認めるときは、建築主に対し、相当の期限を定めて、当該違反を是正するために必要な措置をとるべきことを命ずることができる。

2　国等の建築物については、前項の規定は、適用しない。この場合において、所管行政庁は、当該建築物が第11条第1項の規定に違反している事実があると認めるときは、直ちに、その旨を当該建築物に係る国等の機関の長に通知し、前項に規定する措置をとるべきことを要請しなければならない。

（登録建築物エネルギー消費性能判定機関による建築物エネルギー消費性能適合性判定の実施等）

第15条　所管行政庁は、第39条から第42条までの規定の定めるところにより国土交通大臣の登録を受けた者（以下「登録建築物エネルギー消費性能判定機関」という。）に、第12条第1項及び第2項並びに第13条第2項及び第3項の建築物エネルギー消費性能適合性判定の全部又は一部を行わせることができる。

2　登録建築物エネルギー消費性能判定機関が建築物エネルギー消費性能適合性判定を行う場合における第12条第1項から第5項まで及び第13条第2項から第6項までの規定の適用については、これらの規定中「所管行政庁」とあるのは、「第15条第1項の登録を受けた者」とする。

3　登録建築物エネルギー消費性能判定機関は、第12条第1項若しくは第2項の規定による建築物エネルギー消費性能確保計画（住宅部分の規模が政令で定める規模以上である建築物の新築又は住宅部分の規模が政令で定める規模以上である増築若しくは改築に係るものに限る。以下同じ。）の提出又は第13条第2項若しくは第3項の規定による建築物エネルギー消費性能確保計画の通知を受けた場合においては、遅滞なく、当該建築物エネルギー消費性能確保計画の写しを所管行政庁に送付しなければならない。

〔未施行〕　本条は、令和元年5月17日法律第4号で次のように改正され、公布の日から起算して2年を超えない範囲内において政令で定める日から施行。

（登録建築物エネルギー消費性能判定機関による建築物エネルギー消費性能適合性判定の実施等）

第15条　所管行政庁は、第44条から第47条までの規定の定めるところにより国土交通大臣の登録を受けた者（以下「登録建築物エネルギー消費性能判定機関」という。）に、第12条第1項及び第2項並びに第13条第2項及び第3項の建築物エネルギー消費性能適合性判定の全部又は一部を行わせることができる。

2・3　〔現行〕

（住宅部分に係る指示等）

第16条　所管行政庁は、第12条第1項若しくは第2項の規定による建築物エネルギー消費性能確保計画の提出又は前条第3項の規定による建築物エネルギー消費性能確保計画の写しの送付を受けた場合において、当該建築物エネルギー消費性能確保計画（住宅部分に係る部分に限る。）が建築物エネルギー消費性能基準に適合せず、当該特定建築物のエネルギー消費性能の確保のため必要があると認めるときは、その工事の着手の日の前日までの間に限り、その提出者（同項の規定による建築物エネルギー消費性能確保計画の写しの送付を受けた場合にあっては、当該建築物エネルギー消費性能確保計画の提出者）に対し、当該建築物エネルギー消費性能確保計画の変更その他必要な措置をとるべきことを指示することができる。

2　所管行政庁は、前項の規定による指示を受けた者が、正当な理由がなくてその指示に係る措置をとらなかったときは、その者に対し、相当の期限を定めて、その指示に係る措置をとるべきことを命ずることができる。

3　所管行政庁は、第13条第2項若しくは第3項の規定による建築物エネルギー消費性能確保計画の通知又は前条第3項の規定による建築物エネルギー消費性能確保計画の写しの送付を受けた場合において、当該建築物エネルギー消費性能確保計画（住宅部分に係る部分に限る。）が建築物エネルギー消費性能基準に適合せず、当該特定建築物のエネルギー消費性能の確保のため必要があると認めるときは、その必要な限度において、当該国等の機関の長に対し、当該特定建築物のエネルギー消費性能の確保のためとるべき措置について協議を求めることができる。

（特定建築物に係る報告、検査等）

第17条　所管行政庁は、第14条又は前条の規定の施行に必要な限度において、政令で定めるところにより、建築主等に対し、特定建築物の建築物エネルギー消費性能基準への適合に関する事項に関し報告させ、又はその職員に、特定建築物若しくはその工事現場に立ち入り、特定建築物、建築設備、建築材料、書類その他の物件を検査させることができる。ただし、住居に立ち入る場合においては、あらかじめ、その居住者の承諾を得なければならない。

2　前項の規定により立入検査をする職員は、その身分を示す証明書を携帯し、関係者に提示しなければならない。

3　第1項の規定による立入検査の権限は、犯罪捜査のために認められたものと解釈してはならない。

（適用除外）

第18条　この節の規定は、次の各号のいずれかに該当する建築物については、適用しない。

一　居室を有しないこと又は高い開放性を有することにより空気調和設備を設ける必要がないものとして政令で定める用途に供する建築物

二　法令又は条例の定める現状変更の規制及び保存のための措置その他の措置がとられていることにより建築物エネルギー消費性能基準に適合させることが困難なものとして政令で定める建築物

三　仮設の建築物であって政令で定めるもの

第２節　一定規模以上の建築物のエネルギー消費性能の確保に関するその他の措置

（建築物の建築に関する届出等）

第19条　建築主は、次に掲げる行為をしようとするときは、その工事に着手する日の21日前までに、国土交通省令で定めるところにより、当該行為に係る建築物のエネルギー消費性能の確保のための構造及び設備に関する計画を所管行政庁に届け出なければならない。その変更（国土交通省令で定める軽微な変更を除く。）をしようとするときも、同様とする。

一　特定建築物以外の建築物の新築であってエネルギー消費性能の確保を図る必要があるものとして政令で定める規模以上のもの

二　建築物の増築又は改築であってエネルギー消費性能の確保を図る必要があるものとして政令で定める規模以上のもの（特定建築行為に該当するものを除く。）

2　所管行政庁は、前項の規定による届出があった場合において、その届出に係る計画が建築物エネルギー消費性能基準に適合せず、当該建築物のエネルギー消費性能の確保のため必要があると認めるときは、その届出を受理した日から21日以内に限り、その届出をした者に対し、その届出に係る計画の変更その他必要な措置をとるべきことを指示することができる。

3　所管行政庁は、前項の規定による指示を受けた者が、正当な理由がなくてその指示に係る措置をとらなかったときは、その者に対し、相当の期限を定めて、その指示に係る措置をとるべきことを命ずることができる。

4　建築主は、第1項の規定による届出に併せて、建築物エネルギー消費性能基準への適合性に関する審査であって第12条第1項の建築物エネルギー消費性能適合性判定に準ずるものとして国土交通省令で定めるものの結果を記載した書面を提出することができる。この場合において、第1項及び第2項の規定の適用については、第1項中「21日前」とあるのは「3日以上21日未満の範囲内で国土交通省令で定める日数前」と、第2項中「21日以内」とあるのは「前項の国土交通省令で定める日数以内」とする。

（令元法4・一部改正）

〔未施行〕　本条は、令和元年5月17日法律第4号で次のように改正され、公布の日から起算して2年を超えない範囲内において政令で定める日から施行。

（建築物の建築に関する届出等）

第19条　建築主は、次に掲げる行為をしようとするときは、その工事に着手する日の21日前までに、国土交通省令で定めるところにより、当該行為に係る建築物のエネルギー消費性能の確保のための構造及び設備に関する計画を所管行政庁に届け出なければならない。その変更（国土交通省令で定める軽微な変更を除く。）をしようとするときも、同様とする。

一　特定建築物以外の建築物であってエネルギー消費性能の確保を図る必要があるものとして政令で定める規模以上のものの新築

二　〔現行〕

2～4　〔現行〕

（国等に対する特例）

第20条　国等の機関の長が行う前条第1項各号に掲げる行為については、同条の規定は、適用しない。この場合においては、次項及び第3項の規定に定めるところによる。

2　国等の機関の長は、前条第1項各号に掲げる行為をしようとするときは、あらかじめ、当該行為に係る建築物のエネルギー消費性能の確保のための構造及び設備に関する計画を所管行政庁に通知しなければならない。その変更（国土交通省令で定める軽微な変更を除く。）をしようとするときも、同様とする。

3　所管行政庁は、前項の規定による通知があった場合において、その通知に係る計画が建築物エネルギー消費性能基準に適合せず、当該建築物のエネルギー消費性能の確保のため必要があると認めるときは、その必要な限度において、当該国等の機関の長に対し、当該建築物のエネルギー消費性能の確保のためとるべき措置について協議を求めることができる。

（建築物に係る報告、検査等）

第21条 所管行政庁は、第19条第2項及び第3項並びに前条第3項の規定の施行に必要な限度において、政令で定めるところにより、建築主等に対し、建築物の建築物エネルギー消費性能基準への適合に関する事項に関し報告させ、又はその職員に、建築物若しくはその工事現場に立ち入り、建築物、建築設備、建築材料、書類その他の物件を検査させることができる。

2 第17条第1項ただし書、第2項及び第3項の規定は、前項の規定による立入検査について準用する。

（適用除外）

第22条 この節の規定は、第18条各号のいずれかに該当する建築物については、適用しない。

第３節 特殊の構造又は設備を用いる建築物の認定等

（特殊の構造又は設備を用いる建築物の認定）

第23条 国土交通大臣は、建築主の申請により、特殊の構造又は設備を用いて建築が行われる建築物が建築物エネルギー消費性能基準に適合する建築物と同等以上のエネルギー消費性能を有するものである旨の認定をすることができる。

2 前項の申請をしようとする者は、国土交通省令で定めるところにより、国土交通省令で定める事項を記載した申請書を提出して、これを行わなければならない。

3 国土交通大臣は、第1項の認定をしたときは、遅滞なく、その旨を当該認定を受けた建築物の建築が行われる場所を管轄する所管行政庁に通知するものとする。

（審査のための評価）

第24条 国土交通大臣は、前条第1項の認定のための審査に当たっては、審査に係る特殊の構造又は設備を用いる建築物のエネルギー消費性能に関する評価（以下単に「評価」という。）であって、第56条から第58条までの規定の定めるところにより国土交通大臣の登録を受けた者（以下「登録建築物エネルギー消費性能評価機関」という。）が行うものに基づきこれを行うものとする。

2 前条第1項の申請をしようとする者は、登録建築物エネルギー消費性能評価機関が作成した当該申請に係る特殊の構造又は設備を用いる建築物のエネルギー消費性能に関する評価書を同条第2項の申請書に添えて、これをしなければならない。この場合において、国土交通大臣は、当該評価書に基づき同条第1項の認定のための審査を行うものとする。

〔未施行〕　本条は、令和元年5月17日法律第4号で次のように改正され、公布の日から起算して2年を超えない範囲内において政令で定める日から施行。

（審査のための評価）

第24条　国土交通大臣は、前条第1項の認定のための審査に当たっては、審査に係る特殊の構造又は設備を用いる建築物のエネルギー消費性能に関する評価（第27条を除き、以下単に「評価」という。）であって、第61条から第63条までの規定の定めるところにより国土交通大臣の登録を受けた者（以下「登録建築物エネルギー消費性能評価機関」という。）が行うものに基づきこれを行うものとする。

2　〔現行〕

（認定を受けた特殊の構造又は設備を用いる建築物に関する特例）

第25条　特殊の構造又は設備を用いて建築物の建築をしようとする者が当該建築物について第23条第1項の認定を受けたときは、当該建築物の建築のうち第12条第1項の建築物エネルギー消費性能適合性判定を受けなければならないものについては、同条第3項の規定により適合判定通知書の交付を受けたものとみなして、同条第6項から第8項までの規定を適用する。

2　特殊の構造又は設備を用いて建築物の建築をしようとする者が当該建築物について第23条第1項の認定を受けたときは、当該建築物の建築のうち第19条第1項の規定による届出をしなければならないものについては、同項の規定による届出をしたものとみなす。この場合においては、同条第2項及び第3項の規定は、適用しない。

（手数料）

第26条　第23条第1項の申請をしようとする者は、国土交通省令で定めるところにより、実費を勘案して国土交通省令で定める額の手数料を国に納めなければならない。

〔未施行〕　次の節は、令和元年5月17日法律第4号で追加され、公布の日から起算して2年を超えない範囲内において政令で定める日から施行。

第４節　小規模建築物のエネルギー消費性能に係る評価及び説明

第27条　建築士は、小規模建築物（特定建築物及び第19条第1項第1号に規定する建築物以外の建築物（第18条各号のいずれかに該当するものを除く。）をいう。以下この条において同じ。）の建築（特定建築行為又は第19条第1

項第2号に掲げる行為に該当するもの及びエネルギー消費性能に及ぼす影響が少ないものとして政令で定める規模以下のものを除く。次項において同じ。）に係る設計を行うときは、国土交通省令で定めるところにより当該小規模建築物の建築物エネルギー消費性能基準への適合性について評価を行うとともに、当該設計の委託をした建築主に対し、当該評価の結果（当該小規模建築物が建築物エネルギー消費性能基準に適合していない場合にあっては、当該小規模建築物のエネルギー消費性能の確保のためとるべき措置を含む。）について、国土交通省令で定める事項を記載した書面を交付して説明しなければならない。

2　前項の規定は、小規模建築物の建築に係る設計の委託をした建築主から同項の規定による評価及び説明を要しない旨の意思の表明があった場合については、適用しない。

第４節　特定建築主の新築する分譲型一戸建て規格住宅に係る措置

〔未施行〕　本節は、令和元年5月17日法律第4号で次のように改正され、公布の日から起算して2年を超えない範囲内において政令で定める日から施行。

第５節　特定建築主の新築する分譲型一戸建て規格住宅に係る措置

（特定建築主の努力）

第26条の2　特定建築主（自らが定めた一戸建ての住宅の構造及び設備に関する規格に基づき一戸建ての住宅を新築し、これを分譲することを業として行う建築主であって、その新築する当該規格に基づく一戸建ての住宅（以下「分譲型一戸建て規格住宅」という。）の戸数が政令で定める数以上であるものをいう。以下同じ。）は、第6条に定めるもののほか、その新築する分譲型一戸建て規格住宅を次条第1項に規定する基準に適合させるよう努めなければならない。

（令元法4・追加）

〔未施行〕　本条は、令和元年5月17日法律第4号で次のように改正され、公布の日から起算して2年を超えない範囲内において政令で定める日から施行。

（特定建築主の努力）

第28条　〔現行〕

（分譲型一戸建て規格住宅のエネルギー消費性能の向上に関する基準）

第27条　経済産業大臣及び国土交通大臣は、経済産業省令・国土交通省令で、特定建築主の新築する分譲型一戸建て規格住宅のエネルギー消費性能の一層の向上のために必要な住宅の構造及び設備に関する基準を定めなければならない。

2　前項に規定する基準は、特定建築主の新築する分譲型一戸建て規格住宅のうちエネルギー消費性能が最も優れているものの当該エネルギー消費性能、分譲型一戸建て規格住宅に関する技術開発の将来の見通しその他の事情を勘案して、建築物エネルギー消費性能基準に必要な事項を付加して定めるものとし、これらの事情の変動に応じて必要な改定をするものとする。

（令元法4・一部改正）

〔未施行〕　本条は、令和元年5月17日法律第4号で次のように改正され、公布の日から起算して2年を超えない範囲内において政令で定める日から施行。

（分譲型一戸建て規格住宅のエネルギー消費性能の向上に関する基準）

第29条　〔現行〕

（特定建築主に対する勧告及び命令等）

第28条　国土交通大臣は、特定建築主の新築する分譲型一戸建て規格住宅につき、前条第1項に規定する基準に照らしてエネルギー消費性能の向上を相当程度行う必要があると認めるときは、当該特定建築主に対し、その目標を示して、その新築する分譲型一戸建て規格住宅のエネルギー消費性能の向上を図るべき旨の勧告をすることができる。

2　国土交通大臣は、前項の勧告を受けた特定建築主がその勧告に従わなかったときは、その旨を公表することができる。

3　国土交通大臣は、第1項の勧告を受けた特定建築主が、正当な理由がなくてその勧告に係る措置をとらなかった場合において、前条第1項に規定する基準に照らして特定建築主が行うべきその新築する分譲型一戸建て規格住宅のエネルギー消費性能の向上を著しく害すると認めるときは、社会資本整備審議会の意見を聴いて、当該特定建築主に対し、相当の期限を定めて、その勧告に係る措置をとるべきことを命ずることができる。

4　国土交通大臣は、前3項の規定の施行に必要な限度において、政令で定めるところにより、特定建築主に対し、その新築する分譲型一戸建て規格住宅に係る業務の状況に関し報告させ、又はその職員に、特定建築主の事務所その他の事業場若しくは特定建築主の新築する分譲型一戸建て規格住宅若しくはその工事現場に立ち入り、特定建築主の新築する分譲型一戸建て規格住宅、帳簿、書類その他の物件を検査させることができる。

5　第17条第2項及び第3項の規定は、前項の規定による立入検査について準用する。

（令元法4・一部改正）

〔未施行〕　本条は、令和元年5月17日法律第4号で次のように改正され、公布の日から起算して2年を超えない範囲内において政令で定める日から施行。

（特定建築主に対する勧告及び命令等）

第30条　〔現行〕

第５節　特定建設工事業者の新たに建設する請負型規格住宅に係る措置

〔未施行〕　本節は、令和元年5月17日法律第4号で次のように改正され、公布の日から起算して2年を超えない範囲内において政令で定める日から施行。

第６節　特定建設工事業者の新たに建設する請負型規格住宅に係る措置

（特定建設工事業者の努力）

第28条の2　特定建設工事業者（自らが定めた住宅の構造及び設備に関する規格に基づき住宅を新たに建設する工事を業として請け負う者であって、その新たに建設する当該規格に基づく住宅（以下「請負型規格住宅」という。）の戸数が政令で定める住宅の区分（第28条の4第1項において「住宅区分」という。）ごとに政令で定める数以上であるものをいう。以下同じ。）は、その新たに建設する請負型規格住宅を次条第1項に規定する基準に適合させるよう努めなければならない。

（令元法4・追加）

〔未施行〕　本条は、令和元年5月17日法律第4号で次のように改正され、公布の日から起算して2年を超えない範囲内において政令で定める日から施行。

（特定建設工事業者の努力）

第31条　特定建設工事業者（自らが定めた住宅の構造及び設備に関する規格

に基づき住宅を新たに建設する工事を業として請け負う者であって、その新たに建設する当該規格に基づく住宅（以下「請負型規格住宅」という。）の戸数が政令で定める住宅の区分（第33条第1項において「住宅区分」という。）ごとに政令で定める数以上であるものをいう。以下同じ。）は、その新たに建設する請負型規格住宅を次条第1項に規定する基準に適合させるよう努めなければならない。

（請負型規格住宅のエネルギー消費性能の向上に関する基準）

第28条の3　経済産業大臣及び国土交通大臣は、経済産業省令・国土交通省令で、特定建設工事業者の新たに建設する請負型規格住宅のエネルギー消費性能の一層の向上のために必要な住宅の構造及び設備に関する基準を定めなければならない。

2　前項に規定する基準は、特定建設工事業者の新たに建設する請負型規格住宅のうちエネルギー消費性能が最も優れているものの当該エネルギー消費性能、請負型規格住宅に関する技術開発の将来の見通しその他の事情を勘案して、建築物エネルギー消費性能基準に必要な事項を付加して定めるものとし、これらの事情の変動に応じて必要な改定をするものとする。

（令元法4・追加）

〔未施行〕　本条は、令和元年5月17日法律第4号で次のように改正され、公布の日から起算して2年を超えない範囲内において政令で定める日から施行。

（請負型規格住宅のエネルギー消費性能の向上に関する基準）

第32条　〔現行〕

（特定建設工事業者に対する勧告及び命令等）

第28条の4　国土交通大臣は、特定建設工事業者の新たに建設する請負型規格住宅（その戸数が第28条の2の政令で定める数未満となる住宅区分に係るものを除く。以下この条において同じ。）につき、前条第1項に規定する基準に照らしてエネルギー消費性能の向上を相当程度行う必要があると認めるときは、当該特定建設工事業者に対し、その目標を示して、その新たに建設する請負型規格住宅のエネルギー消費性能の向上を図るべき旨の勧告をすることができる。

2　国土交通大臣は、前項の勧告を受けた特定建設工事業者がその勧告に従わなかったときは、その旨を公表することができる。

3　国土交通大臣は、第1項の勧告を受けた特定建設工事業者が、正当な理由がなくてその勧告に係る措置をとらなかった場合において、前条第1項に規定する基準に照らして特定建設工事業者が行うべきその新たに建設する請負型規格住宅のエネルギー消費性能の向上を著しく害すると認めるときは、社会資本整備審議会の意見を聴いて、当該特定建設工事業者に対し、相当の期限を定めて、その勧告に係る措置をとるべきことを命ずることができる。

4　国土交通大臣は、前3項の規定の施行に必要な限度において、政令で定めるところにより、特定建設工事業者に対し、その新たに建設する請負型規格住宅に係る業務の状況に関し報告させ、又はその職員に、特定建設工事業者の事務所その他の事業場若しくは特定建設工事業者の新たに建設する請負型規格住宅若しくはその工事現場に立ち入り、特定建設工事業者の新たに建設する請負型規格住宅、帳簿、書類その他の物件を検査させることができる。

5　第17条第2項及び第3項の規定は、前項の規定による立入検査について準用する。

（令元法4・追加）

〔未施行〕　本条は、令和元年5月17日法律第4号で次のように改正され、公布の日から起算して2年を超えない範囲内において政令で定める日から施行。

（特定建設工事業者に対する勧告及び命令等）

第33条　国土交通大臣は、特定建設工事業者の新たに建設する請負型規格住宅（その戸数が第31条の政令で定める数未満となる住宅区分に係るものを除く。以下この条において同じ。）につき、前条第1項に規定する基準に照らしてエネルギー消費性能の向上を相当程度行う必要があると認めるときは、当該特定建設工事業者に対し、その目標を示して、その新たに建設する請負型規格住宅のエネルギー消費性能の向上を図るべき旨の勧告をすることができる。

2～5　〔現行〕

第４章　建築物エネルギー消費性能向上計画の認定等

（建築物エネルギー消費性能向上計画の認定）

第29条　建築主等は、エネルギー消費性能の向上に資する建築物の新築又はエネルギー消費性能の向上のための建築物の増築、改築若しくは修繕等（以下「エネルギー消費性能の向上のための建築物の新築等」という。）をしようとするときは、国土交通省令で定めるところにより、エネルギー消費性能の向上のための建築物の新築等に関する計画（以下「建築物エネルギー消費性能向上計画」という。）を作成し、所管行政庁の認定を申請することができる。

2　建築物エネルギー消費性能向上計画には、次に掲げる事項を記載しなければならない。

一　建築物の位置

二　建築物の延べ面積、構造、設備及び用途並びに敷地面積

三　エネルギー消費性能の向上のための建築物の新築等に係る資金計画

四　その他国土交通省令で定める事項

3　建築主等は、第1項の規定による認定の申請に係る建築物（以下「申請建築物」という。）以外の建築物（以下「他の建築物」という。）のエネルギー消費性能の向上にも資するよう、当該申請建築物に自他供給型熱源機器等（申請建築物及び他の建築物に熱又は電気を供給するための熱源機器等（熱源機器、発電機その他の熱又は電気を発生させ、これを建築物に供給するための国土交通省令で定める機器であって空気調和設備等を構成するものをいう。以下この項において同じ。）をいう。）を設置しようとするとき（当該他の建築物に熱源機器等（エネルギー消費性能に及ぼす影響が少ないものとして国土交通省令で定めるものを除く。）が設置されているとき又は設置されることとなるときを除く。）は、建築物エネルギー消費性能向上計画に、前項各号に掲げる事項のほか、次に掲げる事項を記載することができる。

一　他の建築物の位置

二　他の建築物の延べ面積、構造、設備及び用途並びに敷地面積

三　その他国土交通省令で定める事項

4　建築主等は、次に掲げる場合においては、第1項の規定による認定の申請をすることができない。

一　当該申請をしようとする建築物エネルギー消費性能向上計画に係る申請建築物が他の建築物エネルギー消費性能向上計画に他の建築物として記載されているとき。

二　当該申請をしようとする建築物エネルギー消費性能向上計画に係る他の建築物が他の建築物エネルギー消費性能向上計画に他の建築物として記載されているとき（当該申請をしようとする建築物エネルギー消費性能向上計画に係る申請建築物が当該他の建築物エネルギー消費性能向上計画に係る申請建築物と同一であるときを除く。）。

（令元法4・一部改正）

〔未施行〕　本条は、令和元年5月17日法律第4号で次のように改正され、公布の日から起算して2年を超えない範囲内において政令で定める日から施行。

（建築物エネルギー消費性能向上計画の認定）

第34条　〔現行〕

（建築物エネルギー消費性能向上計画の認定基準等）

第30条　所管行政庁は、前条第1項の規定による認定の申請があった場合において、当該申請に係る建築物エネルギー消費性能向上計画が次に掲げる基準に適合すると認めるときは、その認定をすることができる。

一　申請建築物のエネルギー消費性能が建築物エネルギー消費性能誘導基準（建築物エネルギー消費性能基準を超え、かつ、建築物のエネルギー消費性能の向上の一層の促進のために誘導すべき経済産業省令・国土交通省令で定める基準をいう。第4号及び第35条第1項において同じ。）に適合するものであること。

二　建築物エネルギー消費性能向上計画に記載された事項が基本方針に照らして適切なものであること。

三　前条第2項第3号の資金計画がエネルギー消費性能の向上のための建築物の新築等を確実に遂行するため適切なものであること。

四　建築物エネルギー消費性能向上計画に前条第3項各号に掲げる事項が記載されている場合にあっては、当該建築物エネルギー消費性能向上計画に係る他の建築物のエネルギー消費性能が建築物エネルギー消費性能誘導基準に適合するものであること。

2　前条第1項の規定による認定の申請をする者は、所管行政庁に対し、当該所管行政庁が当該申請に係る建築物エネルギー消費性能向上計画（他の建築物に係る部分を除く。以下この条において同じ。）を建築主事に通知し、当該建築物エネルギー消費性能向上計画が建築基準法第6条第1項に規定する建築基準関係規定に適合するかどうかの審査を受けるよう申し出ることができる。この場合においては、当該申請に併せて、同項の規定による確認の申請書を提出しなければならない。

3　前項の規定による申出を受けた所管行政庁は、速やかに、当該申出に係る建築物エネルギー消費性能向上計画を建築主事に通知しなければならない。

4　建築基準法第18条第3項及び第14項の規定は、建築主事が前項の規定による通知を受けた場合について準用する。

5　所管行政庁が、前項において準用する建築基準法第18条第3項の規定による確認済証の交付を受けた場合において、第1項の認定をしたときは、当該認定を受けた建築物エネルギー消費性能向上計画は、同法第6条第1項の確認済証の交付があったものとみなす。

6　所管行政庁は、第4項において準用する建築基準法第18条第14項の規定による通知書の交付を受けた場合においては、第1項の認定をしてはならない。

7　建築基準法第12条第8項及び第9項並びに第93条から第93条の3までの規定は、第4項において準用する同法第18条第3項及び第14項の規定による確認済証及び通知書の交付について準用する。

8　エネルギー消費性能の向上のための建築物の新築等をしようとする者がその建築物エネルギー消費性能向上計画について第1項の認定を受けたときは、当該エネルギー消費性能の向上のための建築物の新築等のうち、第12条第1項の建築物エネルギー消費性能適合性判定を受けなければならないものについては、第2項の規定による申出があった場合を除き、同条第3項の規定により適合判定通知書の交付を受けたものとみなして、同条第6項から第8項までの規定を適用する。

9　エネルギー消費性能の向上のための建築物の新築等をしようとする者がその建築物エネルギー消費性能向上計画について第1項の認定を受けたときは、当該エネルギー消費性能の向上のための建築物の新築等のうち、第19条第1項の規定による届出をしなければならないものについては、同項の規定による届出をしたものとみなす。この場合においては、同条第2項及び第3項の規定は、適用しない。

（令元法4・一部改正）

〔未施行〕　本条は、令和元年5月17日法律第4号で次のように改正され、公布の日から起算して2年を超えない範囲内において政令で定める日から施行。

（建築物エネルギー消費性能向上計画の認定基準等）

第35条　所管行政庁は、前条第1項の規定による認定の申請があった場合において、当該申請に係る建築物エネルギー消費性能向上計画が次に掲げる基準に適合すると認めるときは、その認定をすることができる。

一　申請建築物のエネルギー消費性能が建築物エネルギー消費性能誘導基準（建築物エネルギー消費性能基準を超え、かつ、建築物のエネルギー消費性能の向上の一層の促進のために誘導すべき経済産業省令・国土交通省令で定める基準をいう。第4号及び第40条第1項において同じ。）に適合するものであること。

二～四 〔現行〕

2～7 〔現行〕

8 エネルギー消費性能の向上のための建築物の新築等をしようとする者がその建築物エネルギー消費性能向上計画について第1項の認定を受けたときは、当該エネルギー消費性能の向上のための建築物の新築等のうち、第12条第1項の建築物エネルギー消費性能適合性判定を受けなければならないものについては、第2項の規定による申出があった場合及び第2条第2項の条例が定められている場合を除き、第12条第3項の規定により適合判定通知書の交付を受けたものとみなして、同条第6項から第8項までの規定を適用する。

9 エネルギー消費性能の向上のための建築物の新築等をしようとする者がその建築物エネルギー消費性能向上計画について第1項の認定を受けたときは、当該エネルギー消費性能の向上のための建築物の新築等のうち、第19条第1項の規定による届出をしなければならないものについては、第2条第2項の条例が定められている場合を除き、第19条第1項の規定による届出をしたものとみなす。この場合においては、同条第2項及び第3項の規定は、適用しない。

（建築物エネルギー消費性能向上計画の変更）

第31条 前条第1項の認定を受けた者（以下「認定建築主」という。）は、当該認定を受けた建築物エネルギー消費性能向上計画の変更（国土交通省令で定める軽微な変更を除く。）をしようとするときは、国土交通省令で定めるところにより、所管行政庁の認定を受けなければならない。

2 前条の規定は、前項の認定について準用する。

〔未施行〕 本条は、令和元年5月17日法律第4号で次のように改正され、公布の日から起算して2年を超えない範囲内において政令で定める日から施行。

（建築物エネルギー消費性能向上計画の変更）

第36条 〔現行〕

（認定建築主に対する報告の徴収）

第32条 所管行政庁は、認定建築主に対し、第30条第1項の認定を受けた建築物エネルギー消費性能向上計画（変更があったときは、その変更後のもの。以下「認定建築物エネルギー消費性能向上計画」という。）に基づくエネルギー消費性能の向上のための建築物の新築等の状況に関し報告を求めることができる。

（令元法4・一部改正）

〔未施行〕　本条は、令和元年5月17日法律第4号で次のように改正され、公布の日から起算して2年を超えない範囲内において政令で定める日から施行。

（認定建築主に対する報告の徴収）

第37条　所管行政庁は、認定建築主に対し、第35条第1項の認定を受けた建築物エネルギー消費性能向上計画（変更があったときは、その変更後のもの。以下「認定建築物エネルギー消費性能向上計画」という。）に基づくエネルギー消費性能の向上のための建築物の新築等の状況に関し報告を求めることができる。

（認定建築主に対する改善命令）

第33条　所管行政庁は、認定建築主が認定建築物エネルギー消費性能向上計画に従ってエネルギー消費性能の向上のための建築物の新築等を行っていないと認めるときは、当該認定建築主に対し、相当の期限を定めて、その改善に必要な措置をとるべきことを命ずることができる。

〔未施行〕　本条は、令和元年5月17日法律第4号で次のように改正され、公布の日から起算して2年を超えない範囲内において政令で定める日から施行。

（認定建築主に対する改善命令）

第38条　〔現行〕

（建築物エネルギー消費性能向上計画の認定の取消し）

第34条　所管行政庁は、認定建築主が前条の規定による命令に違反したときは、第30条第1項の認定を取り消すことができる。

〔未施行〕　本条は、令和元年5月17日法律第4号で次のように改正され、公布の日から起算して2年を超えない範囲内において政令で定める日から施行。

（建築物エネルギー消費性能向上計画の認定の取消し）
第39条　所管行政庁は、認定建築主が前条の規定による命令に違反したときは、第35条第1項の認定を取り消すことができる。

（認定建築物エネルギー消費性能向上計画に係る建築物の容積率の特例）
第35条　建築基準法第52条第1項、第2項、第7項、第12項及び第14項、第57条の2第3項第2号、第57条の3第2項、第59条第1項及び第3項、第59条の2第1項、第60条第1項、第60条の2第1項及び第4項、第68条の3第1項、第68条の4、第68条の5（第2号イを除く。）、第68条の5の2（第2号イを除く。）、第68条の5の3第1項（第1号ロを除く。）、第68条の5の4（第1号ロを除く。）、第68条の5の5第1項第1号ロ、第68条の8、第68条の9第1項、第86条第3項及び第4項、第86条の2第2項及び第3項、第86条の5第3項並びに第86条の6第1項に規定する建築物の容積率（同法第59条第1項、第60条の2第1項及び第68条の9第1項に規定するものについては、これらの規定に規定する建築物の容積率の最高限度に係る場合に限る。）の算定の基礎となる延べ面積には、同法第52条第3項及び第6項に定めるもののほか、認定建築物エネルギー消費性能向上計画に係る建築物の床面積のうち、建築物エネルギー消費性能誘導基準に適合させるための措置をとることにより通常の建築物の床面積を超えることとなる場合における政令で定める床面積は、算入しないものとする。
2　認定建築物エネルギー消費性能向上計画に第29条第3項各号に掲げる事項が記載されている場合における前項の規定の適用については、同項中「建築物の床面積のうち、」とあるのは、「申請建築物の床面積のうち、当該認定建築物エネルギー消費性能向上計画に係る申請建築物及び他の建築物を」とする。
（令元法4・一部改正）

〔未施行〕　本条は、令和元年5月17日法律第4号で次のように改正され、公布の日から起算して2年を超えない範囲内において政令で定める日から施行。
（認定建築物エネルギー消費性能向上計画に係る建築物の容積率の特例）
第40条　①　〔現行〕
2　認定建築物エネルギー消費性能向上計画に第34条第3項各号に掲げる事項が記載されている場合における前項の規定の適用については、同項中「建築物の床面積のうち、」とあるのは、「申請建築物の床面積のうち、当該認定建築物エネルギー消費性能向上計画に係る申請建築物及び他の建築物を」とする。

第5章　建築物のエネルギー消費性能に係る認定等

（建築物のエネルギー消費性能に係る認定）

第36条　建築物の所有者は、国土交通省令で定めるところにより、所管行政庁に対し、当該建築物について建築物エネルギー消費性能基準に適合している旨の認定を申請することができる。

2　所管行政庁は、前項の規定による認定の申請があった場合において、当該申請に係る建築物が建築物エネルギー消費性能基準に適合していると認めるときは、その旨の認定をすることができる。

3　前項の認定を受けた者は、当該認定を受けた建築物（以下「基準適合認定建築物」という。）、その敷地又はその利用に関する広告その他の国土交通省令で定めるもの（次項において「広告等」という。）に、国土交通省令で定めるところにより、当該基準適合認定建築物が当該認定を受けている旨の表示を付することができる。

4　何人も、前項の規定による場合を除くほか、建築物、その敷地又はその利用に関する広告等に、同項の表示又はこれと紛らわしい表示を付してはならない。

〔未施行〕　本条は、令和元年5月17日法律第4号で次のように改正され、公布の日から起算して2年を超えない範囲内において政令で定める日から施行。

（建築物のエネルギー消費性能に係る認定）

第41条　〔現行〕

（基準適合認定建築物に係る認定の取消し）

第37条　所管行政庁は、基準適合認定建築物が建築物エネルギー消費性能基準に適合しなくなったと認めるときは、前条第2項の認定を取り消すことができる。

〔未施行〕　本条は、令和元年5月17日法律第4号で次のように改正され、公布の日から起算して2年を超えない範囲内において政令で定める日から施行。

（基準適合認定建築物に係る認定の取消し）

第42条　〔現行〕

（基準適合認定建築物に係る報告、検査等）

第38条　所管行政庁は、前条の規定の施行に必要な限度において、政令で定めるところにより、第36条第2項の認定を受けた者に対し、基準適合認定建築物の建築物エネルギー消費性能基準への適合に関する事項に関し報告させ、又はその職員に、基準適合認定建築物若しくはその工事現場に立ち入り、基準適合認定建築物、建築設備、建築材料、書類その他の物件を検査させることができる。

2 第17条第1項ただし書、第2項及び第3項の規定は、前項の規定による立入検査について準用する。

〔未施行〕 本条は、令和元年5月17日法律第4号で次のように改正され、公布の日から起算して2年を超えない範囲内において政令で定める日から施行。

（基準適合認定建築物に係る報告、検査等）

第43条 所管行政庁は、前条の規定の施行に必要な限度において、政令で定めるところにより、第41条第2項の認定を受けた者に対し、基準適合認定建築物の建築物エネルギー消費性能基準への適合に関する事項に関し報告させ、又はその職員に、基準適合認定建築物若しくはその工事現場に立ち入り、基準適合認定建築物、建築設備、建築材料、書類その他の物件を検査させることができる。

2 〔現行〕

第6章 登録建築物エネルギー消費性能判定機関等

第1節 登録建築物エネルギー消費性能判定機関

（登録）

第39条 第15条第1項の登録（以下この節において単に「登録」という。）は、国土交通省令で定めるところにより、建築物エネルギー消費性能適合性判定の業務（以下「判定の業務」という。）を行おうとする者の申請により行う。

〔未施行〕 本条は、令和元年5月17日法律第4号で次のように改正され、公布の日から起算して2年を超えない範囲内において政令で定める日から施行。

（登録）

第44条 〔現行〕

（欠格条項）

第40条 次の各号のいずれかに該当する者は、登録を受けることができない。

一 未成年者

二　破産手続開始の決定を受けて復権を得ない者
三　禁錮以上の刑に処せられ、又はこの法律の規定により刑に処せられ、その執行を終わり、又は執行を受けることがなくなった日から起算して2年を経過しない者
四　第55条第1項又は第2項の規定により登録を取り消され、その取消しの日から起算して2年を経過しない者
五　心身の故障により判定の業務を適正に行うことができない者として国土交通省令で定めるもの
六　法人であって、その役員のうちに前各号のいずれかに該当する者があるもの

（令元法37・一部改正）

〔未施行〕　本条は、令和元年5月17日法律第4号で次のように改正され、公布の日から起算して2年を超えない範囲内において政令で定める日から施行。

（欠格条項）

第45条　次の各号のいずれかに該当する者は、登録を受けることができない。
一〜三　〔現行〕
四　第60条第1項又は第2項の規定により登録を取り消され、その取消しの日から起算して2年を経過しない者
五・六　〔現行〕

（登録基準等）

第41条　国土交通大臣は、登録の申請をした者（以下この項において「登録申請者」という。）が次に掲げる基準の全てに適合しているときは、その登録をしなければならない。
一　第45条の適合性判定員が建築物エネルギー消費性能適合性判定を実施し、その数が次のいずれにも適合するものであること。
イ　次の(1)から(3)までに掲げる特定建築物の区分に応じ、それぞれ(1)から(3)までに定める数（その数が2未満であるときは、2）以上であること。
(1)　床面積の合計が1万平方メートル未満の特定建築物　建築物エネルギー消費性能適合性判定を行う特定建築物の棟数を350で除した数
(2)　床面積の合計が1万平方メートル以上5万平方メートル未満の特定建築物　建築物エネルギー消費性能適合性判定を行う特定建築物の棟数を250で除した数

(3) 床面積の合計が5万平方メートル以上の特定建築物 建築物エネルギー消費性能適合性判定を行う特定建築物の棟数を120で除した数

ロ イ(1)から(3)までに掲げる特定建築物の区分の2以上にわたる特定建築物について建築物エネルギー消費性能適合性判定を行う場合にあっては、第45条の適合性判定員の総数が、それらの区分に応じそれぞれイ(1)から(3)までに定める数を合計した数（その数が2未満であるときは、2）以上であること。

二 登録申請者が、業として、建築物を設計し若しくは販売し、建築物の販売を代理し若しくは媒介し、又は建築物の建設工事を請け負う者（以下この号及び第58条第1項第2号において「建築物関連事業者」という。）に支配されているものとして次のいずれかに該当するものでないこと。

イ 登録申請者が株式会社である場合にあっては、建築物関連事業者がその親法人（会社法（平成17年法律第86号）第879条第1項に規定する親法人をいう。第58条第1項第2号イにおいて同じ。）であること。

ロ 登録申請者の役員（持分会社（会社法第575条第1項に規定する持分会社をいう。第58条第1項第2号ロにおいて同じ。）にあっては、業務を執行する社員）に占める建築物関連事業者の役員又は職員（過去2年間に当該建築物関連事業者の役員又は職員であった者を含む。）の割合が2分の1を超えていること。

ハ 登録申請者（法人にあっては、その代表権を有する役員）が、建築物関連事業者の役員又は職員（過去2年間に当該建築物関連事業者の役員又は職員であった者を含む。）であること。

三 判定の業務を適正に行うために判定の業務を行う部門に専任の管理者が置かれていること。

四 債務超過の状態にないこと。

2 登録は、登録建築物エネルギー消費性能判定機関登録簿に次に掲げる事項を記載してするものとする。

一 登録年月日及び登録番号

二 登録建築物エネルギー消費性能判定機関の氏名又は名称及び住所並びに法人にあっては、その代表者の氏名

三 登録建築物エネルギー消費性能判定機関が判定の業務を行う事務所の所在地

四 第45条の適合性判定員の氏名

五 前各号に掲げるもののほか、国土交通省令で定める事項

〔未施行〕　本条は、令和元年5月17日法律第4号で次のように改正され、公布の日から起算して2年を超えない範囲内において政令で定める日から施行。

（登録基準等）

第46条　国土交通大臣は、登録の申請をした者（以下この項において「登録申請者」という。）が次に掲げる基準の全てに適合しているときは、その登録をしなければならない。

一　第50条の適合性判定員が建築物エネルギー消費性能適合性判定を実施し、その数が次のいずれにも適合するものであること。

イ　次の(1)から(5)までに掲げる特定建築物の区分に応じ、それぞれ(1)から(5)までに定める数（その数が2未満であるときは、2）以上であること。

(1)　床面積の合計が1,000平方メートル未満の特定建築物　建築物エネルギー消費性能適合性判定を行う特定建築物の棟数を620で除した数

(2)　床面積の合計が1,000平方メートル以上2,000平方メートル未満の特定建築物　建築物エネルギー消費性能適合性判定を行う特定建築物の棟数を420で除した数

(3)　床面積の合計が2,000平方メートル以上1万平方メートル未満の特定建築物　建築物エネルギー消費性能適合性判定を行う特定建築物の棟数を350で除した数

(4)　床面積の合計が1万平方メートル以上5万平方メートル未満の特定建築物　建築物エネルギー消費性能適合性判定を行う特定建築物の棟数を250で除した数

(5)　床面積の合計が5万平方メートル以上の特定建築物　建築物エネルギー消費性能適合性判定を行う特定建築物の棟数を120で除した数

ロ　イ(1)から(5)までに掲げる特定建築物の区分の2以上にわたる特定建築物について建築物エネルギー消費性能適合性判定を行う場合にあっては、第50条の適合性判定員の総数が、それらの区分に応じそれぞれイ(1)から(5)までに定める数を合計した数（その数が2未満であるときは、2）以上であること。

二　登録申請者が、業として、建築物を設計し若しくは販売し、建築物の販売を代理し若しくは媒介し、又は建築物の建設工事を請け負う者（以

下この号及び第63条第1項第2号において「建築物関連事業者」という。）に支配されているものとして次のいずれかに該当するものでないこと。

イ 登録申請者が株式会社である場合にあっては、建築物関連事業者がその親法人（会社法（平成17年法律第86号）第879条第1項に規定する親法人をいう。第63条第1項第2号イにおいて同じ。）であること。

ロ 登録申請者の役員（持分会社（会社法第575条第1項に規定する持分会社をいう。第63条第1項第2号ロにおいて同じ。）にあっては、業務を執行する社員）に占める建築物関連事業者の役員又は職員（過去2年間に当該建築物関連事業者の役員又は職員であった者を含む。）の割合が2分の1を超えていること。

ハ 〔現行〕

三・四 〔現行〕

2 登録は、登録建築物エネルギー消費性能判定機関登録簿に次に掲げる事項を記載してするものとする。

一〜三 〔現行〕

四 第50条の適合性判定員の氏名

五 〔現行〕

（登録の公示等）

第42条 国土交通大臣は、登録をしたときは、前条第2項第2号から第4号までに掲げる事項その他国土交通省令で定める事項を公示しなければならない。

2 登録建築物エネルギー消費性能判定機関は、前条第2項第2号から第5号までに掲げる事項を変更しようとするときは、変更しようとする日の2週間前までに、その旨を国土交通大臣に届け出なければならない。

3 国土交通大臣は、前項の規定による届出があったときは、その旨を公示しなければならない。

〔未施行〕 本条は、令和元年5月17日法律第4号で次のように改正され、公布の日から起算して2年を超えない範囲内において政令で定める日から施行。

（登録の公示等）

第47条 〔現行〕

（登録の更新）

第43条 登録は、5年以上10年以内において政令で定める期間ごとにその更新を受けなければ、その期間の経過によって、その効力を失う。

2　第39条から第41条までの規定は、前項の登録の更新の場合について準用する。

〔未施行〕　本条は、令和元年5月17日法律第4号で次のように改正され、公布の日から起算して2年を超えない範囲内において政令で定める日から施行。

（登録の更新）

第48条　①　〔現行〕

2　第44条から第46条までの規定は、前項の登録の更新の場合について準用する。

（承継）

第44条　登録建築物エネルギー消費性能判定機関が当該登録に係る事業の全部を譲渡し、又は登録建築物エネルギー消費性能判定機関について相続、合併若しくは分割（当該登録に係る事業の全部を承継させるものに限る。）があったときは、その事業の全部を譲り受けた者又は相続人（相続人が2人以上ある場合において、その全員の同意により当該事業を承継すべき相続人を選定したときは、その者。以下この項において同じ。）、合併後存続する法人若しくは合併により設立した法人若しくは分割によりその事業の全部を承継した法人は、その登録建築物エネルギー消費性能判定機関の地位を承継する。ただし、当該事業の全部を譲り受けた者又は相続人、合併後存続する法人若しくは合併により設立した法人若しくは分割により当該事業の全部を承継した法人が第40条各号のいずれかに該当するときは、この限りでない。

2　前項の規定により登録建築物エネルギー消費性能判定機関の地位を承継した者は、遅滞なく、国土交通省令で定めるところにより、その旨を国土交通大臣に届け出なければならない。

〔未施行〕　本条は、令和元年5月17日法律第4号で次のように改正され、公布の日から起算して2年を超えない範囲内において政令で定める日から施行。

（承継）

第49条　登録建築物エネルギー消費性能判定機関が当該登録に係る事業の全部を譲渡し、又は登録建築物エネルギー消費性能判定機関について相続、合併若しくは分割（当該登録に係る事業の全部を承継させるものに限る。）があったときは、その事業の全部を譲り受けた者又は相続人（相続人が2人以上ある場合において、その全員の同意により当該事業を承継すべき相続人を選定したときは、その者。以下この項において同じ。）、合併後存続する法人若しくは合併により設立した法人若しくは分割によりその事業の全部を承継した法人は、その登録建築物エネルギー消費性能判定機関の地位を承継する。ただし、当該事業の全部を譲り受けた者又は相続人、合併後存続する法人若しくは合併により設立した法人若しくは分割により当該事業の全部を承継した法人が第45条各号のいずれかに該当するときは、この限りでない。

２　〔現行〕

（適合性判定員）

第45条　登録建築物エネルギー消費性能判定機関は、建築に関する専門的知識及び技術を有する者として国土交通省令で定める要件を備えるもののうちから適合性判定員を選任しなければならない。

〔未施行〕　本条は、令和元年5月17日法律第4号で次のように改正され、公布の日から起算して2年を超えない範囲内において政令で定める日から施行。

（適合性判定員）

第50条　〔現行〕

（秘密保持義務）

第46条　登録建築物エネルギー消費性能判定機関（その者が法人である場合にあっては、その役員）及びその職員（適合性判定員を含む。）並びにこれらの者であった者は、判定の業務に関して知り得た秘密を漏らし、又は盗用してはならない。

〔未施行〕　本条は、令和元年5月17日法律第4号で次のように改正され、公布の日から起算して2年を超えない範囲内において政令で定める日から施行。

（秘密保持義務）

第51条　〔現行〕

（判定の業務の義務）

第47条　登録建築物エネルギー消費性能判定機関は、判定の業務を行うべきことを求められたときは、正当な理由がある場合を除き、遅滞なく、判定の業務を行わなければならない。

2　登録建築物エネルギー消費性能判定機関は、公正に、かつ、国土交通省令で定める基準に適合する方法により判定の業務を行わなければならない。

〔未施行〕　本条は、令和元年5月17日法律第4号で次のように改正され、公布の日から起算して2年を超えない範囲内において政令で定める日から施行。

（判定の業務の義務）

第52条　〔現行〕

（判定業務規程）

第48条　登録建築物エネルギー消費性能判定機関は、判定の業務に関する規程（以下「判定業務規程」という。）を定め、判定の業務の開始前に、国土交通大臣に届け出なければならない。これを変更しようとするときも、同様とする。

2　判定業務規程には、判定の業務の実施の方法、判定の業務に関する料金その他の国土交通省令で定める事項を定めておかなければならない。

3　国土交通大臣は、第1項の規定による届出のあった判定業務規程が、この節の規定に従って判定の業務を公正かつ適確に実施する上で不適当であり、又は不適当となったと認めるときは、その判定業務規程を変更すべきことを命ずることができる。

〔未施行〕　本条は、令和元年5月17日法律第4号で次のように改正され、公布の日から起算して2年を超えない範囲内において政令で定める日から施行。

（判定業務規程）

第53条　〔現行〕

（財務諸表等の備付け及び閲覧等）

第49条　登録建築物エネルギー消費性能判定機関は、毎事業年度経過後3月以内に、その事業年度の財産目録、貸借対照表及び損益計算書又は収支計算書並びに事業報告書（その作成に代えて電磁的記録（電子的方式、磁気的方式その他の人の知覚によっては認識することができない方式で作られる記録であって、電子計算機による情報処理の用に供されるものをいう。以下この条において同じ。）の作成がされている場合における当該電磁的記録を含む。次項及び第74

条第2号において「財務諸表等」という。）を作成し、5年間事務所に備えて置かなければならない。

2　利害関係人は、登録建築物エネルギー消費性能判定機関の業務時間内は、いつでも、次に掲げる請求をすることができる。ただし、第2号又は第4号の請求をするには、登録建築物エネルギー消費性能判定機関の定めた費用を支払わなければならない。

一　財務諸表等が書面をもって作成されているときは、当該書面の閲覧又は謄写の請求

二　前号の書面の謄本又は抄本の請求

三　財務諸表等が電磁的記録をもって作成されているときは、当該電磁的記録に記録された事項を国土交通省令で定める方法により表示したものの閲覧又は謄写の請求

四　前号の電磁的記録に記録された事項を電磁的方法であって国土交通省令で定めるものにより提供することの請求又は当該事項を記載した書面の交付の請求

〔未施行〕　本条は、令和元年5月17日法律第4号で次のように改正され、公布の日から起算して2年を超えない範囲内において政令で定める日から施行。

（財務諸表等の備付け及び閲覧等）

第54条　登録建築物エネルギー消費性能判定機関は、毎事業年度経過後3月以内に、その事業年度の財産目録、貸借対照表及び損益計算書又は収支計算書並びに事業報告書（その作成に代えて電磁的記録（電子的方式、磁気的方式その他の人の知覚によっては認識することができない方式で作られる記録であって、電子計算機による情報処理の用に供されるものをいう。以下この条において同じ。）の作成がされている場合における当該電磁的記録を含む。次項及び第79条第2号において「財務諸表等」という。）を作成し、5年間事務所に備えて置かなければならない。

2　〔現行〕

（帳簿の備付け等）

第50条　登録建築物エネルギー消費性能判定機関は、国土交通省令で定めるところにより、判定の業務に関する事項で国土交通省令で定めるものを記載した帳簿を備え付け、これを保存しなければならない。

2　前項に定めるもののほか、登録建築物エネルギー消費性能判定機関は、国土

交通省令で定めるところにより、判定の業務に関する書類で国土交通省令で定めるものを保存しなければならない。

〔未施行〕　本条は、令和元年5月17日法律第4号で次のように改正され、公布の日から起算して2年を超えない範囲内において政令で定める日から施行。

（帳簿の備付け等）

第55条　〔現行〕

（適合命令）

第51条　国土交通大臣は、登録建築物エネルギー消費性能判定機関が第41条第1項各号のいずれかに適合しなくなったと認めるときは、その登録建築物エネルギー消費性能判定機関に対し、これらの規定に適合するため必要な措置をとるべきことを命ずることができる。

〔未施行〕　本条は、令和元年5月17日法律第4号で次のように改正され、公布の日から起算して2年を超えない範囲内において政令で定める日から施行。

（適合命令）

第56条　国土交通大臣は、登録建築物エネルギー消費性能判定機関が第46条第1項各号のいずれかに適合しなくなったと認めるときは、その登録建築物エネルギー消費性能判定機関に対し、これらの規定に適合するため必要な措置をとるべきことを命ずることができる。

（改善命令）

第52条　国土交通大臣は、登録建築物エネルギー消費性能判定機関が第47条の規定に違反していると認めるときは、その登録建築物エネルギー消費性能判定機関に対し、判定の業務を行うべきこと又は判定の業務の方法その他の業務の方法の改善に関し必要な措置をとるべきことを命ずることができる。

〔未施行〕　本条は、令和元年5月17日法律第4号で次のように改正され、公布の日から起算して2年を超えない範囲内において政令で定める日から施行。

（改善命令）

第57条　国土交通大臣は、登録建築物エネルギー消費性能判定機関が第52条の規定に違反していると認めるときは、その登録建築物エネルギー消費性能判定機関に対し、判定の業務を行うべきこと又は判定の業務の方法その他の業務の方法の改善に関し必要な措置をとるべきことを命ずることができる。

（報告、検査等）

第53条　国土交通大臣は、判定の業務の公正かつ適確な実施を確保するため必要があると認めるときは、登録建築物エネルギー消費性能判定機関に対し判定の業務若しくは経理の状況に関し必要な報告を求め、又はその職員に、登録建築物エネルギー消費性能判定機関の事務所に立ち入り、判定の業務の状況若しくは設備、帳簿、書類その他の物件を検査させ、若しくは関係者に質問させることができる。

2　第17条第2項及び第3項の規定は、前項の規定による立入検査について準用する。

〔未施行〕　本条は、令和元年5月17日法律第4号で次のように改正され、公布の日から起算して2年を超えない範囲内において政令で定める日から施行。

（報告、検査等）

第58条　〔現行〕

（判定の業務の休廃止等）

第54条　登録建築物エネルギー消費性能判定機関は、判定の業務の全部又は一部を休止し、又は廃止しようとするときは、国土交通省令で定めるところにより、あらかじめ、その旨を国土交通大臣に届け出なければならない。

2　前項の規定により判定の業務の全部を廃止しようとする届出があったときは、当該届出に係る登録は、その効力を失う。

3　国土交通大臣は、第1項の規定による届出があったときは、その旨を公示しなければならない。

〔未施行〕　本条は、令和元年5月17日法律第4号で次のように改正され、公布の日から起算して2年を超えない範囲内において政令で定める日から施行。

（判定の業務の休廃止等）

第59条　〔現行〕

（登録の取消し等）

第55条　国土交通大臣は、登録建築物エネルギー消費性能判定機関が第40条各号（第4号を除く。）のいずれかに該当するに至ったときは、その登録を取り消さなければならない。

2　国土交通大臣は、登録建築物エネルギー消費性能判定機関が次の各号のいずれかに該当するときは、その登録を取り消し、又は期間を定めて判定の業務の全部若しくは一部の停止を命ずることができる。

一　第42条第2項、第44条第2項、第49条第1項、第50条又は前条第1項の規定に違反したとき。

二　第48条第1項の規定による届出のあった判定業務規程によらないで判定の業務を行ったとき。

三　正当な理由がないのに第49条第2項各号の請求を拒んだとき。

四　第48条第3項、第51条又は第52条の規定による命令に違反したとき。

五　判定の業務に関し著しく不適当な行為をしたとき、又はその業務に従事する適合性判定員若しくは法人にあってはその役員が、判定の業務に関し著しく不適当な行為をしたとき。

六　不正な手段により登録を受けたとき。

3　国土交通大臣は、前2項の規定により登録を取り消し、又は前項の規定により判定の業務の全部若しくは一部の停止を命じたときは、その旨を公示しなければならない。

〔未施行〕　本条は、令和元年5月17日法律第4号で次のように改正され、公布の日から起算して2年を超えない範囲内において政令で定める日から施行。

（登録の取消し等）

第60条　国土交通大臣は、登録建築物エネルギー消費性能判定機関が第45条各号（第4号を除く。）のいずれかに該当するに至ったときは、その登録を取り消さなければならない。

2　国土交通大臣は、登録建築物エネルギー消費性能判定機関が次の各号のいずれかに該当するときは、その登録を取り消し、又は期間を定めて判定の業務の全部若しくは一部の停止を命ずることができる。

一　第47条第2項、第49条第2項、第54条第1項、第55条又は前条第1項の規定に違反したとき。

二　第53条第1項の規定による届出のあった判定業務規程によらないで判定の業務を行ったとき。

三　正当な理由がないのに第54条第2項各号の請求を拒んだとき。

四　第53条第3項、第56条又は第57条の規定による命令に違反したとき。

五・六　〔現行〕

3　〔現行〕

第２節　登録建築物エネルギー消費性能評価機関

（登録）

第56条　第24条第1項の登録（以下この節において単に「登録」という。）は、国土交通省令で定めるところにより、第23条第1項の認定のための審査に必要な評価の業務を行おうとする者の申請により行う。

2　第42条第1項及び第43条の規定は登録について、第42条第2項及び第3項、第44条並びに第46条から第54条までの規定は登録建築物エネルギー消費性能評価機関について、それぞれ準用する。この場合において、次の表の上欄に掲げる規定中同表の中欄に掲げる字句は、それぞれ同表の下欄に掲げる字句に読み替えるものとする。

第42条第1項及び第2項	前条第2項第2号	第58条第2項第2号
第43条第2項	第39条から第41条まで	第56条第1項、第57条及び第58条
第44条第1項ただし書	第40条各号	第57条各号
第46条	適合性判定員	第59条の評価員
第46条から第48条まで、第50条、第52条、第53条第1項、第54条第1項及び第2項	判定の業務	評価の業務
第48条	判定業務規程	評価業務規程
第51条	第41条第1項各号	第58条第1項各号

〔未施行〕　本条は、令和元年5月17日法律第4号で次のように改正され、公布の日から起算して2年を超えない範囲内において政令で定める日から施行。

（登録）

第61条　①　〔現行〕

2　第47条第1項及び第48条の規定は登録について、第47条第2項及び第3項、第49条並びに第51条から第59条までの規定は登録建築物エネルギー消費性能評価機関について、それぞれ準用する。この場合において、次の表の上欄に掲げる規定中同表の中欄に掲げる字句は、それぞれ同表の下欄に掲げる字句に読み替えるものとする。

第47条第1項及び第2項	前条第2項第2号	第63条第2項第2号
第48条第2項	第44条から第46条まで	第61条第1項、第62条及び第63条
第49条第1項ただし書	第45条各号	第62条各号
第51条	適合性判定員	第64条の評価員
第51条から第53条まで、第55条、第57条、第58条第1項、第59条第1項及び第2項	判定の業務	評価の業務
第53条	判定業務規程	評価業務規程
第56条	第46条第1項各号	第63条第1項各号

（欠格条項）

第57条　次の各号のいずれかに該当する者は、登録を受けることができない。

一　第40条第1号から第3号までに掲げる者

二　第60条第1項又は第2項の規定により登録を取り消され、その取消しの日から起算して2年を経過しない者

三　心身の故障により評価の業務を適正に行うことができない者として国土交通省令で定めるもの

四　法人であって、その役員のうちに前3号のいずれかに該当する者があるもの

（令元法37・一部改正）

〔未施行〕　本条は、令和元年5月17日法律第4号で次のように改正され、公布の日から起算して2年を超えない範囲内において政令で定める日から施行。

（欠格条項）

第62条　次の各号のいずれかに該当する者は、登録を受けることができない。

一　第45条第1号から第3号までに掲げる者

二　第65条第1項又は第2項の規定により登録を取り消され、その取消しの日から起算して2年を経過しない者

三・四　〔現行〕

（登録基準等）

第58条　国土交通大臣は、登録の申請をした者（以下この項において「登録申請者」という。）が次に掲げる基準の全てに適合しているときは、その登録をしなければならない。

一　次条の評価員が評価を実施し、その数が3以上であること。

二　登録申請者が、建築物関連事業者に支配されているものとして次のいずれかに該当するものでないこと。

イ　登録申請者が株式会社である場合にあっては、建築物関連事業者がその親法人であること。

ロ　登録申請者の役員（持分会社にあっては、業務を執行する社員）に占める建築物関連事業者の役員又は職員（過去2年間に当該建築物関連事業者の役員又は職員であった者を含む。）の割合が2分の1を超えていること。

ハ　登録申請者（法人にあっては、その代表権を有する役員）が、建築物関連事業者の役員又は職員（過去2年間に当該建築物関連事業者の役員又は職員であった者を含む。）であること。

三　評価の業務を適正に行うために評価の業務を行う部門に専任の管理者が置かれていること。

四　債務超過の状態にないこと。

2　登録は、登録建築物エネルギー消費性能評価機関登録簿に次に掲げる事項を記載してするものとする。

一　登録年月日及び登録番号

二　登録建築物エネルギー消費性能評価機関の氏名又は名称及び住所並びに法人にあっては、その代表者の氏名

三　登録建築物エネルギー消費性能評価機関が評価の業務を行う事務所の所在地

四　次条の評価員の氏名

五　前各号に掲げるもののほか、国土交通省令で定める事項

〔未施行〕　本条は、令和元年5月17日法律第4号で次のように改正され、公布の日から起算して2年を超えない範囲内において政令で定める日から施行。

（登録基準等）

第63条　〔現行〕

（評価員）

第59条　登録建築物エネルギー消費性能評価機関は、次に掲げる者のうちから評価員を選任しなければならない。

一　学校教育法（昭和22年法律第26号）に基づく大学において建築学、機械工学、電気工学若しくは衛生工学を担当する教授若しくは准教授の職にあり、又はこれらの職にあった者

二　建築、機械、電気又は衛生に関する分野の試験研究機関において10年以上試験研究の業務に従事した経験を有する者

三　前2号に掲げる者と同等以上の知識及び経験を有する者

〔未施行〕　本条は、令和元年5月17日法律第4号で次のように改正され、公布の日から起算して2年を超えない範囲内において政令で定める日から施行。

（評価員）

第64条　〔現行〕

（登録の取消し等）

第60条　国土交通大臣は、登録建築物エネルギー消費性能評価機関が第57条第1号、第3号又は第4号に該当するに至ったときは、その登録を取り消さなければならない。

2　国土交通大臣は、登録建築物エネルギー消費性能評価機関が次の各号のいずれかに該当するときは、その登録を取り消し、又は期間を定めて評価の業務の全部若しくは一部の停止を命ずることができる。

一　第56条第2項において準用する第42条第2項、第44条第2項、第49条第1項、第50条又は第54条第1項の規定に違反したとき。

二　第56条第2項において読み替えて準用する第48条第1項の規定による届出のあった評価業務規程によらないで評価の業務を行ったとき。

三　正当な理由がないのに第56条第2項において準用する第49条第2項各号の請求を拒んだとき。

四　第56条第2項において準用する第48条第3項、第51条又は第52条の規定による命令に違反したとき。

五　評価の業務に関し著しく不適当な行為をしたとき、又はその業務に従事する評価員若しくは法人にあってはその役員が、評価の業務に関し著しく不適当な行為をしたとき。

六　不正な手段により登録を受けたとき。

3　第55条第3項の規定は、前2項の規定による登録の取消し又は前項の規定による評価の業務の停止について準用する。

（令元法37・一部改正）

〔未施行〕　本条は、令和元年5月17日法律第4号で次のように改正され、公布の日から起算して2年を超えない範囲内において政令で定める日から施行。

（登録の取消し等）

第65条　国土交通大臣は、登録建築物エネルギー消費性能評価機関が第62条第1号、第3号又は第4号に該当するに至ったときは、その登録を取り消さなければならない。

2　国土交通大臣は、登録建築物エネルギー消費性能評価機関が次の各号のいずれかに該当するときは、その登録を取り消し、又は期間を定めて評価の業務の全部若しくは一部の停止を命ずることができる。

一　第61条第2項において準用する第47条第2項、第49条第2項、第54条第1項、第55条又は第59条第1項の規定に違反したとき。

二　第61条第2項において読み替えて準用する第53条第1項の規定による届出のあった評価業務規程によらないで評価の業務を行ったとき。

三　正当な理由がないのに第61条第2項において準用する第54条第2項各号の請求を拒んだとき。

四　第61条第2項において準用する第53条第3項、第56条又は第57条の規定による命令に違反したとき。

五・六　〔現行〕

3　第60条第3項の規定は、前2項の規定による登録の取消し又は前項の規定による評価の業務の停止について準用する。

（国土交通大臣による評価の実施）

第61条　国土交通大臣は、次の各号のいずれかに該当するときその他必要があると認めるときは、評価の業務の全部又は一部を自ら行うことができる。
一　登録を受ける者がいないとき。
二　第56条第2項において読み替えて準用する第54条第1項の規定により登録建築物エネルギー消費性能評価機関から評価の業務の全部又は一部の休止又は廃止の届出があったとき。
三　前条第1項若しくは第2項の規定により登録を取り消し、又は同項の規定により評価の業務の全部若しくは一部の停止を命じたとき。
四　登録建築物エネルギー消費性能評価機関が天災その他の事由により評価の業務の全部又は一部を実施することが困難となったとき。

2　国土交通大臣は、前項の規定により評価の業務を行い、又は同項の規定により行っている評価の業務を行わないこととしようとするときは、あらかじめ、その旨を公示しなければならない。

3　国土交通大臣が第1項の規定により評価の業務を行うこととした場合における評価の業務の引継ぎその他の必要な事項は、国土交通省令で定める。

〔未施行〕　本条は、令和元年5月17日法律第4号で次のように改正され、公布の日から起算して2年を超えない範囲内において政令で定める日から施行。

（国土交通大臣による評価の実施）

第66条　国土交通大臣は、次の各号のいずれかに該当するときその他必要があると認めるときは、評価の業務の全部又は一部を自ら行うことができる。
一　〔現行〕
二　第61条第2項において読み替えて準用する第59条第1項の規定により登録建築物エネルギー消費性能評価機関から評価の業務の全部又は一部の休止又は廃止の届出があったとき。
三・四　〔現行〕

2・3　〔現行〕

（手数料）

第62条　前条第1項の規定により国土交通大臣が行う評価の申請をしようとする者は、国土交通省令で定めるところにより、実費を勘案して国土交通省令で定める額の手数料を国に納めなければならない。

〔未施行〕　本条は、令和元年5月17日法律第4号で次のように改正され、公布の日から起算して2年を超えない範囲内において政令で定める日から施行。

（手数料）
第67条　〔現行〕

第７章　雑　則

（審査請求）

第63条　この法律の規定による登録建築物エネルギー消費性能判定機関又は登録建築物エネルギー消費性能評価機関の行う処分又はその不作為については、国土交通大臣に対し、審査請求をすることができる。この場合において、国土交通大臣は、行政不服審査法（平成26年法律第68号）第25条第2項及び第3項、第46条第1項及び第2項、第47条並びに第49条第3項の規定の適用については、登録建築物エネルギー消費性能判定機関又は登録建築物エネルギー消費性能評価機関の上級行政庁とみなす。

〔未施行〕　本条は、令和元年5月17日法律第4号で次のように改正され、公布の日から起算して2年を超えない範囲内において政令で定める日から施行。

（審査請求）
第68条　〔現行〕

（権限の委任）

第64条　この法律に規定する国土交通大臣の権限は、国土交通省令で定めるところにより、その一部を地方整備局長又は北海道開発局長に委任することができる。

〔未施行〕　本条は、令和元年5月17日法律第4号で次のように改正され、公布の日から起算して2年を超えない範囲内において政令で定める日から施行。

（権限の委任）
第69条　〔現行〕

（国土交通省令への委任）

第65条　この法律に定めるもののほか、この法律の実施のため必要な事項は、国土交通省令で定める。

〔未施行〕　本条は、令和元年5月17日法律第4号で次のように改正され、公布の日から起算して2年を超えない範囲内において政令で定める日から施行。

（国土交通省令への委任）

第70条　〔現行〕

（経過措置）

第66条　この法律に基づき命令を制定し、又は改廃する場合においては、その命令で、その制定又は改廃に伴い合理的に必要と判断される範囲内において、所要の経過措置（罰則に関する経過措置を含む。）を定めることができる。

〔未施行〕　本条は、令和元年5月17日法律第4号で次のように改正され、公布の日から起算して2年を超えない範囲内において政令で定める日から施行。

（経過措置）

第71条　〔現行〕

第８章　罰　則

第67条　次の各号のいずれかに該当する者は、1年以下の懲役又は100万円以下の罰金に処する。

一　第46条（第56条第2項において準用する場合を含む。）の規定に違反して、その職務に関して知り得た秘密を漏らし、又は盗用した者

二　第55条第2項又は第60条第2項の規定による判定の業務又は評価の業務の停止の命令に違反した者

〔未施行〕　本条は、令和元年5月17日法律第4号で次のように改正され、公布の日から起算して2年を超えない範囲内において政令で定める日から施行。

第72条　次の各号のいずれかに該当する者は、1年以下の懲役又は100万円以下の罰金に処する。

一　第51条（第61条第2項において準用する場合を含む。）の規定に違反して、その職務に関して知り得た秘密を漏らし、又は盗用した者

二　第60条第2項又は第65条第2項の規定による判定の業務又は評価の業務の停止の命令に違反した者

第68条　第14条第1項の規定による命令に違反した者は、300万円以下の罰金に処する。

〔未施行〕　本条は、令和元年5月17日法律第4号で次のように改正され、公布の日から起算して2年を超えない範囲内において政令で定める日から施行。

第73条　〔現行〕

第69条　第16条第2項、第19条第3項、第28条第3項又は第28条の4第3項の規定による命令に違反した者は、100万円以下の罰金に処する。

（令元法4・一部改正）

〔未施行〕　本条は、令和元年5月17日法律第4号で次のように改正され、公布の日から起算して2年を超えない範囲内において政令で定める日から施行。

第74条　第16条第2項、第19条第3項、第30条第3項又は第33条第3項の規定による命令に違反した者は、100万円以下の罰金に処する。

第70条　次の各号のいずれかに該当する者は、50万円以下の罰金に処する。

一　第17条第1項、第21条第1項、第28条第4項、第28条の4第4項若しくは第38条第1項の規定による報告をせず、若しくは虚偽の報告をし、又はこれらの規定による検査を拒み、妨げ、若しくは忌避した者

二　第19条第1項（同条第4項の規定により読み替えて適用する場合を含む。）の規定による届出をしないで、又は虚偽の届出をして、同条第1項各号に掲げる行為をした者

三　第53条第1項（第56条第2項において準用する場合を含む。以下この号において同じ。）の規定による報告をせず、若しくは虚偽の報告をし、又は第53条第1項の規定による検査を拒み、妨げ、若しくは忌避し、若しくは同項の規定による質問に対して答弁をせず、若しくは虚偽の答弁をした者

（令元法4・一部改正）

〔未施行〕　本条は、令和元年5月17日法律第4号で次のように改正され、公布の日から起算して2年を超えない範囲内において政令で定める日から

施行。

第75条　次の各号のいずれかに該当する者は、50万円以下の罰金に処する。

一　第17条第1項、第21条第1項、第30条第4項、第33条第4項若しくは第43条第1項の規定による報告をせず、若しくは虚偽の報告をし、又はこれらの規定による検査を拒み、妨げ、若しくは忌避した者

二　〔現行〕

三　第58条第1項（第61条第2項において準用する場合を含む。以下この号において同じ。）の規定による報告をせず、若しくは虚偽の報告をし、又は第58条第1項の規定による検査を拒み、妨げ、若しくは忌避し、若しくは同項の規定による質問に対して答弁をせず、若しくは虚偽の答弁をした者

第71条　次の各号のいずれかに該当する者は、30万円以下の罰金に処する。

一　第36条第4項の規定に違反して、表示を付した者

二　第50条第1項（第56条第2項において準用する場合を含む。）の規定に違反して帳簿を備え付けず、帳簿に記載せず、若しくは帳簿に虚偽の記載をし、又は帳簿を保存しなかった者

三　第50条第2項（第56条第2項において準用する場合を含む。）の規定に違反した者

四　第54条第1項（第56条第2項において準用する場合を含む。）の規定による届出をしないで業務の全部を廃止し、又は虚偽の届出をした者

〔未施行〕　本条は、令和元年5月17日法律第4号で次のように改正され、公布の日から起算して2年を超えない範囲内において政令で定める日から施行。

第76条　次の各号のいずれかに該当する者は、30万円以下の罰金に処する。

一　第41条第4項の規定に違反して、表示を付した者

二　第55条第1項（第61条第2項において準用する場合を含む。）の規定に違反して帳簿を備え付けず、帳簿に記載せず、若しくは帳簿に虚偽の記載をし、又は帳簿を保存しなかった者

三　第55条第2項（第61条第2項において準用する場合を含む。）の規定に違反した者

四　第59条第1項（第61条第2項において準用する場合を含む。）の規定による届出をしないで業務の全部を廃止し、又は虚偽の届出をした者

第72条　第32条の規定による報告をせず、又は虚偽の報告をした者は、20万円以下の罰金に処する。

〔未施行〕　本条は、令和元年5月17日法律第4号で次のように改正され、公布の日から起算して2年を超えない範囲内において政令で定める日から施行。

第77条　第37条の規定による報告をせず、又は虚偽の報告をした者は、20万円以下の罰金に処する。

第73条　法人の代表者又は法人若しくは人の代理人、使用人その他の従業者が、その法人又は人の業務に関し、第67条第2号又は第68条から前条までの違反行為をしたときは、行為者を罰するほか、その法人又は人に対して各本条の罰金刑を科する。

〔未施行〕　本条は、令和元年5月17日法律第4号で次のように改正され、公布の日から起算して2年を超えない範囲内において政令で定める日から施行。

第78条　法人の代表者又は法人若しくは人の代理人、使用人その他の従業者が、その法人又は人の業務に関し、第72条第2号又は第73条から前条までの違反行為をしたときは、行為者を罰するほか、その法人又は人に対して各本条の罰金刑を科する。

第74条　次の各号のいずれかに該当する者は、20万円以下の過料に処する。

一　第44条第2項（第56条第2項において準用する場合を含む。）の規定による届出をせず、又は虚偽の届出をした者

二　第49条第1項（第56条第2項において準用する場合を含む。）の規定に違反して財務諸表等を備えて置かず、財務諸表等に記載すべき事項を記載せず、若しくは虚偽の記載をし、又は正当な理由がないのに第49条第2項各号（第56条第2項において準用する場合を含む。）の請求を拒んだ者

〔未施行〕　本条は、令和元年5月17日法律第4号で次のように改正され、公布の日から起算して2年を超えない範囲内において政令で定める日から施行。

第79条　次の各号のいずれかに該当する者は、20万円以下の過料に処する。

一　第49条第2項（第61条第2項において準用する場合を含む。）の規定による届出をせず、又は虚偽の届出をした者

二　第54条第1項（第61条第2項において準用する場合を含む。）の規定に違反して財務諸表等を備えて置かず、財務諸表等に記載すべき事項を記載せず、若しくは虚偽の記載をし、又は正当な理由がないのに第54条第2項各号（第61条第2項において準用する場合を含む。）の請求を拒んだ者

附　則　抄

（施行期日）

第１条　この法律は、公布の日から起算して1年を超えない範囲内において政令で定める日から施行する。〔平成28年政令第7号で同年4月1日から施行〕ただし、次の各号に掲げる規定は、当該各号に定める日から施行する。

一　附則第10条の規定　公布の日

二　第8条から第10条まで、第3章、第30条第8項及び第9項、第6章、第63条、第64条、第67条から第69条まで、第70条第1号（第38条第1項に係る部分を除く。）、第70条第2号及び第3号、第71条（第1号を除く。）、第73条（第67条第2号、第68条、第69条、第70条第1号（第38条第1項に係る部分を除く。）、第70条第2号及び第3号並びに第71条（第1号を除く。）に係る部分に限る。）並びに第74条並びに次条並びに附則第3条及び〔中略〕第9条〔中略〕の規定　公布の日から起算して2年を超えない範囲内において政令で定める日〔平成28年政令第363号で同29年4月1日から施行〕

（経過措置）

第２条　第3章第1節の規定は、前条第2号に掲げる規定の施行の日（以下「一部施行日」という。）以後に建築基準法第6条第1項若しくは第6条の2第1項の規定による確認の申請又は同法第18条第2項の規定による通知がされた特定建築物について適用する。

2　第3章第2節の規定は、一部施行日から起算して21日を経過した日以後にその工事に着手する第19条第1項各号に掲げる行為について適用する。

第３条　附則第1条第2号に掲げる規定の施行の際現に存する建築物について行う特定増改築（特定建築行為に該当する増築又は改築のうち、当該増築又は改築に係る部分（非住宅部分に限る。）の床面積の合計の当該増築又は改築後の特定建築物（非住宅部分に限る。）の延べ面積に対する割合が政令で定める範囲内であるものをいう。以下この条において同じ。）については、当分の間、第3章第1節の規定は、適用しない。

2　建築主は、前項の特定増改築（一部施行日から起算して21日を経過した日以後にその工事に着手するものに限る。）をしようとするときは、その工事に着手する日の21日前までに、国土交通省令で定めるところにより、当該特定増改築に係る特定建築物のエネルギー消費性能の確保のための構造及び設備に関する計画を所管行政庁に届け出なければならない。その変更（国土交通省令で定める軽微な変更を除く。）をしようとするときも、同様とする。

3　所管行政庁は、前項の規定による届出があった場合において、その届出に係る計画が建築物エネルギー消費性能基準に適合せず、当該特定建築物のエネルギー消費性能の確保のため必要があると認めるときは、その届出を受理した日から21日以内に限り、その届出をした者に対し、その届出に係る計画の変更その他必要な措置をとるべきことを指示することができる。

4　所管行政庁は、前項の規定による指示を受けた者が、正当な理由がなくてその指示に係る措置をとらなかったときは、その者に対し、相当の期限を定めて、その指示に係る措置をとるべきことを命ずることができる。

5　建築主は、第2項の規定による届出に併せて、建築物エネルギー消費性能基準への適合性に関する審査であって第12条第1項の建築物エネルギー消費性能適合性判定に準ずるものとして国土交通省令で定めるものの結果を記載した書面を提出することができる。この場合において、第2項及び第3項の規定の適用については、第2項中「21日前」とあるのは「3日以上21日未満の範囲内で国土交通省令で定める日数前」と、第3項中「21日以内」とあるのは「前項の国土交通省令で定める日数以内」とする。

6　特殊の構造又は設備を用いて第1項の建築物の特定増改築をしようとする者が当該建築物について第23条第1項の認定を受けたときは、当該特定増改築のうち第2項の規定による届出をしなければならないものについては、同項の規定による届出をしたものとみなす。この場合においては、第3項及び第4項の規定は、適用しない。

7　国等の機関の長が行う第1項の特定増改築については、第2項から前項までの規定は、適用しない。この場合においては、次項及び第9項の規定に定めるところによる。

8　国等の機関の長は、第1項の特定増改築をしようとするときは、あらかじめ、当該特定増改築に係る特定建築物のエネルギー消費性能の確保のための構造及び設備に関する計画を所管行政庁に通知しなければならない。その変更（国土交通省令で定める軽微な変更を除く。）をしようとするときも、同様とする。

9　所管行政庁は、前項の規定による通知があった場合において、その通知に係る計画が建築物エネルギー消費性能基準に適合せず、当該特定建築物のエネルギー消費性能の確保のため必要があると認めるときは、その必要な限度において、当該国等の機関の長に対し、当該特定建築物のエネルギー消費性能の確保のためとるべき措置について協議を求めることができる。

10　所管行政庁は、第3項、第4項及び前項の規定の施行に必要な限度において、政令で定めるところにより、建築主等に対し、特定増改築に係る特定建築物の建築物エネルギー消費性能基準への適合に関する事項に関し報告させ、又はその職員に、特定増改築に係る特定建築物若しくはその工事現場に立ち入り、特定増改築に係る特定建築物、建築設備、建築材料、書類その他の物件を検査させることができる。

11　第17条第1項ただし書、第2項及び第3項の規定は、前項の規定による立入検査について準用する。

12　第2項から前項までの規定は、第18条各号のいずれかに該当する建築物については、適用しない。

13　第4項の規定による命令に違反した者は、100万円以下の罰金に処する。

14　次の各号のいずれかに該当する者は、50万円以下の罰金に処する。

一　第2項（第5項の規定により読み替えて適用する場合を含む。）の規定による届出をしないで、又は虚偽の届出をして、特定増改築をした者

二　第10項の規定による報告をせず、若しくは虚偽の報告をし、又は同項の規定による検査を拒み、妨げ、若しくは忌避した者

15　法人の代表者又は法人若しくは人の代理人、使用人その他の従業者が、その法人又は人の業務に関し、前2項の違反行為をしたときは、行為者を罰するほか、その法人又は人に対して各本項の刑を科する。

（令元法4・一部改正）

（準備行為）

第４条　第15条第1項又は第24条第1項の登録を受けようとする者は、一部施行日前においても、その申請を行うことができる。第48条第1項（第56条第2項において準用する場合を含む。）の規定による判定業務規程又は評価業務規程の届出についても、同様とする。

（罰則の適用に関する経過措置）

第９条　附則第1条第2号に掲げる規定の施行前にした行為及び附則第7条の規定によりなお従前の例によることとされる場合における同号に掲げる規定の施行後にした行為に対する罰則の適用については、なお従前の例による。

（政令への委任）

第10条　この附則に定めるもののほか、この法律の施行に関し必要な経過措置は、政令で定める。

（検討）

第11条　政府は、この法律の施行後3年を経過した場合において、建築物の建築物エネルギー消費性能基準への適合の状況、建築物のエネルギー消費性能に関する技術開発の状況その他この法律の施行の状況等を勘案し、建築物のエネルギー消費性能の向上に関する制度全般について検討を加え、必要があると認めるときは、その結果に基づいて所要の措置を講ずるものとする。

附　則（令和元・5・17法4）抄

（施行期日）

第１条　この法律は、公布の日から起算して6月を超えない範囲内において政令で定める日から施行する。〔令和元年政令第149号で同年11月16日から施行〕ただし、次の各号に掲げる規定は、当該各号に定める日から施行する。

一　附則第5条の規定　公布の日

二　第2条並びに附則第3条〔中略〕の規定　公布の日から起算して2年を超えない範囲内において政令で定める日

（経過措置）

第２条　第1条の規定による改正後の建築物のエネルギー消費性能の向上に関する法律（次項において「新法」という。）第19条第4項の規定は、この法律の施行の日（次項において「施行日」という。）から起算して21日を経過した日以後にその工事に着手する建築物のエネルギー消費性能の向上に関する法律第19条第1項各号に掲げる行為について適用し、同日前にその工事に着手する同項各号に掲げる行為については、なお従前の例による。

2　新法附則第3条第5項の規定は、施行日から起算して21日を経過した日以後にその工事に着手する特定増改築（建築物のエネルギー消費性能の向上に関する法律附則第3条第1項に規定する特定増改築をいい、同法附則第1条第2号に掲げる規定の施行の際現に存する建築物について行うものに限る。以下この項において同じ。）について適用し、同日前にその工事に着手する特定増改築については、なお従前の例による。

第３条　第2条の規定による改正後の建築物のエネルギー消費性能の向上に関する法律（以下この条において「第2号新法」という。）第11条第1項に規定する特定建築行為に該当する行為のうち第2条の規定による改正前の建築物のエネルギー消費性能の向上に関する法律（以下この条において「第2号旧法」という。）

第11条第1項に規定する特定建築行為に該当しないもの（次項において「新特定建築行為」という。）については、第2号新法第3章第1節の規定は、附則第1条第2号に掲げる規定の施行の日（以下この条において「第2号施行日」という。）以後に建築基準法（昭和25年法律第201号）第6条第1項若しくは第6条の2第1項の規定による確認の申請又は同法第18条第2項の規定による通知（次項において「確認申請等」という。）がされたもの（第2号施行日前に第2号旧法第19条第1項の規定による届出又は第2号旧法第20条第2項の規定による通知（次項において「届出等」という。）がされたものを除く。）について適用する。

2　第2号施行日前に確認申請等がされた新特定建築行為（第2号施行日前に届出等がされたものを除く。）については、第2号新法第19条第1項各号に掲げる行為とみなして、第2号新法第3章第2節の規定（これらの規定に係る罰則を含む。）を適用する。

3　第2号施行日前に第2号旧法第19条第1項の規定による届出をした建築主に対する当該届出に係る指示及び命令並びに当該指示及び命令に係る報告及び立入検査については、なお従前の例による。

4　第2号施行日前に第2号旧法第20条第2項の規定による通知をした国等（建築物のエネルギー消費性能の向上に関する法律第13条第1項に規定する国等をいう。）の機関の長に対する当該通知に係る協議の求め並びに当該協議の求めに係る報告及び立入検査については、なお従前の例による。

5　第2号新法第27条の規定は、第2号施行日以後に建築士が委託を受けた同条第1項に規定する小規模建築物の建築に係る設計について適用する。

（罰則に関する経過措置）

第４条　この法律（附則第1条第2号に掲げる規定にあっては、当該規定。以下この条において同じ。）の施行前にした行為及びこの附則の規定によりなお従前の例によることとされる場合におけるこの法律の施行後にした行為に対する罰則の適用については、なお従前の例による。

（政令への委任）

第５条　前3条に定めるもののほか、この法律の施行に関し必要な経過措置は、政令で定める。

（検討）

第６条　政府は、この法律の施行後5年を経過した場合において、この法律による改正後の建築物のエネルギー消費性能の向上に関する法律の施行の状況について検討を加え、必要があると認めるときは、その結果に基づいて必要な措置を講ずるものとする。

附　則（令和元・6・14法37）抄

（施行期日）

第１条　この法律は、公布の日から起算して3月を経過した日〔令和元年9月14日〕から施行する。ただし、次の各号に掲げる規定は、当該各号に定める日から施行する。

一　〔前略〕次条並びに附則第3条〔中略〕の規定　公布の日

二～四　〔省略〕

（行政庁の行為等に関する経過措置）

第２条　この法律（前条各号に掲げる規定にあっては、当該規定。以下この条及び次条において同じ。）の施行の日前に、この法律による改正前の法律又はこれに基づく命令の規定（欠格条項その他の権利の制限に係る措置を定めるものに限る。）に基づき行われた行政庁の処分その他の行為及び当該規定により生じた失職の効力については、なお従前の例による。

（罰則に関する経過措置）

第３条　この法律の施行前にした行為に対する罰則の適用については、なお従前の例による。

（検討）

第７条　政府は、会社法（平成17年法律第86号）及び一般社団法人及び一般財団法人に関する法律（平成18年法律第48号）における法人の役員の資格を成年被後見人又は被保佐人であることを理由に制限する旨の規定について、この法律の公布後1年以内を目途として検討を加え、その結果に基づき、当該規定の削除その他の必要な法制上の措置を講ずるものとする。

○建築物のエネルギー消費性能の向上に関する法律施行令

（平成28年1月15日
政　令　第　8　号）

最終改正　令和元年11月7日政令第150号

［（注）　令和元年11月7日政令第150号によって改正された部分に下線を付しました。］

（空気調和設備等）

第1条　建築物のエネルギー消費性能の向上に関する法律（以下「法」という。）第2条第2号の政令で定める建築設備は、次に掲げるものとする。

一　空気調和設備その他の機械換気設備

二　照明設備

三　給湯設備

四　昇降機

（平28政364・一部改正）

（都道府県知事が所管行政庁となる建築物）

第2条　法第2条第5号ただし書の政令で定める建築物のうち建築基準法（昭和25年法律第201号）第97条の2第1項の規定により建築主事を置く市町村の区域内のものは、同法第6条第1項第4号に掲げる建築物（その新築、改築、増築、移転又は用途の変更に関して、法律並びにこれに基づく命令及び条例の規定により都道府県知事の許可を必要とするものを除く。）以外の建築物とする。

2　法第2条第5号ただし書の政令で定める建築物のうち建築基準法第97条の3第1項の規定により建築主事を置く特別区の区域内のものは、次に掲げる建築物（第2号に掲げる建築物にあっては、地方自治法（昭和22年法律第67号）第252条の17の2第1項の規定により同号に規定する処分に関する事務を特別区が処理することとされた場合における当該建築物を除く。）とする。

一　延べ面積（建築基準法施行令（昭和25年政令第338号）第2条第1項第4号の延べ面積をいう。<u>第14条第1項</u>において同じ。）が1万平方メートルを超える建築物

二　その新築、改築、増築、移転又は用途の変更に関して、建築基準法第51条（同法第87条第2項及び第3項において準用する場合を含み、市町村都市計画審議会が置かれている特別区にあっては、卸売市場、と畜場及び産業廃棄物

処理施設に係る部分に限る。）の規定又は同法以外の法律若しくはこれに基づく命令若しくは条例の規定により都知事の許可を必要とする建築物

（平28政364・令元政150・一部改正）

（住宅部分）

第３条 法第11条第1項の政令で定める建築物の部分は、次に掲げるものとする。

一 居間、食事室、寝室その他の居住のために継続的に使用する室（当該室との間に区画となる間仕切壁又は戸（ふすま、障子その他これらに類するものを除く。次条第1項において同じ。）がなく当該室と一体とみなされる台所、洗面所、物置その他これらに類する建築物の部分を含む。）

二 台所、浴室、便所、洗面所、廊下、玄関、階段、物置その他これらに類する建築物の部分であって、居住者の専用に供するもの（前号に規定する台所、洗面所、物置その他これらに類する建築物の部分を除く。）

三 集会室、娯楽室、浴室、便所、洗面所、廊下、玄関、階段、昇降機、倉庫、自動車車庫、自転車駐車場、管理人室、機械室その他これらに類する建築物の部分であって、居住者の共用に供するもの（居住者以外の者が主として利用していると認められるものとして国土交通大臣が定めるものを除く。）

（平28政364・追加）

（特定建築物の非住宅部分の規模等）

第４条 法第11条第1項のエネルギー消費性能の確保を特に図る必要がある大規模なものとして政令で定める規模は、床面積（内部に間仕切壁又は戸を有しない階又はその一部であって、その床面積に対する常時外気に開放された開口部の面積の合計の割合が20分の1以上であるものの床面積を除く。第14条第1項を除き、以下同じ。）の合計が2,000平方メートルであることとする。

2 法第11条第1項の政令で定める特定建築物の非住宅部分の増築又は改築の規模は、当該増築又は改築に係る部分の床面積の合計が300平方メートルであることとする。

3 法第11条第1項の政令で定める特定建築物以外の建築物の非住宅部分の増築の規模は、当該増築に係る部分の床面積の合計が300平方メートルであることとする。

（平28政364・追加、令元政150・一部改正）

（所管行政庁への建築物エネルギー消費性能確保計画の写しの送付の対象となる建築物の住宅部分の規模等）

第５条 法第15条第3項の政令で定める建築物の住宅部分の規模は、床面積の合計が300平方メートルであることとする。

2　法第15条第3項の政令で定める増築又は改築に係る住宅部分の規模は、当該増築又は改築に係る部分の床面積の合計が300平方メートルであることとする。

（平28政364・追加）

（特定建築物に係る報告及び立入検査）

第6条　所管行政庁は、法第17条第1項の規定により、特定建築物の建築主等に対し、当該特定建築物につき、当該特定建築物の設計及び施工並びに構造及び設備の状況に係る事項のうち建築物エネルギー消費性能基準への適合に関するものに関し報告させることができる。

2　所管行政庁は、法第17条第1項の規定により、その職員に、特定建築物又はその工事現場に立ち入り、当該特定建築物並びに当該特定建築物の建築設備、建築材料及び設計図書その他の関係書類を検査させることができる。

（平28政364・追加）

（適用除外）

第7条　法第18条第1号の政令で定める用途は、次に掲げるものとする。

一　自動車車庫、自転車駐車場、畜舎、堆肥舎、公共用歩廊その他これらに類する用途

二　観覧場、スケート場、水泳場、スポーツの練習場、神社、寺院その他これらに類する用途（壁を有しないことその他の高い開放性を有するものとして国土交通大臣が定めるものに限る。）

2　法第18条第2号の政令で定める建築物は、次に掲げるものとする。

一　文化財保護法（昭和25年法律第214号）の規定により国宝、重要文化財、重要有形民俗文化財、特別史跡名勝天然記念物又は史跡名勝天然記念物として指定され、又は仮指定された建築物

二　文化財保護法第143条第1項又は第2項の伝統的建造物群保存地区内における同法第2条第1項第6号に規定する伝統的建造物群を構成している建築物

三　旧重要美術品等の保存に関する法律（昭和8年法律第43号）の規定により重要美術品等として認定された建築物

四　文化財保護法第182条第2項の条例その他の条例の定めるところにより現状変更の規制及び保存のための措置が講じられている建築物であって、建築物エネルギー消費性能基準に適合させることが困難なものとして所管行政庁が認めたもの

五　第1号、第3号又は前号に掲げる建築物であったものの原形を再現する建築物であって、建築物エネルギー消費性能基準に適合させることが困難なものとして所管行政庁が認めたもの

六　景観法（平成16年法律第110号）第19条第1項の規定により景観重要建造物として指定された建築物

3　法第18条第3号の政令で定める仮設の建築物は、次に掲げるものとする。

一　建築基準法第85条第1項又は第2項に規定する応急仮設建築物であって、その建築物の工事を完了した後3月以内であるもの又は同条第3項の許可を受けたもの

二　建築基準法第85条第2項に規定する事務所、下小屋、材料置場その他これらに類する仮設建築物

三　建築基準法第85条第5項又は第6項の規定による許可を受けた建築物

（平28政364・追加、平30政255・一部改正）

（所管行政庁への届出の対象となる建築物の建築の規模）

第８条　法第19条第1項第1号の政令で定める規模は、新築に係る特定建築物以外の建築物の床面積の合計が300平方メートルであることとする。

2　法第19条第1項第2号の政令で定める規模は、増築又は改築に係る部分の床面積の合計が300平方メートルであることとする。

（平28政364・追加）

（建築物に係る報告及び立入検査）

第９条　所管行政庁は、法第21条第1項の規定により、法第19条第1項各号に掲げる行為に係る建築物の建築主等に対し、当該建築物につき、当該建築物の設計及び施工並びに構造及び設備の状況に係る事項のうち建築物エネルギー消費性能基準への適合に関するものに関し報告させることができる。

2　所管行政庁は、法第21条第1項の規定により、その職員に、前項の行為に係る建築物又はその工事現場に立ち入り、当該建築物並びに当該建築物の建築設備、建築材料及び設計図書その他の関係書類を検査させることができる。

（平28政364・追加）

（特定建築主の新築する分譲型一戸建て規格住宅の戸数）

第10条　法第26条の2の政令で定める数は、1年間に新築する分譲型一戸建て規格住宅の戸数が150戸であることとする。

（平28政364・追加、令元政150・一部改正）

（分譲型一戸建て規格住宅に係る報告及び立入検査）

第11条　国土交通大臣は、法第28条第4項の規定により、特定建築主に対し、その新築する分譲型一戸建て規格住宅につき、次に掲げる事項に関し報告させることができる。

一　新築した分譲型一戸建て規格住宅の戸数

二　分譲型一戸建て規格住宅のエネルギー消費性能及びその向上に関する事項

2　国土交通大臣は、法第28条第4項の規定により、その職員に、特定建築主の事務所その他の事業場又は特定建築主の新築する分譲型一戸建て規格住宅若しくはその工事現場に立ち入り、当該分譲型一戸建て規格住宅、当該分譲型一戸建て規格住宅の建築設備、建築材料及び設計図書その他の関係書類並びに帳簿を検査させることができる。

（平28政364・追加、令元政150・一部改正・旧第12条繰上）

（特定建設工事業者の新たに建設する請負型規格住宅の戸数）

第12条　法第28条の2の政令で定める住宅の区分は、次の各号に掲げる住宅の区分とし、同条の政令で定める数は、当該住宅の区分に応じ、1年間に新たに建設する請負型規格住宅の戸数が当該各号に定める数であることとする。

一　一戸建ての住宅　300戸

二　長屋又は共同住宅　1,000戸

（令元政150・追加）

（請負型規格住宅に係る報告及び立入検査）

第13条　国土交通大臣は、法第28条の4第4項の規定により、特定建設工事業者に対し、その新たに建設する請負型規格住宅（当該特定建設工事業者の1年間に新たに建設するその戸数が前条各号に定める数未満となる住宅区分に係るものを除く。以下この条において同じ。）につき、次に掲げる事項に関し報告させることができる。

一　新たに建設した請負型規格住宅の戸数

二　請負型規格住宅のエネルギー消費性能及びその向上に関する事項

2　国土交通大臣は、法第28条の4第4項の規定により、その職員に、特定建設工事業者の事務所その他の事業場又は特定建設工事業者の新たに建設する請負型規格住宅若しくはその工事現場に立ち入り、当該請負型規格住宅、当該請負型規格住宅の建築設備、建築材料及び設計図書その他の関係書類並びに帳簿を検査させることができる。

（令元政150・追加）

（認定建築物エネルギー消費性能向上計画に係る建築物の容積率の特例に係る床面積）

第14条　法第35条第1項の政令で定める床面積は、認定建築物エネルギー消費性能向上計画に係る建築物の床面積のうち通常の建築物の床面積を超えることとなるものとして国土交通大臣が定めるもの（当該床面積が当該建築物の延べ面積の10分の1を超える場合においては、当該建築物の延べ面積の10分の1）とする。

2　法第35条第2項の規定により同条第1項の規定を読み替えて適用する場合における前項の規定の適用については、同項中「建築物の床面積のうち」とあるのは「申請建築物の床面積のうち」と、「建築物の延べ面積」とあるのは「認定建築物エネルギー消費性能向上計画に係る申請建築物及び他の建築物の延べ面積の合計」とする。

（平28政364・旧第3条繰下、令元政150・一部改正・旧第13条繰下）

（基準適合認定建築物に係る報告及び立入検査）

第15条　所管行政庁は、法第38条第1項の規定により、法第36条第2項の認定を受けた者に対し、当該認定に係る基準適合認定建築物につき、当該基準適合認定建築物の設計及び施工並びに構造及び設備の状況に係る事項のうち建築物エネルギー消費性能基準への適合に関するものに関し報告させることができる。

2　所管行政庁は、法第38条第1項の規定により、その職員に、基準適合認定建築物又はその工事現場に立ち入り、当該基準適合認定建築物並びに当該基準適合認定建築物の建築設備、建築材料及び設計図書その他の関係書類を検査させることができる。

（平28政364・旧第4条繰下、令元政150・旧第14条繰下）

（登録建築物エネルギー消費性能判定機関等の登録の有効期間）

第16条　法第43条第1項（法第56条第2項において準用する場合を含む。）の政令で定める期間は、5年とする。

（平28政364・追加、令元政150・旧第15条繰下）

附　則

（施行期日）

第１条　この政令は、法の施行の日（平成28年4月1日）から施行する。

（平28政364・一部改正・旧附則第1項）

（特定増改築の範囲）

第２条　法附則第3条第1項の政令で定める範囲は、2分の1を超えないこととする。

（平28政364・追加）

（特定増改築に係る特定建築物に係る報告及び立入検査）

第３条　所管行政庁は、法附則第3条第10項の規定により、特定増改築に係る特定建築物の建築主等に対し、当該特定建築物につき、当該特定建築物の設計及び施工並びに構造及び設備の状況に係る事項のうち建築物エネルギー消費性能基準への適合に関するものに関し報告させることができる。

2　所管行政庁は、法附則第3条第10項の規定により、その職員に、特定増改築に係る特定建築物又はその工事現場に立ち入り、当該特定建築物並びに当該特定建築物の建築設備、建築材料及び設計図書その他の関係書類を検査させることができる。

（平28政364・追加、令元政150・一部改正）

附　則（平成28・11・30政364）抄

（施行期日）

1　この政令は、建築物のエネルギー消費性能の向上に関する法律附則第1条第2号に掲げる規定の施行の日（平成29年4月1日）から施行する。

附　則（平成30・9・12政255）

（施行期日）

1　この政令は、建築基準法の一部を改正する法律附則第1条第2号に掲げる規定の施行の日（平成30年9月25日）から施行する。

（罰則に関する経過措置）

2　この政令の施行前にした行為に対する罰則の適用については、なお従前の例による。

附　則（令和元・11・7政150）

この政令は、建築物のエネルギー消費性能の向上に関する法律の一部を改正する法律の施行の日（令和元年11月16日）から施行する。

○建築物のエネルギー消費性能の向上に関する法律施行規則

（平成28年1月29日
国土交通省令第5号）

最終改正　令和元年12月16日国土交通省令第47号

〔(注)　令和元年11月7日国土交通省令第43号によって改正された部分につき下線を付し又は破線で囲みました。
　また、同年12月16日国土交通省令第47号によって改正された部分につき波線を付しました。〕

目次

第１章　建築主が講ずべき措置等

第１節　特定建築物の建築主の基準適合義務等

（建築物エネルギー消費性能確保計画に関する書類の様式）

第１条　建築物のエネルギー消費性能の向上に関する法律（以下「法」という。）第12条第1項（法第15条第2項において読み替えて適用する場合を含む。）の規定により提出する建築物エネルギー消費性能確保計画に関する書類は、別記様式第1による計画書の正本及び副本に、それぞれ次の表の(い)項及び(ろ)項に掲げる図書（当該建築物エネルギー消費性能確保計画に住戸が含まれる場合においては、当該住戸については、同表の(ろ)項に掲げる図書に代えて同表の(は)項に掲げる図書）その他所管行政庁が必要と認める図書を添えたもの（正本に添える図書にあっては、当該図書の設計者の記名及び押印があるものに限る。）とする。

	図書の種類	明示すべき事項
(い)	設計内容説明書	建築物のエネルギー消費性能が建築物エネルギー消費性能基準に適合するものであることの説明
	付近見取図	方位、道路及び目標となる地物
	配置図	縮尺及び方位
		敷地境界線、敷地内における建築物の位置及び申請に係る建築物と他の建築物との別
		空気調和設備等及び空気調和設備等以外のエネルギー消費性能の確保に資する建築設備（以下この表及び第12条第1項の表において「エネルギー消費性能確保設備」という。）の位置
	仕様書（仕上げ表を含む。）	部材の種別及び寸法
		エネルギー消費性能確保設備の種別
	各階平面図	縮尺及び方位
		間取り、各室の名称、用途及び寸法並びに天井の高さ
		壁の位置及び種類
		開口部の位置及び構造
		エネルギー消費性能確保設備の位置
	床面積求積図	床面積の求積に必要な建築物の各部分の寸法及び算式
	用途別床面積表	用途別の床面積
	立面図	縮尺

			外壁及び開口部の位置
			エネルギー消費性能確保設備の位置
	断面図又は矩計図		縮尺
			建築物の高さ
			外壁及び屋根の構造
			軒の高さ並びに軒及びひさしの出
			小屋裏の構造
			各階の天井の高さ及び構造
			床の高さ及び構造並びに床下及び基礎の構造
	各部詳細図		縮尺
			外壁、開口部、床、屋根その他断熱性を有する部分の材料の種別及び寸法
	各種計算書		建築物のエネルギー消費性能に係る計算その他の計算を要する場合における当該計算の内容
(ろ)	機器表	空気調和設備	熱源機、ポンプ、空気調和機その他の機器の種別、仕様及び数
		空気調和設備以外の機械換気設備	給気機、排気機その他これらに類する設備の種別、仕様及び数
		照明設備	照明設備の種別、仕様及び数
		給湯設備	給湯器の種別、仕様及び数
			太陽熱を給湯に利用するための設備の種別、仕様及び数
			節湯器具の種別及び数
		空気調和設備等	空気調和設備等以外のエネルギー消費性能

	以外のエネルギー消費性能の確保に資する建築設備	の確保に資する建築設備の種別、仕様及び数
仕様書	昇降機	昇降機の種別、数、積載量、定格速度及び速度制御方法
系統図	空気調和設備	空気調和設備の位置及び連結先
	空気調和設備以外の機械換気設備	空気調和設備以外の機械換気設備の位置及び連結先
	給湯設備	給湯設備の位置及び連結先
	空気調和設備等以外のエネルギー消費性能の確保に資する建築設備	空気調和設備等以外のエネルギー消費性能の確保に資する建築設備の位置及び連結先
各階平面図	空気調和設備	縮尺
		空気調和設備の有効範囲
		熱源機、ポンプ、空気調和機その他の機器の位置
	空気調和設備以外の機械換気設備	縮尺
		給気機、排気機その他これらに類する設備の位置
	照明設備	縮尺
		照明設備の位置
	給湯設備	縮尺
		給湯設備の位置
		配管に講じた保温のための措置
		節湯器具の位置

		昇降機	縮尺
			位置
		空気調和設備等以外のエネルギー消費性能の確保に資する建築設備	縮尺
			位置
	制御図	空気調和設備	空気調和設備の制御方法
		空気調和設備以外の機械換気設備	空気調和設備以外の機械換気設備の制御方法
		照明設備	照明設備の制御方法
		給湯設備	給湯設備の制御方法
		空気調和設備等以外のエネルギー消費性能の確保に資する建築設備	空気調和設備等以外のエネルギー消費性能の確保に資する建築設備の制御方法
(は)	機器表	空気調和設備	空気調和設備の種別、位置、仕様、数及び制御方法
		空気調和設備以外の機械換気設備	空気調和設備以外の機械換気設備の種別、位置、仕様、数及び制御方法
		照明設備	照明設備の種別、位置、仕様、数及び制御方法
		給湯設備	給湯器の種別、位置、仕様、数及び制御方法
			太陽熱を給湯に利用するための設備の種別、位置、仕様、数及び制御方法
			節湯器具の種別、位置及び数

		空気調和設備等以外のエネルギー消費性能の確保に資する建築設備	空気調和設備等以外のエネルギー消費性能の確保に資する建築設備の種別、位置、仕様、数及び制御方法

2　前項の表の各項に掲げる図書に明示すべき事項を同項に規定する図書のうち他の図書に明示する場合には、同項の規定にかかわらず、当該事項を当該各項に掲げる図書に明示することを要しない。この場合において、当該各項に掲げる図書に明示すべき全ての事項を当該他の図書に明示したときは、当該各項に掲げる図書を同項の計画書に添えることを要しない。

3　第1項に規定する所管行政庁が必要と認める図書を添付する場合には、同項の規定にかかわらず、同項の表に掲げる図書のうち所管行政庁が不要と認めるものを同項の計画書に添えることを要しない。

4　法第15条第2項において読み替えて適用する法第12条第1項の規定により登録建築物エネルギー消費性能判定機関に建築物エネルギー消費性能確保計画（住宅部分の規模が建築物のエネルギー消費性能の向上に関する法律施行令（平成28年政令第8号。次条において「令」という。）第5条第1項に定める規模以上である建築物の新築又は住宅部分の規模が同条第2項に定める規模以上である増築若しくは改築に係るものに限る。）を提出する場合には、第1項に規定する書類のほか、別記様式第1による計画書の正本の写し及びその添付図書の写しを提出しなければならない。

（平28国交通令80・追加、令元国交通令43・一部改正）

（変更の場合の建築物エネルギー消費性能確保計画に関する書類の様式）

第２条　法第12条第2項（法第15条第2項において読み替えて適用する場合を含む。）の規定により提出する変更後の建築物エネルギー消費性能確保計画に関する書類は、別記様式第2による計画書の正本及び副本に、それぞれ前条第1項に規定する図書を添えたもの及び当該計画の変更に係る直前の建築物エネルギー消費性能適合性判定に要した書類（変更に係る部分に限る。）とする。ただし、当該直前の建築物エネルギー消費性能適合性判定を受けた所管行政庁又は登録建築物エネルギー消費性能判定機関に対して提出を行う場合においては、別記様式第2による計画書の正本及び副本に、それぞれ同項に規定する図書（変更に係る部分に限る。）を添えたものとする。

2　法第15条第2項において読み替えて適用する法第12条第2項の規定により登録

建築物エネルギー消費性能判定機関に変更後の建築物エネルギー消費性能確保計画（住宅部分の規模が令第5条第1項に定める規模以上である建築物の新築又は住宅部分の規模が同条第2項に定める規模以上である増築若しくは改築に係るものに限る。）を提出する場合には、前項に規定する書類のほか、別記様式第2による計画書の正本の写し及びその添付図書の写しを提出しなければならない。

（平28国交通令80・追加、令元国交通令43・一部改正）

（建築物エネルギー消費性能確保計画の軽微な変更）

第３条　法第12条第2項の国土交通省令で定める軽微な変更は、建築物のエネルギー消費性能を向上させる変更その他の変更後も建築物エネルギー消費性能確保計画が建築物エネルギー消費性能基準に適合することが明らかな変更とする。

（平28国交通令80・追加）

（所管行政庁が交付する適合判定通知書等の様式等）

第４条　法第12条第3項の規定による通知書の交付は、次の各号に掲げる場合に応じ、それぞれ当該各号に定めるものに第1条第1項又は第2条第1項の計画書の副本及びその添付図書（非住宅部分に限る。）を添えて行うものとする。

一　建築物エネルギー消費性能確保計画（非住宅部分に係る部分に限る。次号及び次条第1項において同じ。）が建築物エネルギー消費性能基準に適合するものであると判定された場合　別記様式第3による適合判定通知書

二　建築物エネルギー消費性能確保計画が建築物エネルギー消費性能基準に適合しないものであると判定された場合　別記様式第4による通知書

2　法第12条第4項の規定による同条第3項の期間を延長する旨及びその延長する期間並びにその期間を延長する理由を記載した通知書の交付は、別記様式第5により行うものとする。

3　法第12条第5項の規定による適合するかどうかを決定することができない旨及びその理由を記載した通知書の交付は、別記様式第6により行うものとする。

（平28国交通令80・追加）

（登録建築物エネルギー消費性能判定機関が交付する適合判定通知書等の様式等）

第５条　法第15条第2項において読み替えて適用する法第12条第3項の規定による通知書の交付は、次の各号に掲げる場合に応じ、それぞれ当該各号に定めるものに、第1条第1項又は第2条第1項の計画書の副本及びその添付図書（非住宅部分に限る。）を添えて行わなければならない。

一　建築物エネルギー消費性能確保計画が建築物エネルギー消費性能基準に適合するものであると判定された場合　別記様式第7による適合判定通知書

二　建築物エネルギー消費性能確保計画が建築物エネルギー消費性能基準に適合しないものであると判定された場合　別記様式第8による通知書

2　法第15条第2項において読み替えて適用する法第12条第4項の規定による同条第3項の期間を延長する旨及びその延長する期間並びにその期間を延長する理由を記載した通知書の交付は、別記様式第9により行うものとする。

3　法第15条第2項において読み替えて適用する法第12条第5項の規定による適合するかどうかを決定することができない旨及びその理由を記載した通知書の交付は、別記様式第10により行うものとする。

4　前3項に規定する図書及び書類の交付については、登録建築物エネルギー消費性能判定機関の使用に係る電子計算機（入出力装置を含む。以下同じ。）と交付を受ける者の使用に係る電子計算機とを電気通信回線で接続した電子情報処理組織の使用又は磁気ディスク（これに準ずる方法により一定の事項を確実に記録しておくことができる物を含む。以下同じ。）の交付によることができる。

（平28国交通令80・追加）

（適合判定通知書又はその写しの提出）

第６条　法第12条第6項の規定による適合判定通知書又はその写しの提出は、当該適合判定通知書又はその写しに第1条第1項若しくは第2条第1項の計画書の副本又はその写しを添えて行うものとする。ただし、次の各号に掲げる場合にあっては、それぞれ当該各号に定める書類の提出をもって法第12条第6項に規定する適合判定通知書又はその写しを提出したものとみなす。

一　法第25条第1項の規定により適合判定通知書の交付を受けたものとみなして、法第12条第6項の規定を適用する場合　第18条第1項の認定書の写し

二　法第30条第8項の規定により適合判定通知書の交付を受けたものとみなして、法第12条第6項の規定を適用する場合　第25条第2項（第28条において読み替えて準用する場合を含む。）の通知書又はその写し及び第23条第1項若しくは第27条の申請書の副本又はその写し

三　都市の低炭素化の促進に関する法律（平成24年法律第84号）第10条第9項又は同法第54条第8項の規定により、適合判定通知書の交付を受けたものとみなして、法第12条第6項の規定を適用する場合　都市の低炭素化の促進に関する法律施行規則（平成24年国土交通省令第86号）第5条第2項（同規則第8条において読み替えて準用する場合を含む。）の通知書若しくはその写し及び同規則第3条若しくは同規則第7条の申請書の副本若しくはその写し又は同規

則第43条第2項（同規則第46条において読み替えて準用する場合を含む。）の通知書若しくはその写し及び同規則第41条第1項若しくは同規則第45条の申請書の副本若しくはその写し

（平28国交通令80・追加、令元国交通令43・一部改正）

（国等に対する建築物エネルギー消費性能適合性判定に関する手続の特例）

第７条　第1条及び第2条の規定は、法第13条第2項及び第3項（これらの規定を法第15条第2項において読み替えて適用する場合を含む。）の規定による通知について準用する。この場合において、第1条中「別記様式第1」とあるのは「別記様式第11」と、「計画書」とあるのは「通知書」と、第2条中「別記様式第2」とあるのは「別記様式第12」と、「計画書」とあるのは「通知書」と読み替えるものとする。

2　第3条の規定は、法第13条第3項（法第15条第2項において読み替えて適用する場合を含む。）の国土交通省令で定める軽微な変更について準用する。

3　第4条の規定は、法第13条第4項から第6項までの規定による通知書の交付について準用する。この場合において、第4条第1項中「第1条第1項又は第2条第1項」とあるのは「第7条第1項において読み替えて準用する第1条第1項又は第2条第1項」と、「計画書」とあるのは「通知書」と、同項第1号中「別記様式第3」とあるのは「別記様式第13」と、同項第2号中「別記様式第4」とあるのは「別記様式第14」と、同条第2項中「別記様式第5」とあるのは「別記様式第15」と、同条第3項中「別記様式第6」とあるのは「別記様式第16」と読み替えるものとする。

4　第5条の規定は、法第15条第2項において読み替えて適用する法第13条第4項から第6項までの規定による通知書の交付について準用する。この場合において、第5条第1項中「第1条第1項又は第2条第1項」とあるのは「第7条第1項において読み替えて準用する第1条第1項又は第2条第1項」と、「計画書」とあるのは「通知書」と、同項第1号中「別記様式第7」とあるのは「別記様式第17」と、同項第2号中「別記様式第8」とあるのは「別記様式第18」と、同条第2項中「別記様式第9」とあるのは「別記様式第19」と、同条第3項中「別記様式第10」とあるのは「別記様式第20」と読み替えるものとする。

5　前条の規定は、法第13条第7項の規定による適合判定通知書又はその写しの提出について準用する。この場合において、前条中「第1条第1項若しくは第2条第1項」とあるのは、「第7条第1項において読み替えて準用する第1条第1項若しくは第2条第1項」と、「計画書」とあるのは「通知書」と読み替えるものとする。

（平28国交通令80・追加、令元国交通令43・一部改正）

（委任の公示）

第８条　法第15条第1項の規定により登録建築物エネルギー消費性能判定機関に建築物エネルギー消費性能適合性判定の全部又は一部を行わせることとした所管行政庁（次条において「委任所管行政庁」という。）は、登録建築物エネルギー消費性能判定機関に行わせることとした建築物エネルギー消費性能適合性判定の業務（以下「判定の業務」という。）及び登録建築物エネルギー消費性能判定機関の当該判定の業務の開始の日を公示しなければならない。

（平28国交通令80・追加）

（建築物エネルギー消費性能適合性判定の委任の解除）

第９条　委任所管行政庁は、登録建築物エネルギー消費性能判定機関に建築物エネルギー消費性能適合性判定の全部又は一部を行わせないこととするときは、委任の解除の日の6月前までに、その旨及び解除の日付を公示しなければならない。

（平28国交通令80・追加）

（立入検査の証明書）

第10条　法第17条第2項の立入検査をする職員の身分を示す証明書は、別記様式第21によるものとする。

（平28国交通令80・追加）

（軽微な変更に関する証明書の交付）

第11条　建築基準法（昭和25年法律第201号）第7条第5項、同法第7条の2第5項又は同法第18条第18項の規定による検査済証の交付を受けようとする者は、その計画の変更が第3条（第7条第2項において読み替えて準用する場合を含む。）の軽微な変更に該当していることを証する書面の交付を所管行政庁又は登録建築物エネルギー消費性能判定機関に求めることができる。

（平28国交通令80・追加）

第２節　一定規模以上の建築物のエネルギー消費性能の確保に関するその他の措置

（建築物の建築に関する届出）

第12条　法第19条第1項前段の規定により届出をしようとする者は、別記様式第22による届出書の正本及び副本に、それぞれ次の表の(い)項及び(ろ)項に掲げる図書（同条第1項前段の建築物のエネルギー消費性能の確保のための構造及び設備に関する計画に住戸が含まれる場合においては、当該住戸については、同表の(ろ)項に掲げる図書に代えて同表の(は)項に掲げる図書）その他所管行政庁が必要と認める図書を添えて、これらを所管行政庁に提出しなければならない。

	図書の種類	明示すべき事項
(い)	付近見取図	方位、道路及び目標となる地物
	配置図	縮尺及び方位
		敷地境界線、敷地内における建築物の位置及び申請に係る建築物と他の建築物との別
		エネルギー消費性能確保設備の位置
	仕様書（仕上げ表を含む。）	部材の種別及び寸法
		エネルギー消費性能確保設備の種別
	各階平面図	縮尺及び方位
		間取り、各室の名称、用途及び寸法並びに天井の高さ
		壁の位置及び種類
		開口部の位置及び構造
		エネルギー消費性能確保設備の位置
	床面積求積図	床面積の求積に必要な建築物の各部分の寸法及び算式
	用途別床面積表	用途別の床面積
	立面図	縮尺
		外壁及び開口部の位置
		エネルギー消費性能確保設備の位置
	断面図又は矩計図	縮尺
		建築物の高さ
		外壁及び屋根の構造
		軒の高さ並びに軒及びひさしの出
		小屋裏の構造
		各階の天井の高さ及び構造

			床の高さ及び構造並びに床下及び基礎の構造
	各部詳細図		縮尺
			外壁、開口部、床、屋根その他断熱性を有する部分の材料の種別及び寸法
	各種計算書		建築物のエネルギー消費性能に係る計算その他の計算を要する場合における当該計算の内容
（ろ）	機器表	空気調和設備	熱源機、ポンプ、空気調和機その他の機器の種別、仕様及び数
		空気調和設備以外の機械換気設備	給気機、排気機その他これらに類する設備の種別、仕様及び数
		照明設備	照明設備の種別、仕様及び数
		給湯設備	給湯器の種別、仕様及び数
			太陽熱を給湯に利用するための設備の種別、仕様及び数
			節湯器具の種別及び数
		空気調和設備等以外のエネルギー消費性能の確保に資する建築設備	空気調和設備等以外のエネルギー消費性能の確保に資する建築設備の種別、仕様及び数
	仕様書	昇降機	昇降機の種別、数、積載量、定格速度及び速度制御方法
	系統図	空気調和設備	空気調和設備の位置及び連結先
		空気調和設備以外の機械換気設備	空気調和設備以外の機械換気設備の位置及び連結先

		給湯設備	給湯設備の位置及び連結先
		空気調和設備等以外のエネルギー消費性能の確保に資する建築設備	空気調和設備等以外のエネルギー消費性能の確保に資する建築設備の位置及び連結先
	各階平面図	空気調和設備	縮尺
			空気調和設備の有効範囲
			熱源機、ポンプ、空気調和機その他の機器の位置
		空気調和設備以外の機械換気設備	縮尺
			給気機、排気機その他これらに類する設備の位置
		照明設備	縮尺
			照明設備の位置
		給湯設備	縮尺
			給湯設備の位置
			配管に講じた保温のための措置
			節湯器具の位置
		昇降機	縮尺
			位置
		空気調和設備等以外のエネルギー消費性能の確保に資する建築設備	縮尺
			位置
	制御図	空気調和設備	空気調和設備の制御方法
		空気調和設備以	空気調和設備以外の機械換気設備の制御方

		外の機械換気設備	法
		照明設備	照明設備の制御方法
		給湯設備	給湯設備の制御方法
		空気調和設備等以外のエネルギー消費性能の確保に資する建築設備	空気調和設備等以外のエネルギー消費性能の確保に資する建築設備の制御方法
(は)	機器表	空気調和設備	空気調和設備の種別、位置、仕様、数及び制御方法
		空気調和設備以外の機械換気設備	空気調和設備以外の機械換気設備の種別、位置、仕様、数及び制御方法
		照明設備	照明設備の種別、位置、仕様、数及び制御方法
		給湯設備	給湯器の種別、位置、仕様、数及び制御方法
			太陽熱を給湯に利用するための設備の種別、位置、仕様、数及び制御方法
			節湯器具の種別、位置及び数
		空気調和設備等以外のエネルギー消費性能の確保に資する建築設備	空気調和設備等以外のエネルギー消費性能の確保に資する建築設備の種別、位置、仕様、数及び制御方法

2　第1条第2項の規定は、法第19条第1項前段の規定による届出について準用する。

3　法第19条第1項後段の規定による変更の届出をしようとする者は、別記様式第23による届出書の正本及び副本に、それぞれ前項に掲げる図書のうち変更に係るものを添えて、これを所管行政庁に提出しなければならない。

4　第1項に規定する所管行政庁が必要と認める図書を添付する場合には、同項の規定にかかわらず、同項に規定する図書のうち所管行政庁が不要と認めるものを同項の届出書に添えることを要しない。

（平28国交通令80・追加、令元国交通令43・一部改正）

（建築物のエネルギー消費性能の確保のための構造及び設備に関する計画の軽微な変更）

第13条　法第19条第1項の国土交通省令で定める軽微な変更は、建築物のエネルギー消費性能を向上させる変更その他の変更後も建築物のエネルギー消費性能の確保のための構造及び設備に関する計画が建築物エネルギー消費性能基準に適合することが明らかな変更とする。

（平28国交通令80・追加）

（建築物の建築に関する届出に係る特例）

第13条の2　法第19条第4項の国土交通省令で定めるものは、登録建築物エネルギー消費性能判定機関又は住宅の品質確保の促進等に関する法律（平成11年法律第81号）第5条第1項に規定する登録住宅性能評価機関が行う建築物のエネルギー消費性能に関する評価（法第19条第1項前段の規定による届出に係る建築物が建築物エネルギー消費性能基準に適合する建築物と同等以上のエネルギー消費性能を有するものである旨の評価に限る。次条第3項において単に「評価」という。）とする。

2　法第19条第4項において読み替えて適用する同条第1項の国土交通省令で定める日数は、3日とする。

3　法第19条第4項において読み替えて適用する同条第1項前段の規定により届出をしようとする者は、第12条第1項の規定にかかわらず、別記様式第22による届出書の正本及び副本に、それぞれ次の表に掲げる図書その他所管行政庁が必要と認める図書を添えて、これらを所管行政庁に提出しなければならない。

図書の種類	明示すべき事項
付近見取図	方位、道路及び目標となる地物
配置図	縮尺及び方位
	敷地境界線、敷地内における建築物の位置及び申請に係る建築物と他の建築物との別
各階平面図	縮尺及び方位
	間取り、各室の名称、用途及び寸法並びに天井の高さ
	壁の位置及び種類

	開口部の位置及び構造
床面積求積図	床面積の求積に必要な建築物の各部分の寸法及び算式
用途別床面積表	用途別の床面積
立面図	縮尺
	外壁及び開口部の位置
断面図又は矩計図	縮尺
	建築物の高さ
	外壁及び屋根の構造
	軒の高さ並びに軒及びひさしの出
	小屋裏の構造
	各階の天井の高さ及び構造
	床の高さ及び構造並びに床下及び基礎の構造

4　第1条第2項の規定は、法第19条第4項において読み替えて適用する同条第1項前段の規定による届出について準用する。

5　第12条第3項の規定は、法第19条第4項において読み替えて適用する同条第1項後段の規定による変更の届出について適用する。

6　第12条第4項の規定は、第3項に規定する所管行政庁が必要と認める図書を添付する場合について適用する。

（令元国交通令43・追加）

（建築物の建築に関する届出等に係る国等に対する特例）

第14条　第12条の規定は、法第20条第2項の規定による通知について準用する。この場合において、第12条第1項中「届出をしようとする者」は「通知をしようとする国等の機関の長」と、「別記様式第22」とあるのは「別記様式第24」と、「届出書」とあるのは「通知書」と、同条第3項中「変更の届出をしようとする者」は「変更の通知をしようとする国等の機関の長」と、「別記様式第23」とあるのは「別記様式第25」と、「届出書」とあるのは「通知書」と、同条第4項中「届出書」とあるのは「通知書」と読み替えるものとする。

2　第13条の規定は、法第20条第2項の国土交通省令で定める軽微な変更について準用する。

3　法第20条第2項の規定により通知をしようとする国等の機関の長は、評価の結果を記載した書面を提出することができる。この場合において、第1項の規定にかかわらず、別記様式第24による届出書の正本及び副本に、それぞれ前条第3項の表に掲げる図書その他所管行政庁が必要と認める図書を添えて、これらを所管行政庁に提出しなければならない。

（平28国交通令80・追加、令元国交通令43・一部改正）

（立入検査の証明書）

第15条　法第21条第2項において準用する法第17条第2項の立入検査をする職員の身分を示す証明書は、別記様式第26によるものとする。

（平28国交通令80・追加）

第３節　特殊の構造又は設備を用いる建築物の認定等

（特殊の構造又は設備を用いる建築物の認定の申請）

第16条　法第23条第1項の申請をしようとする者は、別記様式第27による申請書に第20条第1項の評価書を添えて、これを国土交通大臣に提出しなければならない。

（平28国交通令80・追加、令元国交通令43・一部改正）

（申請書の記載事項）

第17条　法第23条第2項の国土交通省令で定める事項は、次に掲げるものとする。

一　法第23条第1項の申請をしようとする者の氏名又は名称及び住所並びに法人にあっては、その代表者の氏名

二　特殊の構造又は設備を用いる建築物の名称及び所在地

三　特殊の構造又は設備を用いる建築物の概要

（平28国交通令80・追加）

（認定書の交付等）

第18条　国土交通大臣は、法第23条第1項の認定をしたときは、別記様式第28による認定書を申請者に交付しなければならない。

2　国土交通大臣は、法第23条第1項の認定をしないときは、別記様式第29による通知書を申請者に交付しなければならない。

（平28国交通令80・追加）

（評価の申請）

第19条　法第24条第1項の評価（以下単に「評価」という。）の申請をしようとする者は、別記様式第30による申請書に次に掲げる書類を添えて、これを登録建築物エネルギー消費性能評価機関に提出しなければならない。

一　特殊の構造又は設備を用いる建築物の概要を記載した書類

二　前号に掲げるもののほか、平面図、立面図、断面図及び実験の結果その他の評価を実施するために必要な事項を記載した図書

（平28国交通令80・追加）

（評価書の交付等）

第20条　登録建築物エネルギー消費性能評価機関は、評価を行ったときは、別記様式第31による評価書（以下単に「評価書」という。）を申請者に交付しなければならない。

2　評価書の交付を受けた者は、評価書を滅失し、汚損し、又は破損したときは、評価書の再交付を申請することができる。

3　評価書の交付については、登録建築物エネルギー消費性能評価機関の使用に係る電子計算機と交付を受ける者の使用に係る電子計算機とを電気通信回線で接続した電子情報処理組織の使用又は磁気ディスクの交付によることができる。

（平28国交通令80・追加、令元国交通令43・一部改正）

（特殊の構造又は設備を用いる建築物の認定の手数料）

第21条　法第26条の規定による手数料の納付は、当該手数料の金額に相当する額の収入印紙をもって行うものとする。ただし、印紙をもって納め難い事由があるときは、現金をもってすることができる。

2　法第26条の国土交通省令で定める手数料の額は、申請1件につき2万円とする。

（平28国交通令80・追加、令元国交通令47・一部改正）

第４節　特定建築主の新築する分譲型一戸建て規格住宅に係る措置

第22条　法第28条第5項において準用する法第17条第2項の立入検査をする職員の身分を示す証明書は、別記様式第32によるものとする。

（平28国交通令80・追加）

第５節　特定建設工事業者の新たに建設する請負型規格住宅に係る措置

第22条の2　法第28条の4第5項において準用する法第17条第2項の立入検査をする職員の身分を示す証明書は、別記様式第32の2によるものとする。

（令元国交通令43・追加）

第２章　建築物エネルギー消費性能向上計画の認定等

（建築物エネルギー消費性能向上計画の認定の申請）

第23条　法第29条第1項の規定により建築物エネルギー消費性能向上計画の認定の申請をしようとする者は、別記様式第33による申請書の正本及び副本に、それぞれ次の表の(い)項及び(ろ)項に掲げる図書その他所管行政庁が必要と認める図書（法第12条第1項の建築物エネルギー消費性能適合性判定を受けなければならない場合の正本に添える図書にあっては、当該図書の設計者の記名及び押印があるものに限る。）を添えて、これらを所管行政庁に提出しなければならない。ただし、当該建築物エネルギー消費性能向上計画に住戸が含まれる場合においては、当該住戸については、同表の(ろ)項に掲げる図書に代えて同表の(は)項に掲げる図書を提出しなければならない。

	図書の種類	明示すべき事項
(い)	設計内容説明書	建築物のエネルギー消費性能が法第30条第1項第1号に掲げる基準に適合するものであることの説明
	付近見取図	方位、道路及び目標となる地物
	配置図	縮尺及び方位
		敷地境界線、敷地内における建築物の位置及び申請に係る建築物と他の建築物との別
		空気調和設備等及び空気調和設備等以外のエネルギー消費性能の向上に資する建築設備（以下この表において「エネルギー消費性能向上設備」という。）の位置
	仕様書（仕上げ表を含む。）	部材の種別及び寸法
		エネルギー消費性能向上設備の種別
	各階平面図	縮尺及び方位
		間取り、各室の名称、用途及び寸法並びに天井の高さ
		壁の位置及び種類
		開口部の位置及び構造
		エネルギー消費性能向上設備の位置
	床面積求積図	床面積の求積に必要な建築物の各部分の寸法及び算式
	用途別床面積表	用途別の床面積
	立面図	縮尺

			外壁及び開口部の位置
			エネルギー消費性能向上設備の位置
	断面図又は矩計図		縮尺
			建築物の高さ
			外壁及び屋根の構造
			軒の高さ並びに軒及びひさしの出
			小屋裏の構造
			各階の天井の高さ及び構造
			床の高さ及び構造並びに床下及び基礎の構造
	各部詳細図		縮尺
			外壁、開口部、床、屋根その他断熱性を有する部分の材料の種別及び寸法
	各種計算書		建築物のエネルギー消費性能に係る計算その他の計算を要する場合における当該計算の内容
(ろ)	機器表	空気調和設備	熱源機、ポンプ、空気調和機その他の機器の種別、仕様及び数
		空気調和設備以外の機械換気設備	給気機、排気機その他これらに類する設備の種別、仕様及び数
		照明設備	照明設備の種別、仕様及び数
		給湯設備	給湯器の種別、仕様及び数
			太陽熱を給湯に利用するための設備の種別、仕様及び数
			節湯器具の種別及び数

	空気調和設備等以外のエネルギー消費性能の向上に資する建築設備	空気調和設備等以外のエネルギー消費性能の向上に資する建築設備の種別、仕様及び数
仕様書	昇降機	昇降機の種別、数、積載量、定格速度及び速度制御方法
系統図	空気調和設備	空気調和設備の位置及び連結先
	空気調和設備以外の機械換気設備	空気調和設備以外の機械換気設備の位置及び連結先
	給湯設備	給湯設備の位置及び連結先
	空気調和設備等以外のエネルギー消費性能の向上に資する建築設備	空気調和設備等以外のエネルギー消費性能の向上に資する建築設備の位置及び連結先
各階平面図	空気調和設備	縮尺
		空気調和設備の有効範囲
		熱源機、ポンプ、空気調和機その他の機器の位置
	空気調和設備以外の機械換気設備	縮尺
		給気機、排気機その他これらに類する設備の位置
	照明設備	縮尺
		照明設備の位置
	給湯設備	縮尺
		給湯設備の位置

			配管に講じた保温のための措置
			節湯器具の位置
		昇降機	縮尺
			位置
		空気調和設備等以外のエネルギー消費性能の向上に資する建築設備	縮尺
			位置
	制御図	空気調和設備	空気調和設備の制御方法
		空気調和設備以外の機械換気設備	空気調和設備以外の機械換気設備の制御方法
		照明設備	照明設備の制御方法
		給湯設備	給湯設備の制御方法
		空気調和設備等以外のエネルギー消費性能の向上に資する建築設備	空気調和設備等以外のエネルギー消費性能の向上に資する建築設備の制御方法
(は)	機器表	空気調和設備	空気調和設備の種別、位置、仕様、数及び制御方法
		空気調和設備以外の機械換気設備	空気調和設備以外の機械換気設備の種別、位置、仕様、数及び制御方法
		照明設備	照明設備の種別、位置、仕様、数及び制御方法
		給湯設備	給湯器の種別、位置、仕様、数及び制御方法

			太陽熱を給湯に利用するための設備の種別、位置、仕様、数及び制御方法
			節湯器具の種別、位置及び数
		空気調和設備等以外のエネルギー消費性能の向上に資する建築設備	空気調和設備等以外のエネルギー消費性能の向上に資する建築設備の種別、位置、仕様、数及び制御方法

2　前項の表の各項に掲げる図書に明示すべき事項を同項に規定する図書のうち他の図書に明示する場合には、同項の規定にかかわらず、当該事項を当該各項に掲げる図書に明示することを要しない。この場合において、当該各項に掲げる図書に明示すべき全ての事項を当該他の図書に明示したときは、当該各項に掲げる図書を同項の申請書に添えることを要しない。

3　第1項に規定する所管行政庁が必要と認める図書を添付する場合には、同項の規定にかかわらず、同項の表に掲げる図書のうち所管行政庁が不要と認めるものを同項の申請書に添えることを要しない。

（平28国交通令80・一部改正・旧第1条繰下）

（建築物エネルギー消費性能向上計画の記載事項）

第24条　法第29条第2項第4号の国土交通省令で定める事項は、エネルギー消費性能の向上のための建築物の新築等に関する工事の着手予定時期及び完了予定時期とする。

（平28国交通令80・旧第2条繰下）

（熱源機器等）

第24条の2　法第29条第3項の国土交通省令で定める機器は、次に掲げるものとする。

一　熱源機器

二　発電機

三　太陽光、風力その他の再生可能エネルギー源から熱又は電気を得るために用いられる機器

2　法第29条第3項の国土交通省令で定めるものは、次に掲げるものとする。

一　前項各号に掲げる機器のうち1の居室のみに係る空気調和設備等を構成するもの

二　前項各号に掲げる機器のうち申請建築物から他の建築物に供給される熱又は電気の供給量を超えない範囲内の供給量の熱又は電気を発生させ、これを供給するもの

（令元国交通令43・追加）

（自他供給型熱源機器等の設置に関して建築物エネルギー消費性能向上計画に記載すべき事項等）

第24条の3　法第29条第3項第3号の国土交通省令で定める事項は、申請建築物に設置される自他供給型熱源機器等から他の建築物に熱又は電気を供給するために必要な導管の配置の状況とする。

2　法第29条第3項の規定により同項各号に掲げる事項を記載した建築物エネルギー消費性能向上計画について同条第1項の規定により認定の申請をしようとする者は、第23条第1項に規定する図書のほか、次に掲げる図書を添えて、これらを所管行政庁に提出しなければならない。

一　他の建築物に関する第23条第1項の表に掲げる図書その他所管行政庁が必要と認める図書

二　申請建築物に設置される自他供給型熱源機器等から他の建築物に熱又は電気を供給するために必要な導管の配置の状況を記載した図面

三　申請建築物に設置される自他供給型熱源機器等から他の建築物に熱又は電気を供給することに関する当該他の建築物の建築主等の同意を証する書面

（令元国交通令43・追加）

（建築物エネルギー消費性能向上計画の認定の通知）

第25条　所管行政庁は、法第30条第1項の認定をしたときは、速やかに、その旨（同条第5項の場合においては、同条第4項において準用する建築基準法第18条第3項の規定による確認済証の交付を受けた旨を含む。）を申請者に通知するものとする。

2　前項の通知は、別記様式第34による通知書に第23条第1項の申請書の副本（法第30条第5項の場合にあっては、第23条第1項の申請書の副本及び前項の確認済証に添えられた建築基準法施行規則（昭和25年建設省令第40号）第1条の3の申請書の副本）及びその添付図書を添えて行うものとする。

（平28国交通令80・一部改正・旧第3条繰下）

（建築物エネルギー消費性能向上計画の軽微な変更）

第26条　法第31条第1項の国土交通省令で定める軽微な変更は、次に掲げるものとする。

一　エネルギー消費性能の向上のための建築物の新築等に関する工事の着手予定時期又は完了予定時期の6月以内の変更

二　前号に掲げるもののほか、建築物のエネルギー消費性能を向上させる変更その他の変更後も建築物エネルギー消費性能向上計画が法第30条第1項各号に掲げる基準に適合することが明らかな変更（同条第2項の規定により建築基準関係規定に適合するかどうかの審査を受けるよう申し出た場合には、建築基準法第6条第1項（同法第87条第1項において準用する場合を含む。）に規定する軽微な変更であるものに限る。）

（平28国交通令80・旧第4条繰下）

（建築物エネルギー消費性能向上計画の変更の認定の申請）

第27条　法第31条第1項の変更の認定の申請をしようとする者は、別記様式第35による申請書の正本及び副本に、それぞれ第23条第1項に規定する図書のうち変更に係るものを添えて、これらを所管行政庁に提出しなければならない。この場合において、同項の表中「法第30条第1項第1号」とあるのは、「法第31条第2項において準用する法第30条第1項第1号」とする。

（平28国交通令80・一部改正・旧第5条繰下）

（建築物エネルギー消費性能向上計画の変更の認定の通知）

第28条　第25条の規定は、法第31条第1項の変更の認定について準用する。この場合において、第25条第1項中「同条第5項」とあるのは「法第31条第2項において準用する法第30条第5項」と、「同条第4項」とあるのは「法第31条第2項において準用する法第30条第4項」と、同条第2項中「別記様式第34」とあるのは「別記様式第36」と、「法第30条第5項」とあるのは「法第31条第2項において準用する法第30条第5項」と読み替えるものとする。

（平28国交通令80・一部改正・旧第6条繰下）

（軽微な変更に関する証明書の交付）

第29条　法第12条第1項の建築物エネルギー消費性能適合性判定を受けなければならない建築物の建築に係る建築基準法第7条第5項、同法第7条の2第5項又は同法第18条第18項の規定による検査済証の交付を受けようとする者は、その計画の変更が第26条の軽微な変更に該当していることを証する書面の交付を所管行政庁に求めることができる。

（平28国交通令80・追加）

第３章　建築物のエネルギー消費性能に係る認定等

（建築物のエネルギー消費性能に係る認定の申請）

第30条　法第36条第1項の規定により建築物エネルギー消費性能基準に適合している旨の認定の申請をしようとする者は、別記様式第37による申請書の正本及び副本に、それぞれ第1条第1項の表の(い)項及び(ろ)項に掲げる図書その他所管行政庁が必要と認める図書を添えて、これらを所管行政庁に提出しなければならない。ただし、当該建築物に住戸が含まれる場合においては、当該住戸については、同表の(ろ)項に掲げる図書に代えて同表の(は)項に掲げる図書を提出しなければならない。

2　第1条第1項の表の各項に掲げる図書に明示すべき事項を前項に規定する図書のうち他の図書に明示する場合には、同項の規定にかかわらず、当該事項を当該各項に掲げる図書に明示することを要しない。この場合において、当該各項に掲げる図書に明示すべき全ての事項を当該他の図書に明示したときは、当該各項に掲げる図書を同項の申請書に添えることを要しない。

3　第1項に規定する所管行政庁が必要と認める図書を添付する場合には、同項の規定にかかわらず、第1条第1項の表に掲げる図書のうち所管行政庁が不要と認めるものを第1項の申請書に添えることを要しない。

（平28国交通令80・一部改正・旧第7条繰下）

（建築物のエネルギー消費性能に係る認定の通知）

第31条　所管行政庁は、法第36条第2項の認定をしたときは、速やかに、その旨を申請者に通知するものとする。

2　前項の通知は、別記様式第38による通知書に前条第1項の申請書の副本及びその添付図書を添えて行うものとする。

（平28国交通令80・一部改正・旧第8条繰下）

（表示等）

第32条　法第36条第3項の国土交通省令で定めるものは、次に掲げるものとする。

一　広告

二　契約に係る書類

三　その他国土交通大臣が定めるもの

2　法第36条第3項の表示は、別記様式第39により行うものとする。

（平28国交通令80・一部改正・旧第9条繰下）

（立入検査の証明書）

第33条　法第38条第2項において準用する法第17条第2項の立入検査をする職員の身分を示す証明書は、別記様式第40によるものとする。

（平28国交通令80・一部改正・旧第10条繰下）

第４章　登録建築物エネルギー消費性能判定機関等

第１節　登録建築物エネルギー消費性能判定機関

（登録建築物エネルギー消費性能判定機関に係る登録の申請）

第34条　法第39条に規定する登録を受けようとする者は、別記様式第41による申請書に次に掲げる書類を添えて、これを国土交通大臣に提出しなければならない。

一　定款及び登記事項証明書

二　申請の日の属する事業年度の前事業年度における財産目録及び貸借対照表。ただし、申請の日の属する事業年度に設立された法人にあっては、その設立時における財産目録とする。

三　申請に係る意思の決定を証する書類

四　申請者（法人にあっては、その役員（持分会社（会社法（平成17年法律第86号）第575条第1項に規定する持分会社をいう。）にあっては、業務を執行する社員。以下同じ。））の氏名及び略歴（申請者が建築物関連事業者（法第41条第1項第2号に規定する建築物関連事業者をいう。以下この号において同じ。）の役員又は職員（過去2年間に当該建築物関連事業者の役員又は職員であった者を含む。）である場合にあっては、その旨を含む。第65条第4号において同じ。）を記載した書類

五　主要な株主の構成を記載した書類

六　組織及び運営に関する事項（判定の業務以外の業務を行っている場合にあっては、当該業務の種類及び概要を含む。）を記載した書類

七　申請者が法第40条第1号及び第2号に掲げる者に該当しない旨の市町村の長の証明書

八　申請者が法第40条第3号から第6号までに該当しない旨を誓約する書面

九　別記様式第42による判定の業務の計画棟数を記載した書類

十　判定の業務を行う部門の専任の管理者の氏名及び略歴を記載した書類

十一　適合性判定員となるべき者の氏名及び略歴を記載した書類並びに当該者が第40条各号のいずれかに該当する者であることを証する書類

十二　その他参考となる事項を記載した書類

（平28国交通令80・一部改正・旧第11条繰下、令元国交通令34・一部改正）

（心身の故障により判定の業務を適正に行うことができない者）

第34条の2　法第40条第5号の国土交通省令で定める者は、精神の機能の障害により判定の業務を適正に行うに当たって必要な認知、判断及び意思疎通を適切に行うことができない者とする。

（令元国交通令34・追加）

（登録建築物エネルギー消費性能判定機関登録簿の記載事項）

第35条　法第41条第2項第5号の国土交通省令で定める事項は、次に掲げるものとする。

一　登録建築物エネルギー消費性能判定機関が法人である場合は、役員の氏名

二　判定の業務を行う部門の専任の管理者の氏名
三　登録建築物エネルギー消費性能判定機関が判定の業務を行う区域
（平28国交通令80・追加）

（公示事項）

第36条　法第42条第1項の国土交通省令で定める事項は、前条各号に掲げる事項とする。
（平28国交通令80・追加）

（登録建築物エネルギー消費性能判定機関に係る事項の変更の届出）

第37条　登録建築物エネルギー消費性能判定機関は、法第42条第2項の規定により法第41条第2項第2号から第5号までに掲げる事項を変更をしようとするときは、別記様式第43による届出書に第34条各号に掲げる書類のうち変更に係るものを添えて、これを国土交通大臣に提出しなければならない。同条ただし書の規定は、この場合について準用する。
（平28国交通令80・追加）

（登録建築物エネルギー消費性能判定機関に係る登録の更新）

第38条　登録建築物エネルギー消費性能判定機関は、法第43条第1項の登録の更新を受けようとするときは、別記様式第44による申請書に第34条各号に掲げる書類を添えて、これを国土交通大臣に提出しなければならない。同条ただし書の規定は、この場合について準用する。

2　第35条の規定は、登録建築物エネルギー消費性能判定機関が登録の更新を行う場合について準用する。
（平28国交通令80・追加）

（承継の届出）

第39条　法第44条第2項の規定による登録建築物エネルギー消費性能判定機関の地位の承継の届出をしようとする者は、別記様式第45による届出書に次に掲げる書類を添えて、これを国土交通大臣に提出しなければならない。

一　法第44条第1項の規定により登録建築物エネルギー消費性能判定機関の事業の全部を譲り受けて登録建築物エネルギー消費性能判定機関の地位を承継した者にあっては、別記様式第46による事業譲渡証明書及び事業の全部の譲渡しがあったことを証する書面
二　法第44条第1項の規定により登録建築物エネルギー消費性能判定機関の地位を承継した相続人であって、2以上の相続人の全員の同意により選定された者にあっては、別記様式第47による事業相続同意証明書及び戸籍謄本
三　法第44条第1項の規定により登録建築物エネルギー消費性能判定機関の地位を承継した相続人であって、前号の相続人以外の者にあっては、別記様式第48による事業相続証明書及び戸籍謄本

四　法第44条第1項の規定により合併によって登録建築物エネルギー消費性能判定機関の地位を承継した法人にあっては、その法人の登記事項証明書

五　法第44条第1項の規定により分割によって登録建築物エネルギー消費性能判定機関の地位を承継した法人にあっては、別記様式第49による事業承継証明書、事業の全部の承継があったことを証する書面及びその法人の登記事項証明書

（平28国交通令80・追加）

（適合性判定員の要件）

第40条　法第45条の国土交通省令で定める要件は、次の各号のいずれかに該当する者であることとする。

一　次のイからニまでのいずれかに該当する者であり、かつ、適合性判定員に必要な建築に関する専門的知識及び技術を習得させるための講習であって、次条から第43条までの規定により国土交通大臣の登録を受けたもの（以下「登録適合性判定員講習」という。）を修了した者

イ　建築基準法第5条第1項の建築基準適合判定資格者検定に合格した者

ロ　建築士法（昭和25年法律第202号）第2条第2項に規定する1級建築士

ハ　建築士法第2条第5項に規定する建築設備士

ニ　イからハまでに掲げる者と同等以上の知識及び経験を有する者

二　前号に掲げる者のほか、国土交通大臣が定める者

（平28国交通令80・一部改正・旧第12条繰下）

（適合性判定員講習の登録の申請）

第41条　前条第1号の登録は、登録適合性判定員講習の実施に関する事務（以下「講習事務」という。）を行おうとする者の申請により行う。

2　前条第1号の登録を受けようとする者は、次に掲げる事項を記載した申請書を国土交通大臣に提出しなければならない。

一　前条第1号の登録を受けようとする者の氏名又は名称及び住所並びに法人にあっては、その代表者の氏名

二　講習事務を行おうとする事務所の名称及び所在地

三　講習事務を開始しようとする年月日

3　前項の申請書には、次に掲げる書類を添付しなければならない。

一　個人である場合においては、次に掲げる書類

イ　住民票の抄本又はこれに代わる書面

ロ　申請者の略歴（申請者が登録建築物エネルギー消費性能判定機関の役員又は職員（過去2年間に当該建築物エネルギー消費性能判定機関の役員又は職員であった者を含む。次号ニ並びに第43条第1項第3号ロ及びハにおい

て同じ。）である場合にあっては、その旨を含む。）を記載した書類

二　法人である場合においては、次に掲げる書類

イ　定款及び登記事項証明書

ロ　株主名簿又は社員名簿の写し

ハ　申請に係る意思の決定を証する書類

ニ　役員の氏名及び略歴（役員が登録建築物エネルギー消費性能判定機関の役員又は職員である場合にあっては、その旨を含む。）を記載した書類

三　講師が第43条第1項第2号イ又はロのいずれかに該当する者であることを証する書類

四　登録適合性判定員講習の受講資格を記載した書類その他の講習事務の実施の方法に関する計画を記載した書類

五　講習事務以外の業務を行おうとするときは、その業務の種類及び概要を記載した書類

六　前条第1号の登録を受けようとする者が次条各号のいずれにも該当しない者であることを誓約する書面

七　その他参考となる事項を記載した書類

（平28国交通令80・一部改正・旧第13条繰下）

（欠格事項）

第42条　次の各号のいずれかに該当する者が行う講習は、第40条第1号の登録を受けることができない。

一　法の規定により罰金以上の刑に処せられ、その執行を終わり、又は執行を受けることがなくなった日から起算して2年を経過しない者

二　第52条の規定により第40条第1号の登録を取り消され、その取消しの日から起算して2年を経過しない者

三　法人であって、講習事務を行う役員のうちに前2号のいずれかに該当する者があるもの

（平28国交通令80・一部改正・旧第14条繰下）

（登録の要件等）

第43条　国土交通大臣は、第41条第1項の登録の申請が次に掲げる要件の全てに適合しているときは、その登録をしなければならない。

一　第45条第3号イからハまでに掲げる科目について講習が行われること。

二　次のいずれかに該当する者が講師として講習事務に従事するものであること。

イ　適合性判定員として3年以上の実務の経験を有する者

ロ　イに掲げる者と同等以上の知識及び経験を有する者

三　登録建築物エネルギー消費性能判定機関に支配されているものとして次のいずれかに該当するものでないこと。

イ　第41条第1項の規定により登録を申請した者（以下この号において「登録申請者」という。）が株式会社である場合にあっては、登録建築物エネルギー消費性能判定機関がその親法人（会社法第879条第1項に規定する親法人をいう。）であること。

ロ　登録申請者の役員に占める登録建築物エネルギー消費性能判定機関の役員又は職員の割合が2分の1を超えていること。

ハ　登録申請者（法人にあっては、その代表権を有する役員）が登録建築物エネルギー消費性能判定機関の役員又は職員であること。

2　第40条第1号の登録は、登録適合性判定員講習登録簿に次に掲げる事項を記載してするものとする。

一　登録年月日及び登録番号

二　講習事務を行う者（以下「講習実施機関」という。）の氏名又は名称及び住所並びに法人にあっては、その代表者の氏名

三　講習事務を行う事務所の名称及び所在地

四　講習事務を開始する年月日

（平28国交通令80・一部改正・旧第15条繰下）

（登録の更新）

第44条　第40条第1号の登録は、5年ごとにその更新を受けなければ、その期間の経過によって、その効力を失う。

2　前3条の規定は、前項の登録の更新の場合について準用する。

（平28国交通令80・一部改正・旧第16条繰下）

（講習事務の実施に係る義務）

第45条　講習実施機関は、公正に、かつ、第43条第1項第1号及び第2号に掲げる要件並びに次に掲げる基準に適合する方法により講習事務を行わなければならない。

一　第40条第1号イからニまでのいずれかに該当する者であることを受講資格とすること。

二　登録適合性判定員講習は、講義及び修了考査により行うこと。

三　講義は、次に掲げる科目についてそれぞれ次に定める時間以上行うこと。

イ　法の概要　60分

ロ　建築物エネルギー消費性能適合性判定の方法　150分

ハ　例題演習　60分

四　講義は、前号イからハまでに掲げる科目に応じ、国土交通大臣が定める事項を含む適切な内容の教材を用いて行うこと。

五　講師は、講義の内容に関する受講者の質問に対し、講義中に適切に応答すること。

六　修了考査は、講義の終了後に行い、適合性判定員に必要な建築に関する専門的知識及び技術を修得したかどうかを判定できるものであること。

七　登録適合性判定員講習を実施する日時、場所その他の登録適合性判定員講習の実施に関し必要な事項を公示すること。

八　不正な受講を防止するための措置を講じること。

九　終了した修了考査の問題及び当該修了考査の合格基準を公表すること。

十　修了考査に合格した者に対し、別記様式第50による修了証明書（第47条第8号及び第53条第1項第5号において単に「修了証明書」という。）を交付すること。

（平28国交通令80・一部改正・旧第17条繰下）

（登録事項の変更の届出）

第46条　講習実施機関は、第43条第2項第2号から第4号までに掲げる事項を変更しようとするときは、変更しようとする日の2週間前までに、その旨を国土交通大臣に届け出なければならない。

（平28国交通令80・一部改正・旧第18条繰下）

（講習事務規程）

第47条　講習実施機関は、次に掲げる事項を記載した講習事務に関する規程を定め、講習事務の開始前に、国土交通大臣に届け出なければならない。これを変更しようとするときも、同様とする。

一　講習事務を行う時間及び休日に関する事項

二　講習事務を行う事務所の所在地及び登録適合性判定員講習の実施場所に関する事項

三　登録適合性判定員講習の受講の申込みに関する事項

四　登録適合性判定員講習に関する料金及びその収納の方法に関する事項

五　登録適合性判定員講習の日程、公示方法その他の登録適合性判定員講習の実施の方法に関する事項

六　修了考査の問題の作成及び修了考査の合否判定の方法に関する事項

七　終了した登録適合性判定員講習の修了考査の問題及び当該修了考査の合格基準の公表に関する事項

八　修了証明書の交付及び再交付に関する事項

九　講習事務に関する秘密の保持に関する事項

十　財務諸表等（法第49条第1項に規定する財務諸表等をいう。以下同じ。）の備付け及び財務諸表等に係る第49条第2項各号の請求の受付に関する事項

十一　第53条第1項の帳簿その他の講習事務に関する書類の管理に関する事項
十二　講習事務に関する公正の確保に関する事項
十三　不正受講者の処分に関する事項
十四　その他講習事務に関し必要な事項
（平28国交通令80・一部改正・旧第19条繰下）

（講習事務の休廃止）

第48条　講習実施機関は、講習事務の全部又は一部を休止し、又は廃止しようとするときは、あらかじめ、次に掲げる事項を記載した届出書を国土交通大臣に提出しなければならない。
一　休止し、又は廃止しようとする登録適合性判定員講習の範囲
二　休止し、又は廃止しようとする年月日及び休止しようとする場合にあっては、その期間
三　休止又は廃止の理由
（平28国交通令80・旧第20条繰下）

（財務諸表等の備付け及び閲覧等）

第49条　講習実施機関は、毎事業年度経過後3月以内に、その事業年度の財務諸表等を作成し、5年間事務所に備えて置かなければならない。
2　登録適合性判定員講習を受講しようとする者その他の利害関係人は、講習実施機関の業務時間内は、いつでも、次に掲げる請求をすることができる。ただし、第2号又は第4号の請求をするには、講習実施機関の定めた費用を支払わなければならない。
一　財務諸表等が書面をもって作成されているときは、当該書面の閲覧又は謄写の請求
二　前号の書面の謄本又は抄本の請求
三　財務諸表等が電磁的記録（法第49条第1項に規定する電磁的記録をいう。以下同じ。）をもって作成されているときは、当該電磁的記録に記録された事項を紙面又は出力装置の映像面に表示したものの閲覧又は謄写の請求
四　前号の電磁的記録に記録された事項を電磁的方法であって、次に掲げるもののうち講習実施機関が定めるものにより提供することの請求又は当該事項を記載した書面の交付の請求
イ　講習実施機関の使用に係る電子計算機と当該請求をした者（以下この条において「請求者」という。）の使用に係る電子計算機とを電気通信回線で接続した電子情報処理組織を使用する方法であって、当該電気通信回線を通じて情報が送信され、請求者の使用に係る電子計算機に備えられたファイルに当該情報が記録されるもの

ロ　磁気ディスクをもって調製するファイルに情報を記録したものを請求者に交付する方法

3　前項第4号イ又はロに掲げる方法は、請求者がファイルへの記録を出力することによる書面を作成することができるものでなければならない。

（平28国交通令80・一部改正・旧第21条繰下）

（適合命令）

第50条　国土交通大臣は、講習実施機関が第43条第1項各号のいずれかに適合しなくなったと認めるときは、その講習実施機関に対し、これらの規定に適合するため必要な措置をとるべきことを命ずることができる。

（平28国交通令80・一部改正・旧第22条繰下）

（改善命令）

第51条　国土交通大臣は、講習実施機関が第45条の規定に違反していると認めるときは、その講習実施機関に対し、同条の規定による講習事務を行うべきこと又は講習事務の方法その他の業務の方法の改善に関し必要な措置をとるべきことを命ずることができる。

（平28国交通令80・一部改正・旧第23条繰下）

（登録の取消し等）

第52条　国土交通大臣は、講習実施機関が次の各号のいずれかに該当するときは、当該講習実施機関に係る第40条第1号の登録を取り消し、又は期間を定めて講習事務の全部若しくは一部の停止を命ずることができる。

一　第42条第1号又は第3号に該当するに至ったとき。

二　第46条から第48条まで、第49条第1項又は次条の規定に違反したとき。

三　正当な理由がないのに第49条第2項各号の請求を拒んだとき。

四　前2条の規定による命令に違反したとき。

五　第54条の規定による報告をせず、又は虚偽の報告をしたとき。

六　不正な手段により第40条第1号の登録を受けたとき。

（平28国交通令80・一部改正・旧第24条繰下）

（帳簿の備付け等）

第53条　講習実施機関は、次に掲げる事項を記載した帳簿を備えなければならない。

一　登録適合性判定員講習の実施年月日

二　登録適合性判定員講習の実施場所

三　講義を行った講師の氏名並びに講義において担当した科目及びその時間

四　受講者の氏名、生年月日及び住所

五　登録適合性判定員講習を修了した者にあっては、前号に掲げる事項のほか、修了証明書の交付の年月日及び証明書番号

2　前項各号に掲げる事項が、電子計算機に備えられたファイル又は磁気ディスクに記録され、必要に応じ講習実施機関において電子計算機その他の機器を用いて明確に紙面に表示されるときは、当該記録をもって同項の帳簿への記載に代えることができる。

3　講習実施機関は、第1項の帳簿（前項の規定による記録が行われた同項のファイル又は磁気ディスクを含む。）を、講習事務の全部を廃止するまで保存しなければならない。

4　講習実施機関は、次に掲げる書類を備え、登録適合性判定員講習を実施した日から3年間保存しなければならない。

一　登録適合性判定員講習の受講申込書及びその添付書類

二　講義に用いた教材

三　終了した修了考査の問題及び答案用紙

（平28国交通令80・旧第25条繰下）

（報告の徴収）

第54条　国土交通大臣は、講習事務の適切な実施を確保するため必要があると認めるときは、講習実施機関に対し、講習事務の状況に関し必要な報告を求めることができる。

（平28国交通令80・旧第26条繰下）

（公示）

第55条　国土交通大臣は、次に掲げる場合には、その旨を公示しなければならない。

一　第40条第1号の登録をしたとき。

二　第46条の規定による届出があったとき。

三　第48条の規定による届出があったとき。

四　第52条の規定により第40条第1号の登録を取り消し、又は講習事務の停止を命じたとき。

（平28国交通令80・一部改正・旧第27条繰下）

（判定の業務の実施基準）

第56条　法第47条第2項の国土交通省令で定める基準は、次に掲げるとおりとする。

一　建築物エネルギー消費性能適合性判定は、建築物エネルギー消費性能確保計画に関する書類をもって行うこと。

二　登録建築物エネルギー消費性能判定機関が建築物エネルギー消費性能確保

計画の提出を自ら行った場合その他の場合であって、判定の業務の公正な実施に支障を及ぼすおそれがあるものとして国土交通大臣が定める場合においては、建築物エネルギー消費性能適合性判定を行わないこと。

三　判定の業務を行う部門の専任の管理者は、登録建築物エネルギー消費性能判定機関の役員又は当該部門を管理する上で必要な権限を有する者であること。

四　登録建築物エネルギー消費性能判定機関は、適合性判定員の資質の向上のために、その研修の機会を確保すること。

五　判定の業務に関し支払うことのある損害賠償のため保険契約を締結していること。

（平28国交通令80・旧第28条繰下）

（判定業務規程）

第57条　登録建築物エネルギー消費性能判定機関は、法第48条第1項前段の規定による判定業務規程の届出をしようとするときは、別記様式第51による届出書を国土交通大臣に提出しなければならない。

2　登録建築物エネルギー消費性能判定機関は、法第48条第1項後段の規定による判定業務規程の変更の届出をしようとするときは、別記様式第52による届出書を国土交通大臣に提出しなければならない。

3　法第48条第2項の国土交通省令で定める事項は、次に掲げるものとする。

一　判定の業務を行う時間及び休日に関する事項

二　事務所の所在地及びその事務所が判定の業務を行う区域に関する事項

三　建築物エネルギー消費性能適合性判定を行う建築物エネルギー消費性能確保計画に係る特定建築物の区分その他判定の業務の範囲に関する事項

四　判定の業務の実施の方法に関する事項

五　判定の業務に関する料金及びその収納の方法に関する事項

六　適合性判定員の選任及び解任に関する事項

七　判定の業務に関する秘密の保持に関する事項

八　適合性判定員の配置及び教育に関する事項

九　判定の業務の実施及び管理の体制に関する事項

十　財務諸表等の備付け及び財務諸表等に係る法第49条第2項各号の請求の受付に関する事項

十一　法第50条第1項の帳簿その他の判定の業務に関する書類の管理に関する事項

十二　判定の業務に関する公正の確保に関する事項

十三　その他判定の業務の実施に関し必要な事項

4　登録建築物エネルギー消費性能判定機関は、判定業務規程を判定の業務を行うすべての事務所で業務時間内に公衆に閲覧させるとともに、インターネットを利用して閲覧に供する方法により公表するものとする。

（平28国交通令80・一部改正・旧第29条繰下）

（電磁的記録に記録された事項を表示する方法）

第58条　法第49条第2項第3号の国土交通省令で定める方法は、当該電磁的記録に記録された事項を紙面又は出力装置の映像面に表示する方法とする。

（平28国交通令80・追加）

（電磁的記録に記録された事項を提供するための電磁的方法）

第59条　法第49条第2項第4号の国土交通省令で定める電磁的方法は、次に掲げるもののうち、登録建築物エネルギー消費性能判定機関が定めるものとする。

一　登録建築物エネルギー消費性能判定機関の使用に係る電子計算機と法第49条第2項第4号に掲げる請求をした者（以下この条において「請求者」という。）の使用に係る電子計算機とを電気通信回線で接続した電子情報処理組織を使用する方法であって、当該電気通信回線を通じて情報が送信され、請求者の使用に係る電子計算機に備えられたファイルに当該情報が記録されるもの

二　磁気ディスクをもって調製するファイルに情報を記録したものを請求者に交付する方法

2　前項各号に掲げる方法は、請求者がファイルへの記録を出力することによる書面を作成できるものでなければならない。

（平28国交通令80・追加）

（帳簿）

第60条　法第50条第1項の判定の業務に関する事項で国土交通省令で定めるものは、次に掲げるものとする。

一　別記様式第1による計画書の第2面及び第3面、別記様式第2による計画書の第2面及び第3面、別記様式第11による通知書の第2面及び第3面並びに別記様式第12による通知書の第2面及び第3面に記載すべき事項

二　法第15条第2項において読み替えて適用する法第12条第1項又は第2項の規定による建築物エネルギー消費性能確保計画の提出を受けた年月日及び法第15条第2項において読み替えて適用する法第13条第2項又は第3項の規定による通知を受けた年月日

三　建築物エネルギー消費性能適合性判定を実施した適合性判定員の氏名

四　建築物エネルギー消費性能適合性判定の結果

五　建築物エネルギー消費性能適合性判定の結果を記載した通知書の番号及びこれを交付した年月日

六　判定の業務に関する料金の額

2　前項各号に掲げる事項が、電子計算機に備えられたファイル又は磁気ディスクに記録され、必要に応じ登録建築物エネルギー消費性能判定機関において電子計算機その他の機器を用いて明確に紙面に表示されるときは、当該記録をもって法第50条第1項の帳簿（次項において単に「帳簿」という。）への記載に代えることができる。

3　登録建築物エネルギー消費性能判定機関は、帳簿（前項の規定による記録が行われた同項のファイル又は磁気ディスクを含む。）を、判定の業務の全部を廃止するまで保存しなければならない。

（平28国交通令80・追加）

（書類の保存）

第61条　法第50条第2項の判定の業務に関する書類で国土交通省令で定めるものは、第1条第1項及び第2条第1項に規定する書類（非住宅部分に限る。）とする。

2　前項の書類が、電子計算機に備えられたファイル又は磁気ディスクに記録され、必要に応じ登録建築物エネルギー消費性能判定機関において電子計算機その他の機器を用いて明確に紙面に表示されるときは、当該ファイル又は磁気ディスクをもって同項の書類に代えることができる。

3　登録建築物エネルギー消費性能判定機関は、第1項の書類（前項の規定による記録が行われた同項のファイル又は磁気ディスクを含む。第64条第1項第2号において単に「書類」という。）を、法第15条第2項において読み替えて適用する法第12条第3項又は法第13条第4項の規定による通知書を交付した日から15年間、保存しなければならない。

（平28国交通令80・追加、令元国交通令43・一部改正）

（立入検査の証明書）

第62条　法第53条第2項において準用する法第17条第2項の立入検査をする職員の身分を示す証明書は、別記様式第53によるものとする。

（平28国交通令80・追加）

（判定の業務の休廃止の届出）

第63条　登録建築物エネルギー消費性能判定機関は、法第54条第1項の規定により判定の業務の全部又は一部を休止し、又は廃止しようとするときは、別記様式第54による届出書を国土交通大臣に提出しなければならない。

（平28国交通令80・追加）

（判定の業務の引継ぎ等）

第64条　登録建築物エネルギー消費性能判定機関（国土交通大臣が法第55条第1項又は第2項の規定により登録建築物エネルギー消費性能判定機関の登録を取

り消した場合にあっては、当該登録建築物エネルギー消費性能判定機関であった者。次項において同じ。）は、法第54条第1項の規定により判定の業務の全部を廃止したとき又は法第55条第1項又は第2項の規定により登録を取り消されたときは、次に掲げる事項を行わなければならない。

一　判定の業務を、その業務区域を所轄する所管行政庁（以下「所轄所管行政庁」という。）に引き継ぐこと。

二　法第50条第1項の帳簿を国土交通大臣に、同条第2項の書類を所轄所管行政庁に引き継ぐこと。

三　その他国土交通大臣又は所轄所管行政庁が必要と認める事項

2　登録建築物エネルギー消費性能判定機関は、前項第2号の規定により書類を引き継ごうとするときは、あらかじめ、引継ぎの方法、時期その他の事項について、所轄所管行政庁に協議しなければならない。

（平28国交通令80・追加）

第２節　登録建築物エネルギー消費性能評価機関

（登録建築物エネルギー消費性能評価機関に係る登録の申請）

第65条　法第56条第1項に規定する登録を受けようとする者は、別記様式第55による申請書に次に掲げる書類を添えて、これを国土交通大臣に提出しなければならない。

一　定款及び登記事項証明書

二　申請の日の属する事業年度の前事業年度における財産目録及び貸借対照表。ただし、申請の日の属する事業年度に設立された法人にあっては、その設立時における財産目録とする。

三　申請に係る意思の決定を証する書類

四　申請者（法人にあっては、その役員）の氏名及び略歴を記載した書類

五　主要な株主の構成を記載した書類

六　組織及び運営に関する事項（法第24条第1項の評価の業務以外の業務を行っている場合にあっては、当該業務の種類及び概要を含む。）を記載した書類

七　申請者が法第40条第1号及び第2号に掲げる者に該当しない旨の市町村の長の証明書

八　申請者が法第40条第3号及び第57条第2号から第4号までに該当しない旨を誓約する書面

九　評価の業務を行う部門の専任の管理者の氏名及び略歴を記載した書類

十　評価員となるべき者の氏名及び略歴を記載した書類並びに当該者が法第59条各号のいずれかに該当する者であることを証する書類

十一　その他参考となる事項を記載した書類

（平28国交通令80・一部改正・旧第30条繰下、令元国交通令34・一部改正）

（心身の故障により評価の業務を適正に行うことができない者）

第65条の2　法第57条第3号の国土交通省令で定める者は、精神の機能の障害により評価の業務を適正に行うに当たって必要な認知、判断及び意思疎通を適切に行うことができない者とする。

（令元国交通令34・追加）

（登録建築物エネルギー消費性能評価機関登録簿の記載事項）

第66条　法第58条第2項第5号の国土交通省令で定める事項は、次に掲げるものとする。

一　登録建築物エネルギー消費性能評価機関が法人である場合は、役員の氏名

二　評価の業務を行う部門の専任の管理者の氏名

三　登録建築物エネルギー消費性能評価機関が評価の業務を行う区域

（平28国交通令80・追加）

（公示事項）

第67条　法第56条第2項において読み替えて準用する法第42条第1項の国土交通省令で定める事項は、前条各号に掲げる事項とする。

（平28国交通令80・追加）

（登録建築物エネルギー消費性能評価機関に係る事項の変更の届出）

第68条　登録建築物エネルギー消費性能評価機関は、法第56条第2項において読み替えて準用する法第42条第2項の規定により法第58条第2項第2号から第5号までに掲げる事項を変更しようとするときは、別記様式第56による届出書に第65条各号に掲げる書類のうち変更に係るものを添えて、これを国土交通大臣に提出しなければならない。同条ただし書の規定は、この場合について準用する。

（平28国交通令80・追加）

（登録建築物エネルギー消費性能評価機関に係る登録の更新）

第69条　登録建築物エネルギー消費性能評価機関は、法第56条第2項において準用する法第43条第1項の登録の更新を受けようとするときは、別記様式第57による申請書に第65条各号に掲げる書類を添えて、これを国土交通大臣に提出しなければならない。同条ただし書の規定は、この場合について準用する。

2　第66条の規定は、登録建築物エネルギー消費性能評価機関が登録の更新を行う場合について準用する。

（平28国交通令80・追加）

（承継の届出）

第70条　法第56条第2項において準用する法第44条第2項の規定による登録建築物

エネルギー消費性能評価機関の地位の承継の届出をしようとする者は、別記様式第58による届出書に次に掲げる書類を添えて、これを国土交通大臣に提出しなければならない。

一　法第56条第2項において準用する法第44条第1項の規定により登録建築物エネルギー消費性能評価機関の事業の全部を譲り受けて登録建築物エネルギー消費性能評価機関の地位を承継した者にあっては、別記様式第59による事業譲渡証明書及び事業の全部の譲渡しがあったことを証する書面

二　法第56条第2項において準用する法第44条第1項の規定により登録建築物エネルギー消費性能評価機関の地位を承継した相続人であって、2以上の相続人の全員の同意により選定された者にあっては、別記様式第60による事業相続同意証明書及び戸籍謄本

三　法第56条第2項において準用する法第44条第1項の規定により登録建築物エネルギー消費性能評価機関の地位を承継した相続人であって、前号の相続人以外の者にあっては、別記様式第61による事業相続証明書及び戸籍謄本

四　法第56条第2項において準用する法第44条第1項の規定により合併によって登録建築物エネルギー消費性能評価機関の地位を承継した法人にあっては、その法人の登記事項証明書

五　法第56条第2項において準用する法第44条第1項の規定により分割によって登録建築物エネルギー消費性能評価機関の地位を承継した法人にあっては、別記様式第62による事業承継証明書、事業の全部の承継があったことを証する書面及びその法人の登記事項証明書

（平28国交通令80・追加）

（評価の業務の実施基準）

第71条　法第56条第2項において読み替えて準用する法第47条第2項の国土交通省令で定める基準は、次に掲げるとおりとする。

一　評価は、評価の申請に係る書類をもって行うこと。

二　登録建築物エネルギー消費性能評価機関が評価の申請を自ら行った場合その他の場合であって、評価の業務の公正な実施に支障を及ぼすおそれがあるものとして国土交通大臣が定める場合においては、評価を行わないこと。

三　評価の業務を行う部門の専任の管理者は、登録建築物エネルギー消費性能評価機関の役員又は当該部門を管理する上で必要な権限を有する者であること。

四　登録建築物エネルギー消費性能評価機関は、評価員の資質の向上のために、その研修の機会を確保すること。

五　評価の業務に関し支払うことのある損害賠償のため保険契約を締結してい

ること。

（平28国交通令80・旧第31条繰下）

（評価業務規程）

第72条　登録建築物エネルギー消費性能評価機関は、法第56条第2項において読み替えて準用する法第48条第1項前段の規定による評価業務規程の届出をしようとするときは、別記様式第63による届出書を国土交通大臣に提出しなければならない。

2　登録建築物エネルギー消費性能評価機関は、法第56条第2項において準用する法第48条第1項後段の規定による評価業務規程の変更の届出をしようとするときは、別記様式第64による届出書を国土交通大臣に提出しなければならない。

3　法第56条第2項において読み替えて準用する法第48条第2項の国土交通省令で定める事項は、次に掲げるものとする。

一　評価の業務を行う時間及び休日に関する事項

二　事務所の所在地及びその事務所が評価の業務を行う区域に関する事項

三　評価を行う建築物の種類その他評価の業務の範囲に関する事項

四　評価の業務の実施の方法に関する事項

五　評価の業務に関する料金及びその収納の方法に関する事項

六　評価員の選任及び解任に関する事項

七　評価の業務に関する秘密の保持に関する事項

八　評価員の配置及び教育に関する事項

九　評価の業務の実施及び管理の体制に関する事項

十　財務諸表等の備付け及び財務諸表等に係る法第56条第2項において準用する法第49条第2項各号の請求の受付に関する事項

十一　法第56条第2項において読み替えて準用する法第50条第1項の帳簿その他の評価の業務に関する書類の管理に関する事項

十二　評価の業務に関する公正の確保に関する事項

十三　その他評価の業務の実施に関し必要な事項

4　登録建築物エネルギー消費性能評価機関は、評価業務規程を評価の業務を行うすべての事務所で業務時間内に公衆に閲覧させるとともに、インターネットを利用して閲覧に供する方法により公表するものとする。

（平28国交通令80・一部改正・旧第32条繰下）

（電磁的記録に記録された事項を表示する方法）

第73条　法第56条第2項において準用する法第49条第2項第3号の国土交通省令で定める方法は、当該電磁的記録に記録された事項を紙面又は出力装置の映像面に表示する方法とする。

（平28国交通令80・追加）

（電磁的記録に記録された事項を提供するための電磁的方法）

第74条　法第56条第2項において準用する法第49条第2項第4号の国土交通省令で定める電磁的方法は、次に掲げるもののうち、登録建築物エネルギー消費性能評価機関が定めるものとする。

一　登録建築物エネルギー消費性能評価機関の使用に係る電子計算機と法第56条第2項において準用する法第49条第2項第4号に掲げる請求をした者（以下この条において「請求者」という。）の使用に係る電子計算機とを電気通信回線で接続した電子情報処理組織を使用する方法であって、当該電気通信回線を通じて情報が送信され、請求者の使用に係る電子計算機に備えられたファイルに当該情報が記録されるもの

二　磁気ディスクをもって調製するファイルに情報を記録したものを請求者に交付する方法

2　前項各号に掲げる方法は、請求者がファイルへの記録を出力することによる書面を作成できるものでなければならない。

（平28国交通令80・追加）

（帳簿）

第75条　法第56条第2項において読み替えて準用する法第50条第1項の評価の業務に関する事項で国土交通省令で定めるものは、次に掲げるものとする。

一　評価を申請した者の氏名又は名称及び住所並びに法人にあっては、その代表者の氏名

二　評価の申請に係る建築物の名称

三　評価の申請に係る建築物に用いる特殊な構造及び設備の概要

四　評価の申請を受けた年月日

五　評価を実施した評価員の氏名

六　評価の結果

七　評価書の番号及びこれを交付した年月日

八　評価の業務に関する料金の額

2　前項各号に掲げる事項が、電子計算機に備えられたファイル又は磁気ディスクに記録され、必要に応じ登録建築物エネルギー消費性能評価機関において電子計算機その他の機器を用いて明確に紙面に表示されるときは、当該記録をもって法第56条第2項において読み替えて準用する法第50条第1項の帳簿（次項において単に「帳簿」という。）への記載に代えることができる。

3　登録建築物エネルギー消費性能評価機関は、帳簿（前項の規定による記録が行われた同項のファイル又は磁気ディスクを含む。第79条第2号において同

じ。）を、同号に掲げる行為が完了するまで保存しなければならない。

（平28国交通令80・追加）

（書類の保存）

第76条　法第56条第2項において読み替えて準用する法第50条第2項の評価の業務に関する書類で国土交通省令で定めるものは、第19条の申請書及びその添付書類並びに評価書の写しその他の審査の結果を記載した書類とする。

2　前項の書類が、電子計算機に備えられたファイル又は磁気ディスクに記録され、必要に応じ登録建築物エネルギー消費性能評価機関において電子計算機その他の機器を用いて明確に紙面に表示されるときは、当該ファイル又は磁気ディスクをもって同項の書類に代えることができる。

3　登録建築物エネルギー消費性能評価機関は、第1項の書類（前項の規定による記録が行われた同項のファイル又は磁気ディスクを含む。第79条第2号において単に「書類」という。）を、同号に掲げる行為が完了するまで保存しなければならない。

（平28国交通令80・追加、令元国交通令43・一部改正）

（立入検査の証明書）

第77条　法第56条第2項において準用する法第53条第2項において準用する法第17条第2項の立入検査をする職員の身分を示す証明書は、別記様式第65によるものとする。

（平28国交通令80・追加）

（評価の業務の休廃止の届出）

第78条　登録建築物エネルギー消費性能評価機関は、法第56条第2項において読み替えて準用する法第54条第1項の規定により評価の業務の全部又は一部を休止し、又は廃止しようとするときは、別記様式第66による届出書を国土交通大臣に提出しなければならない。

（平28国交通令80・追加）

（評価の業務の引継ぎ）

第79条　登録建築物エネルギー消費性能評価機関（国土交通大臣が法第60条第1項又は第2項の規定により登録建築物エネルギー消費性能評価機関の登録を取り消した場合にあっては、当該登録建築物エネルギー消費性能評価機関であった者）は、法第61条第3項に規定する場合には、次に掲げる事項を行わなければならない。

一　評価の業務を国土交通大臣に引き継ぐこと。

二　評価の業務に関する帳簿及び書類を国土交通大臣に引き継ぐこと。

三　その他国土交通大臣が必要と認める事項

（平28国交通令80・追加）

（国土交通大臣が行う評価の手数料）

第80条　法第62条の規定による手数料の納付は、当該手数料の金額に相当する額の収入印紙をもって行うものとする。ただし、印紙をもって納め難い事由があるときは、現金をもってすることができる。

2　法第62条の国土交通省令で定める手数料の額は、申請1件につき164万円とする。ただし、既に法第61条の国土交通大臣の評価を受けた特殊の構造又は設備を用いる建築物の軽微な変更について、評価を受けようとする場合の手数料の額は、申請1件につき41万円とする。

（平28国交通令80・追加、令元国交通令43・令元国交通令47・一部改正）

第5章　雑　則

（磁気ディスクによる手続）

第81条　次の各号に掲げる計画書、通知書、届出書若しくは申請書又はその添付図書のうち所管行政庁が認める書類については、当該書類に代えて、所管行政庁が定める方法により当該書類に明示すべき事項を記録した磁気ディスクであって、所管行政庁が定めるものによることができる。

一　別記様式第1又は別記様式第2による計画書

二　別記様式第11又は別記様式第12による通知書

三　別記様式第22又は別記様式第23による届出書

四　別記様式第24又は別記様式第25による通知書

五　別記様式第33による申請書

六　別記様式第35による申請書

七　別記様式第37による申請書

2　次の各号に掲げる計画書若しくは通知書又はその添付図書のうち登録建築物エネルギー消費性能判定機関が認める書類については、当該書類に代えて、当該書類に明示すべき事項を記録した磁気ディスクの提出のうち登録建築物エネルギー消費性能判定機関が定めるものによることができる。ただし、法第15条第3項の規定により登録建築物エネルギー消費性能判定機関が建築物エネルギー消費性能確保計画の写しを所管行政庁に提出する場合にあっては、前項の規定により所管行政庁が認める書類に限り、当該書類に代えて、所管行政庁が定める方法により当該書類に明示すべき事項を記録した磁気ディスクであって、所管行政庁が定めるものによることができる。

一　別記様式第1又は別記様式第2による計画書

二　別記様式第11又は別記様式第12による通知書

（平28国交通令80・追加）

（権限の委任）

第82条　法第6章第1節に規定する国土交通大臣の権限のうち、その判定の業務を1の地方整備局又は北海道開発局の管轄区域内のみにおいて行う登録建築物エネルギー消費性能判定機関に関するものは、当該地方整備局長及び北海道開発局長に委任する。ただし、法第48条第3項、法第51条、法第52条、法第53条第1項及び法第55条に規定する権限については、国土交通大臣が自ら行うことを妨げない。

（平28国交通令80・追加）

附　則

（施行期日）

第１条　この省令は、法の施行の日（平成28年4月1日）から施行する。ただし、第11条から第32条までの規定は、法附則第1条第2号に掲げる規定の施行の日〔平成29年4月1日〕から施行する。

（平28国交通令80・旧附則第1項）

（特定増改築に関する届出）

第２条　第12条の規定は、法附則第3条第2項の規定による届出について準用する。この場合において、第12条第1項中「建築物」とあるのは、「特定建築物」と読み替えるものとする。

2　法附則第3条第2項の国土交通省令で定める軽微な変更は、特定建築物のエネルギー消費性能を向上させる変更その他の変更後の特定増改築に係る特定建築物のエネルギー消費性能の確保のための構造及び設備に関する計画が建築物エネルギー消費性能基準に適合することが明らかな変更とする。

3　第13条の2の規定は、法附則第3条第5項において読み替えて適用する同条第2項の規定による届出について準用する。この場合において、第13条の2第1項中「建築物」とあるのは、「特定建築物」と読み替えるものとする。

4　第12条の規定は、法附則第3条第8項の規定による通知について準用する。この場合において、第12条第1項中「届出をしようとする者」とあるのは「通知をしようとする国等の機関の長」と、「別記様式第22」とあるのは「別記様式第24」と、「届出書」とあるのは「通知書」と、「建築物」とあるのは「特定建築物」と、同条第3項中「変更の届出をしようとする者」とあるのは「変更の通知をしようとする国等の機関の長」と、「別記様式第23」とあるのは「別記様式第25」と、「届出書」とあるのは「通知書」と、同条第4項中「届出書」とあるのは「通知書」と読み替えるものとする。

5　第13条の規定は、法附則第3条第8項の国土交通省令で定める軽微な変更について準用する。この場合において第13条中「建築物の」とあるのは「特定建築物の」と読み替えるものとする。

6　第15条の規定は、法附則第3条第11項において準用する法第17条第2項の立入検査について準用する。

（平28国交通令80・追加、令元国交通令43・一部改正）

附　則（平成28・11・30国交通令80）

この省令は、建築物のエネルギー消費性能の向上に関する法律の一部の施行の日（平成29年4月1日）から施行する。〔後略〕

附　則（平成28・12・21経産・国交通令5）抄

（施行期日）

1　この省令は、建築物のエネルギー消費性能の向上に関する法律附則第1条第2号に掲げる規定の施行の日（平成29年4月1日）から施行する。

附　則（令和元・5・7国交通令1）

この省令は、公布の日から施行する。

附　則（令和元・6・28国交通令20）

この省令は、不正競争防止法等の一部を改正する法律の施行の日（令和元年7月1日）から施行する。

附　則（令和元・9・13国交通令34）抄

（施行期日）

第1条　この省令は、成年被後見人等の権利の制限に係る措置の適正化等を図るための関係法律の整備に関する法律（以下「整備法」という。）の施行の日（令和元年9月14日）から施行する。〔後略〕

附　則（令和元・11・7国交通令43）

（施行期日）

1　この省令は、建築物のエネルギー消費性能の向上に関する法律の一部を改正する法律の施行の日（令和元年11月16日）から施行する。

（経過措置）

2　この省令の施行の際現にあるこの省令による改正前の様式による用紙は、令和2年4月1日までの間は、これを取り繕って使用することができる。

附　則（令和元・12・16国交通令47）抄

（施行期日）

第1条　この省令は、情報通信技術の活用による行政手続等に係る関係者の利便性の向上並びに行政運営の簡素化及び効率化を図るための行政手続等における情報通信の技術の利用に関する法律等の一部を改正する法律の施行の日（令和元年12月16日）から施行する。

様式第1（第1条第1項関係）（日本産業規格Ａ列4番）（平28国交通令80・追加、令元国交通令1・令元国交通令20・令元国交通令43・一部改正）

（第一面）

計画書

年　　月　　日

所管行政庁又は登録建築物エネルギー消費性能判定機関　殿

提出者の住所又は
主たる事務所の所在地
提出者の氏名又は名称　　　　印
代表者の氏名

設計者氏名　　　　　　　　　印

建築物のエネルギー消費性能の向上に関する法律第12条第1項（同法第15条第2項において読み替えて適用する場合を含む。）の規定により、建築物エネルギー消費性能確保計画を提出します。この計画書及び添付図書に記載の事項は、事実に相違ありません。

（本欄には記入しないでください。）

受　付　欄	適合判定通知書番号欄	決　裁　欄
年　月　日	年　月　日	
第　　号	第　　号	
係員印	係員印	

（第二面）

［建築主等に関する事項］

【1．建築主】
【イ．氏名のフリガナ】

【ロ．氏名】
【ハ．郵便番号】
【ニ．住所】
【ホ．電話番号】

【2．代理者】
【イ．資格】　（　）建築士　（　）登録第　号
【ロ．氏名】
【ハ．建築士事務所名】（　）建築士事務所（　）知事登録第　号
【ニ．郵便番号】
【ホ．所在地】
【ヘ．電話番号】

【3．設計者】
（代表となる設計者）
【イ．資格】　（　）建築士　（　）登録第　号
【ロ．氏名】
【ハ．建築士事務所名】（　）建築士事務所（　）知事登録第　号
【ニ．郵便番号】
【ホ．所在地】
【ヘ．電話番号】
【ト．作成した設計図書】

（その他の設計者）
【イ．資格】　（　）建築士　（　）登録第　号
【ロ．氏名】
【ハ．建築士事務所名】（　）建築士事務所（　）知事登録第　号
【ニ．郵便番号】
【ホ．所在地】
【ヘ．電話番号】
【ト．作成した設計図書】

【イ．資格】　（　）建築士　（　）登録第　号
【ロ．氏名】
【ハ．建築士事務所名】（　）建築士事務所（　）知事登録第　号

【ニ．郵便番号】
【ホ．所在地】
【ヘ．電話番号】
【ト．作成した設計図書】

【イ．資格】　（　）建築士　（　）登録第　号
【ロ．氏名】
【ハ．建築士事務所名】（　）建築士事務所（　）知事登録第　号
【ニ．郵便番号】
【ホ．所在地】
【ヘ．電話番号】
【ト．作成した設計図書】

【4．確認の申請】
□申請済（　）
□未申請（　）

【5．備考】

（第三面）

建築物エネルギー消費性能確保計画

［建築物及びその敷地に関する事項］

【1．地名地番】
【2．敷地面積】　m²
【3．建築面積】　m²
【4．延べ面積】　m²
【5．建築物の階数】　（地上）　階　（地下）　階
【6．建築物の用途】　□非住宅建築物　□複合建築物
【7．工事種別】　□新築　□増築　□改築

【8. 構造】　　　　造　一部　　　　造
【9. 該当する地域の区分】　　　　地域
【10. 工事着手予定年月日】　　　年　　月　　日
【11. 工事完了予定年月日】　　　年　　月　　日
【12. 備考】

（第四面）

【1. 付近見取図】
【2. 配置図】

（第五面）

［非住宅部分に関する事項］

【1. 非住宅部分の用途】		
【2. 非住宅部分の床面積】	（床　面　積）	（開放部分を除いた部分の床面積）
【イ．新築】	（　　m²）	（　　m²）
【ロ．増築】　全体	（　　m²）	（　　m²）
増築部分	（　　m²）	（　　m²）
【ハ．改築】　全体	（　　m²）	（　　m²）
改築部分	（　　m²）	（　　m²）
【3. 基準省令附則第3条の適用の有無】 □有（竣工年月日　　年　　月　　日　竣工） □無		

【4. 非住宅部分のエネルギー消費性能】
（一次エネルギー消費量に関する事項）
□基準省令第1条第1項第1号イの基準
基準一次エネルギー消費量　GJ／年
設計一次エネルギー消費量　GJ／年
BEI（　　　　　　　）
□基準省令第1条第1項第1号ロの基準
BEI（　　　　　　　）
□国土交通大臣が認める方法及びその結果
（　　　　　　　　　　　　）

【5. 備考】

（第六面）

［住宅部分に関する事項］

【1. 建築物の住戸の数】　　　戸

【2. 住宅部分の床面積】　（床　面　積）（開放部分を除いた部分の床面積）
【イ. 新築】　（　　m^2）　（　　m^2）
【ロ. 増築】　全体（　　m^2）　（　　m^2）
増築部分（　　m^2）　（　　m^2）
【ハ. 改築】　全体（　　m^2）　（　　m^2）
改築部分（　　m^2）　（　　m^2）

【3. 基準省令附則第2条の適用の有無】
□有（国土交通大臣が定める基準に適合するもの）
□無

【4. 基準省令附則第4条の適用の有無】
□有（竣工年月日　　年　　月　　日　竣工）
□無

【5. 住宅部分のエネルギー消費性能】
（外壁、窓等を通しての熱の損失の防止に関する事項）
□基準省令第1条第1項第2号イ(1)(ⅰ)の基準

□基準省令第1条第1項第2号イ(1)(ⅱ)の基準
住棟単位外皮平均熱貫流率
W／（m²・K）（基準値　　W／（m²・K））
住棟単位冷房期平均日射熱取得率　（基準値　　　　　）
□基準省令第1条第1項第2号イ(2)(ⅰ)の基準
□基準省令第1条第1項第2号イ(2)(ⅱ)の基準
住棟単位外皮平均熱貫流率
W／（m²・K）（基準値　　W／（m²・K））
住棟単位冷房期平均日射熱取得率　（基準値　　　　　）
□基準省令第1条第1項第2号イ(3)の基準
□国土交通大臣が認める方法及びその結果
（　　　　　　　　　　　　　）
□基準省令附則第4条第1項の規定による適用除外
(一次エネルギー消費量に関する事項)
□基準省令第1条第1項第2号ロ(1)の基準
基準省令第4条第3項に掲げる数値の区分（□第1号　□第2号）
基準一次エネルギー消費量　GJ／年
設計一次エネルギー消費量　GJ／年
BEI（　　　　　　　）
□基準省令第1条第1項第2号ロ(2)の基準
基準省令第4条第3項に掲げる数値の区分（□第1号　□第2号）
BEI（　　　　　　　）
□基準省令第1条第1項第2号ロ(3)の基準
□国土交通大臣が認める方法及びその結果
（　　　　　　　　　　　　　）

【6. 備考】

（第七面）

[住戸に関する事項]

【1. 住戸の番号】

【2. 住戸の存する階】　　　　　階

【3. 専用部分の床面積】　　　　　　m^2

【4. 住戸のエネルギー消費性能】

（外壁、窓等を通しての熱の損失の防止に関する事項）

□基準省令第1条第1項第2号イ(1)(ⅰ)の基準

外皮平均熱貫流率　W／（m^2・K）（基準値　　W／（m^2・K））

冷房期の平均日射熱取得率　　　　（基準値　　　　　　　）

□基準省令第1条第1項第2号イ(2)(ⅰ)の基準

外皮平均熱貫流率　W／（m^2・K）（基準値　　W／（m^2・K））

冷房期の平均日射熱取得率　　　　（基準値　　　　　　　）

□基準省令第1条第1項第2号イ(3)の基準

□国土交通大臣が認める方法及びその結果

（　　　　　　　　　　　　　　）

□基準省令附則第4条第1項の規定による適用除外

（一次エネルギー消費量に関する事項）

□基準省令第1条第1項第2号ロ(1)の基準

基準一次エネルギー消費量　GJ／年

設計一次エネルギー消費量　GJ／年

BEI（　　　　　　　　）

□基準省令第1条第1項第2号ロ(2)の基準

BEI（　　　　　　　　）

□基準省令第1条第1項第2号ロ(3)の基準

□国土交通大臣が認める方法及びその結果

（　　　　　　　　　　　　　　）

（別紙）　基準省令第1条第1項第2号イ(3)の基準又は基準省令第1条第1項第2号ロ(3)の基準を用いる場合

1. 住戸に係る事項

(1)　外壁、窓等を通しての熱の損失の防止のための措置

1) 屋根又は天井

【断熱材の施工法】□内断熱工法　　□外断熱工法

□充填断熱工法　□外張断熱工法　□内張断熱工法

【断熱性能】□断熱材の種別及び厚さ（種別　　　　）（厚さ　　mm）

□熱貫流率（　　W/(m^2・K)）□熱抵抗値（　　(m^2・K)/W）

2）壁

【断熱材の施工法】□内断熱工法　□外断熱工法

□充填断熱工法　□外張断熱工法　□内張断熱工法

【断熱性能】□断熱材の種別及び厚さ（種別　　　）（厚さ　mm）

□熱貫流率（　W/(m²・K)）□熱抵抗値（　(m²・K)/W）

3）床

（イ）外気に接する部分

【該当箇所の有無】□有　□無

【断熱材の施工法】□内断熱工法　□外断熱工法

□充填断熱工法　□外張断熱工法　□内張断熱工法

【断熱性能】□断熱材の種別及び厚さ（種別　　　）（厚さ　mm）

□熱貫流率（　W/(m²・K)）□熱抵抗値（　(m²・K)/W）

（ロ）その他の部分

【該当箇所の有無】□有　□無

【断熱材の施工法】□内断熱工法　□外断熱工法

□充填断熱工法　□外張断熱工法　□内張断熱工法

【断熱性能】□断熱材の種別及び厚さ（種別　　　）（厚さ　mm）

□熱貫流率（　W/(m²・K)）□熱抵抗値（　(m²・K)/W）

4）土間床等の外周部分の基礎

（イ）外気に接する部分

【該当箇所の有無】□有　□無

【断熱性能】□断熱材の種別及び厚さ（種別　　　）（厚さ　mm）

□熱貫流率（　W/(m²・K)）□熱抵抗値（　(m²・K)/W）

（ロ）その他の部分

【該当箇所の有無】□有　□無

【断熱性能】□断熱材の種別及び厚さ（種別　　　）（厚さ　mm）

□熱貫流率（　W/(m²・K)）□熱抵抗値（　(m²・K)/W）

5）開口部

【開口部比率】（　　　）【開口部比率区分】（　　　）

【断熱性能】□建具等の種類（建具の材質・構造　　　）

（ガラスの種別　　　）

□熱貫流率（　W/（m²・K））

【日射遮蔽性能】

□ガラスの日射熱取得率（日射熱取得率　　　）

□付属部材（南±25度に設置するもの　　　　　　　　　　　　　　）
　　　　　（上記以外の方位に設置するもの　　　　　　　　　　　）

□ひさし、軒等

6）構造熱橋部

【該当箇所の有無】□有　□無

【断熱性能】断熱補強の範囲（　　mm）　断熱補強の熱抵抗値（　　　（m²・K）/W）

(2)　空気調和設備等に係るエネルギーの効率的利用のための措置

【暖房】暖房設備（　　　　　　　　　　　　　　　　　　）
　　　　効率（　　　　　　　　　　　　　　　　　　　　）

【冷房】冷房設備（　　　　　　　　　　　　　　　　　　）
　　　　効率（　　　　　　　　　　　　　　　　　　　　）

【換気】換気設備（　　　　　　　　　　　　　　　　　　）
　　　　効率（　　　　　　　　　　　　　　　　　　　　）

【照明】照明設備（　　　　　　　　　　　　　　　　　　）

【給湯】給湯設備（　　　　　　　　　　　　　　　　　　）
　　　　効率（　　　　　　　　　　　　　　　　　　　　）

2. 備考

（注意）

1. 各面共通関係

①　この様式において使用する用語は、特別の定めのある場合を除くほか、建築物エネルギー消費性能基準等を定める省令（平成28年経済産業省令・国土交通省令第1号。以下「基準省令」という。）において使用する用語の例によります。

2. 第一面関係

①　提出者が法人である場合には、代表者の氏名を併せて記載してください。

②　提出者の氏名（法人にあっては、その代表者の氏名）の記載を自署で行う場合には、押印を省略することができます。

3. 第二面関係

①　建築主が2者以上の場合は、【1. 建築主】の欄は代表となる建築主について記入し、別紙に他の建築主について記入して添えてください。

②　【1. 建築主】の欄は、建築主が法人の場合は、「イ」は法人の名称及び代表者の氏名のフリガナを、「ロ」は法人の名称及び代表者の氏名を、「ニ」は

法人の所在地を、建築主がマンションの管理を行う建物の区分所有等に関する法律第3条又は第65条に規定する団体の場合は、「イ」は団体の名称及び代表者の氏名のフリガナを、「ロ」は団体の名称及び代表者の氏名を、「ニ」は団体の所在地を記入してください。

③ 【2. 代理者】の欄は、建築主からの委任を受けて提出をする場合に記入してください。

④ 【2. 代理者】及び【3. 設計者】の欄は、代理者又は設計者が建築士事務所に属しているときは、その名称を書き、建築士事務所に属していないときは、所在地はそれぞれ代理者又は設計者の住所を書いてください。

⑤ 【3. 設計者】の欄は、代表となる設計者及び提出に係る建築物のエネルギー消費性能確保計画に係る他のすべての設計者について記入してください。

⑥ 【4. 確認の申請】の欄は、該当するチェックボックスに「✓」マークを入れ、申請済の場合には、申請をした市町村名若しくは都道府県名又は指定確認検査機関の名称及び事務所の所在地を記入してください。未申請の場合には、申請する予定の市町村名若しくは都道府県名又は指定確認検査機関の名称及び事務所の所在地を記入し、申請をした後に、遅滞なく、申請をした旨（申請先を変更した場合においては、申請をした市町村名若しくは都道府県名又は指定確認検査機関の名称及び事務所の所在地を含む。）を届け出てください。なお、所在地については、○○県○○市、郡○○町、村、程度で結構です。

4. 第三面関係

① 【6. 建築物の用途】及び【7. 工事種別】の欄は、該当するチェックボックスに「✓」マークを入れてください。

② 【9. 該当する地域の区分】の欄において、「地域の区分」は、基準省令第1条第1項第2号イ(1)の地域の区分をいいます。

5. 第四面関係

① 付近見取図には、方位、道路及び目標となる地物を明示してください。

② 配置図には、縮尺、方位、敷地境界線、敷地内における建築物の位置、計画に係る建築物と他の建築物との別並びに敷地の接する道路の位置及び幅員を明示してください。

6. 第五面関係

① 【1. 非住宅部分の用途】の欄は、建築基準法施行規則（昭和25年建設省令第40号）別紙の表の用途の区分に従い記入して下さい。

② 【2. 非住宅部分の床面積】の欄は、第三面の【7. 工事種別】の欄の工事

種別に応じ､非住宅部分の床面積を記載して下さい。増築又は改築の場合は､延べ面積を併せて記載して下さい。

③　【2. 非住宅部分の床面積】の欄において､「床面積」は､単に非住宅部分の床面積をいい､「開放部分を除いた部分の床面積」は､建築物のエネルギー消費性能の向上に関する法律施行令(平成28年政令第8号。以下「令」という。)第4条第1項に規定する床面積をいいます。

④　【3. 基準省令附則第3条の適用の有無】の欄は､該当するチェックボックスに「✓」マークを入れ､「有」の場合は計画に係る建築物の新築工事の竣工年月日を記載してください。

⑤　【4. 非住宅部分のエネルギー消費性能】の欄は､いずれか該当するチェックボックスに「✓」マークを入れた上で記載してください。

⑥　「BEI」は､設計一次エネルギー消費量（その他一次エネルギー消費量を除く。）を基準一次エネルギー消費量（その他一次エネルギー消費量を除く。）で除したものをいいます。「BEI」を記載する場合は､小数点第二位未満を切り上げた数値としてください。

7. 第六面関係

①　第六面は､第三面の【6. 建築物の用途】の欄で「複合建築物」を選択した場合のみ記載して下さい。

②　【2. 住宅部分の床面積】の欄は､第三面の【7. 工事種別】の欄の工事種別に応じ､住宅部分の床面積を記載して下さい。増築又は改築の場合は､延べ面積を併せて記載して下さい。

③　【2. 住宅部分の床面積】の欄において､「床面積」は､単に住宅部分の床面積をいい､「開放部分を除いた部分の床面積」は､令第4条第1項に規定する床面積をいいます。

④　【3. 基準省令附則第2条の適用の有無】の欄は､いずれか該当するチェックボックスに「✓」マークを入れてください。

⑤　【4. 基準省令附則第4条の適用の有無】の欄は､該当するチェックボックスに「✓」マークを入れ､「有」の場合は申請に係る建築物の新築工事の竣工年月日を記載してください。

⑥　【5. 住宅部分のエネルギー消費性能】の欄は､以下の内容に従って記載してください。

(1)　（外壁､窓等を通しての熱の損失の防止に関する事項）又は（一次エネルギー消費量に関する事項）のそれぞれについて､該当するチェックボックスに「✓」マークを入れた上で記載してください。

(2) 「住棟単位外皮平均熱貫流率」及び「住棟単位冷房期平均日射熱取得率」については、それぞれの基準値（基準省令第1条第1項第2号イ(1)(ⅱ)の表に掲げる数値をいう。）と併せて記載してください。

(3) 「基準一次エネルギー消費量」、「設計一次エネルギー消費量」及び「BEI」については、住宅部分全体での数値を記載してください。

(4) 「基準省令第1条第1項第2号イ(3)の基準」又は「基準省令第1条第1項第2号ロ(3)の基準」を用いる場合は、別紙に詳細を記載してください。

(5) 「BEI」は、設計一次エネルギー消費量（その他一次エネルギー消費量を除く。）を基準一次エネルギー消費量（その他一次エネルギー消費量を除く。）で除したものをいいます。「BEI」を記載する場合は、小数点第二位未満を切り上げた数値としてください。

⑦ 第六面は、確認申請等他の制度の申請書の写しに必要事項を補って追加して記載した書面その他の記載すべき事項のすべてが明示された別の書面をもって代えることができます。

8. 第七面関係

① 第七面は、第三面の【6. 建築物の用途】の欄で「複合建築物」を選択した場合に、住戸ごとに作成してください。

② 住戸の階数が二以上である場合には、【3. 専用部分の床面積】に各階ごとの床面積を併せて記載してください。

③ 【4. 住戸のエネルギー消費性能】の欄は、以下の内容に従って記載してください。

(1) （外壁、窓等を通しての熱の損失の防止に関する事項）又は（一次エネルギー消費量に関する事項）のそれぞれについて、該当するチェックボックスに「✓」マークを入れた上で記載してください。

(2) 「外皮平均熱貫流率」及び「冷房期の平均日射熱取得率」については、それぞれの基準値（基準省令第1条第1項第2号イ(1)(ⅰ)の表に掲げる数値をいう。）と併せて記載してください。

(3) 「基準省令第1条第1項第2号イ(3)の基準」又は「基準省令第1条第1項第2号ロ(3)の基準」を用いる場合は、別紙に詳細を記載してください。

(4) 「BEI」は、設計一次エネルギー消費量（その他一次エネルギー消費量を除く。）を基準一次エネルギー消費量（その他一次エネルギー消費量を除く。）で除したものをいいます。「BEI」を記載する場合は、小数点第二位未満を切り上げた数値としてください。

④　第七面は、確認申請等他の制度の申請書の写しに必要事項を補うこと、複数の住戸に関する情報を集約して記載すること等により記載すべき事項の全てが明示された別の書面をもって代えることができます。

9. 別紙関係

①　1欄は、共同住宅等又は複合建築物の住戸に係る措置について、住戸ごとに記入してください。なお、計画に係る住戸の数が二以上である場合は、当該各住戸に関して記載すべき事項の全てが明示された別の書面をもって代えることができます。

②　1欄の(1)の1）から3）までにおける「断熱材の施工法」は、部位ごとに断熱材の施工法を複数用いている場合は、主たる施工法のチェックボックスに「✓」マークを入れてください。なお、主たる施工法以外の施工法について、主たる施工法に準じて、別紙のうち当該部位に係る事項を記入したものを添えることを妨げるものではありません。

③　1欄の(1)の1）から4）までにおける「断熱性能」は、「断熱材の種別及び厚さ」、「熱貫流率」又は「熱抵抗値」のうち、該当するチェックボックスに「✓」マークを入れ、併せて必要な事項を記入してください。「断熱材の種別及び厚さ」については、当該部位に使用している断熱材の材料名及び厚さを記入してください。

④　1欄の(1)の3）及び4）における(イ)及び(ロ)の「該当箇所の有無」は、該当箇所がある場合には「有」のチェックボックスに、「✓」マークを入れてください。

⑤　1欄の(1)の5）の「開口部比率」とは、外皮面積の合計に占める開口部の面積の割合をいいます。

⑥　1欄の(1)の5）は、開口部のうち主たるものを対象として、必要な事項を記入してください。

⑦　1欄の(1)の5）の「断熱性能」は、「建具等の種類」又は「熱貫流率」の該当するチェックボックスに「✓」マークを入れ、必要な事項を記入してください。

⑧　1欄の(1)の5）の「日射遮蔽性能」は、「ガラスの日射熱取得率」、「付属部材」又は「ひさし、軒等」について該当するチェックボックスに「✓」マークを入れ、必要な事項を記入してください。

⑨　1欄の(1)の6）の「該当箇所の有無」は、該当箇所がある場合には、「有」のチェックボックスに「✓」マークを入れ、「断熱性能」の欄に、「断熱補強の範囲」及び「断熱補強の熱抵抗値」を記入してください。

⑩　1欄の(2)の「暖房」、「冷房」、「換気」、「照明」、「給湯」については、住戸に設置する設備機器（「照明」にあっては、非居室に白熱灯又はこれと同等以下の性能の照明設備を採用しない旨）とその効率（「照明」を除く。）を記載してください。設備機器が複数ある場合は最も効率の低い設備機器とその効率を記載してください。「効率」の欄には、「暖房」では熱源機の熱効率又は暖房能力を消費電力で除した値を、「冷房」では冷房能力を消費電力で除した値を、「換気」では換気回数及び比消費電力（全般換気設備の消費電力を設計風量で除した値をいう。以下同じ。）（熱交換換気設備を採用する場合にあっては、比消費電力を有効換気量率で除した値）を、「給湯」では熱源機の熱効率をそれぞれ記載してください。ただし、浴室等、台所及び洗面所がない場合は、「給湯」の欄は記載する必要はありません。

⑪　1欄に書き表せない事項で特に記入すべき事項は、2欄に記入し、又は別紙に記入して添えてください。

様式第2～様式第21　〔省略〕

様式第22（第12条第1項及び附則第2条第1項関係）（日本産業規格Ａ列4番）（平28国交通令80・追加、令元国交通令1・令元国交通令20・令元国交通令43・一部改正）

（第一面）

届出書

年　　月　　日

所管行政庁　殿

届出者の住所又は
主たる事務所の所在地
届出者の氏名又は名称　　　　印
代表者の氏名

建築物のエネルギー消費性能の向上に関する法律第19条第1項前段（同条第4項において読み替えて適用する場合を含む。）又は同法附則第3条第2項前段（同条第5項において読み替えて適用する場合を含む。）の規定による届出をします。この届出書及び添付図書に記載の事項は、事実に相違ありません。

【届出の別】

□法第19条第1項前段の規定による届出
□法第19条第4項において読み替えて適用する同条第1項前段の規定による届出
□法附則第3条第2項前段の規定による届出
□法附則第3条第5項において読み替えて適用する同条第2項前段の規定による届出

（本欄には記入しないでください。）

受　付　欄	特　記　欄	整理番号欄
年　月　日		
第　　号		
係員印		

（第二面）

【1. 建築主】 　【イ. 氏名のフリガナ】 　【ロ. 氏名】 　【ハ. 郵便番号】 　【ニ. 住所】 　【ホ. 電話番号】
【2. 代理者】 　【イ. 氏名】 　【ロ. 勤務先】 　【ハ. 郵便番号】 　【ニ. 住所】 　【ホ. 電話番号】
【3. 設計者】 　【イ. 氏名】 　【ロ. 勤務先】 　【ハ. 郵便番号】 　【ニ. 住所】 　【ホ. 電話番号】
【4. 備考】

（第三面）

建築物エネルギー消費性能の確保のための構造及び設備に関する計画

[建築物に関する事項]

【1. 地名地番】
【2. 敷地面積】　　　　　m²
【3. 建築面積】　　　　　m²
【4. 延べ面積】　　　　　m²

【5. 建築物の階数】　（地上）　階　（地下）　階

【6. 建築物の用途】
□非住宅建築物　□一戸建ての住宅　□共同住宅等　□複合建築物

【7. 建築物の住戸の数】
建築物全体　戸

【8. 工事種別】□新築　□増築　□改築

【9. 建築物の床面積】　（床 面 積）（開放部分を除いた部分の床面積）
【イ. 新築】　（　m^2）　（　m^2）
【ロ. 増築】　全体（　m^2）　（　m^2）
増築部分（　m^2）　（　m^2）
【ハ. 改築】　全体（　m^2）　（　m^2）
改築部分（　m^2）　（　m^2）

【10. 構造】　造　一部　造

【11. 法附則第3条の適用の有無】
□有（竣工年月日　年　月　日　竣工）
□無

【12. 基準省令附則第2条の適用の有無】
□有（国土交通大臣が定める基準に適合するもの）
□無

【13. 基準省令附則第3条又は第4条の適用の有無】
□有（竣工年月日　年　月　日　竣工）
□無

【14. 該当する地域の区分】　地域

【15. 建築物全体のエネルギー消費性能】
【イ. 非住宅建築物】
（一次エネルギー消費量に関する事項）
□基準省令第1条第1項第1号イの基準
基準一次エネルギー消費量　GJ／年
設計一次エネルギー消費量　GJ／年
BEI（　）

□基準省令第1条第1項第1号ロの基準
BEI（ ）
□国土交通大臣が認める方法及びその結果
（ ）
【ロ．一戸建ての住宅】
（外壁、窓等を通しての熱の損失の防止に関する事項）
□基準省令第1条第1項第2号イ(1)(ⅰ)の基準
外皮平均熱貫流率 W／（m^2・K）（基準値 W／（m^2・K））
冷房期の平均日射熱取得率 （基準値 ）
□基準省令第1条第1項第2号イ(2)(ⅰ)の基準
外皮平均熱貫流率 W／（m^2・K）（基準値 W／（m^2・K））
冷房期の平均日射熱取得率 （基準値 ）
□基準省令第1条第1項第2号イ(3)の基準
□国土交通大臣が認める方法及びその結果
（ ）
□基準省令附則第4条第1項の規定による適用除外
（一次エネルギー消費量に関する事項）
□基準省令第1条第1項第2号ロ(1)の基準
基準一次エネルギー消費量 GJ／年
設計一次エネルギー消費量 GJ／年
BEI（ ）
□基準省令第1条第1項第2号ロ(2)の基準
BEI（ ）
□基準省令第1条第1項第2号ロ(3)の基準
□国土交通大臣が認める方法及びその結果
（ ）
【ハ．共同住宅等】
（外壁、窓等を通しての熱の損失の防止に関する事項）
□基準省令第1条第1項第2号イ(1)(ⅰ)の基準
□基準省令第1条第1項第2号イ(1)(ⅱ)の基準
住棟単位外皮平均熱貫流率 W／（m^2・K）
（基準値 W／（m^2・K））
住棟単位冷房期平均日射熱取得率 （基準値 ）
□基準省令第1条第1項第2号イ(2)(ⅱ)の基準
住棟単位外皮平均熱貫流率 W／（m^2・K）
（基準値 W／（m^2・K））

住棟単位冷房期平均日射熱取得率　(基準値　　　　　　　　　　　　)
□基準省令第1条第1項第2号イ(3)の基準
□国土交通大臣が認める方法及びその結果
(　　　　　　　　　　　　　　　　　　)
□基準省令附則第4条第1項の規定による適用除外
(一次エネルギー消費量に関する事項)
□基準省令第1条第1項第2号ロ(1)の基準
基準省令第4条第3項に掲げる数値の区分(□第1号　□第2号)
基準一次エネルギー消費量　　　　GJ／年
設計一次エネルギー消費量　　　　GJ／年
BEI(　　　　　　　　　　)
□基準省令第1条第1項第2号ロ(2)の基準
基準省令第4条第3項に掲げる数値の区分(□第1号　□第2号)
BEI(　　　　　　　　　　)
□基準省令第1条第1項第2号ロ(3)の基準
□国土交通大臣が認める方法及びその結果
(　　　　　　　　　　　　　　　　　　)

【ニ．複合建築物】
□基準省令第1条第1項第3号イの基準
(非住宅部分)
(一次エネルギー消費量に関する事項)
□基準省令第1条第1項第1号イの基準
基準一次エネルギー消費量　　　　GJ／年
設計一次エネルギー消費量　　　　GJ／年
BEI(　　　　　　　　　　)
□基準省令第1条第1項第1号ロの基準
BEI(　　　　　　　　　　)
□国土交通大臣が認める方法及びその結果
(　　　　　　　　　　　　　　　　　　)
(住宅部分)
(外壁、窓等を通しての熱の損失の防止に関する事項)
□基準省令第1条第1項第2号イ(1)(ⅰ)の基準
□基準省令第1条第1項第2号イ(1)(ⅱ)の基準
住棟単位外皮平均熱貫流率　　　　　　　　W／(m^2・K)
(基準値　　　W／(m^2・K))

住棟単位冷房期平均日射熱取得率（基準値　　　　　　　　　）
□基準省令第1条第1項第2号イ(2)(ⅰ)の基準
□基準省令第1条第1項第2号イ(2)(ⅱ)の基準
住棟単位外皮平均熱貫流率　　　　　　W／（m^2・K）
（基準値　　W／（m^2・K））
住棟単位冷房期平均日射熱取得率（基準値　　　　　　　　　）
□基準省令第1条第1項第2号イ(3)の基準
□国土交通大臣が認める方法及びその結果
（　　　　　　　　　　　　　　　　　）
□基準省令附則第4条第1項の規定による適用除外
（一次エネルギー消費量に関する事項）
□基準省令第1条第1項第2号ロ(1)の基準
基準省令第4条第3項に掲げる数値の区分（□第1号　□第2号）
基準一次エネルギー消費量　　　GJ／年
設計一次エネルギー消費量　　　GJ／年
BEI（　　　　　　　　）
□基準省令第1条第1項第2号ロ(2)の基準
基準省令第4条第3項に掲げる数値の区分（□第1号　□第2号）
BEI（　　　　　　　　）
□基準省令第1条第1項第2号ロ(3)の基準
□国土交通大臣が認める方法及びその結果
（　　　　　　　　　　　　　　　　　）
□基準省令第1条第1項第3号ロの基準
（複合建築物）
（一次エネルギー消費量に関する事項）
基準省令第4条第3項に掲げる数値の区分（□第1号□第2号）
基準一次エネルギー消費量　　　GJ／年
設計一次エネルギー消費量　　　GJ／年
BEI（　　　　　　　　）
（住宅部分）
（外壁、窓等を通しての熱の損失の防止に関する事項）
□基準省令第1条第1項第2号イ(1)(ⅰ)の基準
□基準省令第1条第1項第2号イ(1)(ⅱ)の基準
住棟単位外皮平均熱貫流率　　　　　　W／（m^2・K）
（基準値　　W／（m^2・K））

住棟単位冷房期平均日射熱取得率　（基準値　　　　）
□基準省令第1条第1項第2号イ(2)(ⅰ)の基準
□基準省令第1条第1項第2号イ(2)(ⅱ)の基準
住棟単位外皮平均熱貫流率　　　　W／（m^2・K）
（基準値　　W／（m^2・K））
住棟単位冷房期平均日射熱取得率　（基準値　　　　）
□基準省令第1条第1項第2号イ(3)の基準
□国土交通大臣が認める方法及びその結果
（　　　　　　　　　　　　　　）
□基準省令附則第4条第1項の規定による適用除外

【16. 工事着手予定年月日】　　　年　　月　　日

【17. 工事完了予定年月日】　　　年　　月　　日

【18. 備考】

（第四面）

［住戸に関する事項］

【1. 住戸の番号】

【2. 住戸の存する階】　　　　階

【3. 専用部分の床面積】　　　m^2

【4. 住戸のエネルギー消費性能】
（外壁、窓等を通しての熱の損失の防止に関する事項）
□基準省令第1条第1項第2号イ(1)(ⅰ)の基準
外皮平均熱貫流率　　W／（m^2・K）（基準値　　W／（m^2・K））
冷房期の平均日射熱取得率　　　（基準値　　　）
□基準省令第1条第1項第2号イ(2)(ⅰ)の基準
外皮平均熱貫流率　　W／（m^2・K）（基準値　　W／（m^2・K））
冷房期の平均日射熱取得率　　　（基準値　　　）

□基準省令第1条第1項第2号イ(3)の基準
□国土交通大臣が認める方法及びその結果
（ ）
□基準省令附則第4条第1項の規定による適用除外
（一次エネルギー消費量に関する事項）
□基準省令第1条第1項第2号ロ(1)の基準
基準一次エネルギー消費量 GJ／年
設計一次エネルギー消費量 GJ／年
BEI（ ）
□基準省令第1条第1項第2号ロ(2)の基準
BEI（ ）
□基準省令第1条第1項第2号ロ(3)の基準
□国土交通大臣が認める方法及びその結果
（ ）

（別紙） 基準省令第1条第1項第2号イ(3)の基準又は基準省令第1条第1項第2号ロ(3)の基準を用いる場合

1. 住戸に係る事項
(1) 外壁、窓等を通しての熱の損失の防止のための措置
1) 屋根又は天井
【断熱材の施工法】□内断熱工法 □外断熱工法
□充填断熱工法 □外張断熱工法 □内張断熱工法
【断熱性能】□断熱材の種別及び厚さ（種別 ）（厚さ mm）
□熱貫流率（ W/（m^2・K））
□熱抵抗値（ （m^2・K）/W）
2) 壁
【断熱材の施工法】□内断熱工法 □外断熱工法
□充填断熱工法 □外張断熱工法 □内張断熱工法
【断熱性能】□断熱材の種別及び厚さ（種別 ）（厚さ mm）
□熱貫流率（ W/（m^2・K））
□熱抵抗値（ （m^2・K）/W）

3) 床

（イ）　外気に接する部分

【該当箇所の有無】□有　□無

【断熱材の施工法】□内断熱工法　□外断熱工法

□充填断熱工法　□外張断熱工法　□内張断熱工法

【断熱性能】□断熱材の種別及び厚さ（種別　）（厚さ　mm）

□熱貫流率（　W/（m^2・K））

□熱抵抗値（　（m^2・K）/W）

（ロ）　その他の部分

【該当箇所の有無】□有　□無

【断熱材の施工法】□内断熱工法　□外断熱工法

□充填断熱工法　□外張断熱工法　□内張断熱工法

【断熱性能】□断熱材の種別及び厚さ（種別　）（厚さ　mm）

□熱貫流率（　W/（m^2・K））

□熱抵抗値（　（m^2・K）/W）

4) 土間床等の外周部分の基礎

（イ）　外気に接する部分

【該当箇所の有無】□有　□無

【断熱性能】□断熱材の種別及び厚さ（種別　）（厚さ　mm）

□熱貫流率（　W/（m^2・K））

□熱抵抗値（　（m^2・K）/W）

（ロ）　その他の部分

【該当箇所の有無】□有　□無

【断熱性能】□断熱材の種別及び厚さ（種別　）（厚さ　mm）

□熱貫流率（　W/（m^2・K））

□熱抵抗値（　（m^2・K）/W）

5) 開口部

【開口部比率】（　）【開口部比率区分】（　）

【断熱性能】□建具等の種類（建具の材質・構造　）

（ガラスの種別　）

□熱貫流率　（　W/（m^2・K））

【日射遮蔽性能】

□ガラスの日射熱取得率（日射熱取得率　）

□付属部材（南±25度に設置するもの　）

（上記以外の方位に設置するもの　）

□ひさし、軒等

6）構造熱橋部

【該当箇所の有無】□有　□無

【断熱性能】断熱補強の範囲（　　　mm）

断熱補強の熱抵抗値（　　　(m^2・K）/W）

(2)　空気調和設備等に係るエネルギーの効率的利用のための措置

【暖房】暖房設備（　　　）

効率（　　　）

【冷房】冷房設備（　　　）

効率（　　　）

【換気】換気設備（　　　）

効率（　　　）

【照明】照明設備（　　　）

【給湯】給湯設備（　　　）

効率（　　　）

2.　備考

（注意）

1.　各面共通関係

①　この様式において使用する用語は、特別の定めのある場合を除くほか、建築物エネルギー消費性能基準等を定める省令（平成28年経済産業省令・国土交通省令第1号。以下「基準省令」という。）において使用する用語の例によります。

②　この様式において、次に掲げる用語の意義は、それぞれ次のとおりとします。

(1)　一戸建ての住宅　一棟の建築物からなる一戸の住宅

(2)　共同住宅等　共同住宅、長屋その他の一戸建ての住宅以外の住宅

2.　第一面関係

①　届出者が法人である場合には、代表者の氏名を併せて記載してください。

②　届出者の氏名（法人にあっては、その代表者の氏名）の記載を自署で行う場合には、押印を省略することができます。

3.　第二面関係

①　建築主又は設計者がそれぞれ2者以上の場合は、第二面は代表となる建築主又は設計者について記入し、別紙に他の建築主又は設計者について記入して添えてください。

② 【1. 建築主】の欄は、建築主が法人の場合は、「イ」は法人の名称及び代表者の氏名のフリガナを、「ロ」は法人の名称及び代表者の氏名を、「ニ」は法人の所在地を、建築主がマンションの管理を行う建物の区分所有等に関する法律第3条又は第65条に規定する団体の場合は、「イ」は団体の名称及び代表者の氏名のフリガナを、「ロ」は団体の名称及び代表者の氏名を、「ニ」は団体の所在地を記入してください。

③ 【2. 代理者】の欄は、建築主からの委任を受けて届出をする場合に記入してください。

4. 第三面関係

① 【6. 建築物の用途】及び【8. 工事種別】の欄は、該当するチェックボックスに「✓」マークを入れてください。

② 【7. 建築物の住戸の数】の欄は、【6. 建築物の用途】で「共同住宅等」又は「複合建築物」を選んだ場合のみ記載してください。

③ 【9. 建築物の床面積】の欄は、【8. 工事種別】の欄の工事種別に応じ、新築等に係る建築物の床面積を記入してください。増築又は改築の場合は延べ面積を合わせて記入してください。

④ 【9. 建築物の床面積】の欄において、「床面積」は、単に建築物の床面積をいい、「開放部分を除いた床面積」は、建築物のエネルギー消費性能の向上に関する法律施行令（平成28年政令第8号）第4条第1項に規定する床面積をいいます。

⑤ 【11. 法附則第3条の適用の有無】及び【13. 基準省令附則第3条又は第4条の適用の有無】の欄は、該当するチェックボックスに「✓」マークを入れ、「有」の場合は届出に係る建築物の新築工事の竣工年月日を記載してください。

⑥ 【12. 基準省令附則第2条の適用の有無】の欄は、いずれか該当するチェックボックスに「✓」マークを入れてください。

⑦ 【14. 該当する地域の区分】の欄において、「地域の区分」は、基準省令第1条第1項第2号イ(1)の地域の区分をいいます。

⑧ 【15. 建築物全体のエネルギー消費性能】の欄は、【6. 建築物の用途】の欄において選択した用途に応じて、イからニまでのいずれかについて、以下の内容に従って記載してください。なお、イからニまでの事項のうち、記載しないものについては削除して構いません。

(1) （外壁、窓等を通しての熱の損失の防止に関する事項）及び（一次エネルギー消費量に関する事項）のそれぞれについて、該当するチェックボックスに「✓」マークを入れた上で記載してください。

(2)　「外皮平均熱貫流率」及び「冷房期の平均日射熱取得率」並びに「住棟単位外皮平均熱貫流率」及び「住棟単位冷房期平均日射熱取得率」については、それぞれの基準値（基準省令第1条第1項第2号イ(1)(ⅰ)又は同号イ(1)(ⅱ)の表に掲げる数値をいう。）と併せて記載してください。

(3)　【ハ．共同住宅等】及び【ニ．複合建築物】の（住宅部分）の「基準一次エネルギー消費量」、「設計一次エネルギー消費量」及び「BEI」については、住宅全体（複合建築物の場合は住宅部分全体）での数値を記載してください。

(4)　「基準省令第1条第1項第2号イ(3)の基準」又は「基準省令第1条第1項第2号ロ(3)の基準」を用いる場合は、別紙に詳細を記載してください。

(5)　「BEI」は、設計一次エネルギー消費量（その他一次エネルギー消費量を除く。）を基準一次エネルギー消費量（その他一次エネルギー消費量を除く。）で除したものをいいます。「BEI」を記載する場合は、小数点第二位未満を切り上げた数値としてください。

⑨　第三面は、他の制度の届出書の写しに必要事項を補って追加して記載した書面その他の記載すべき事項の全てが明示された別の書面をもって代えることができます。

5．第四面関係

①　第四面は、共同住宅等又は複合建築物に係る届出を行う場合に、住戸ごとに作成してください。

②　住戸の階数が二以上である場合には、【3．専用部分の床面積】に各階ごとの床面積を併せて記載してください。

③　【4．住戸のエネルギー消費性能】の欄は、以下の内容に従って記載してください。

(1)　（外壁、窓等を通しての熱の損失の防止に関する事項）及び（一次エネルギー消費量に関する事項）のそれぞれについて、該当するチェックボックスに「✓」マークを入れた上で記載してください。

(2)　「外皮平均熱貫流率」及び「冷房期の平均日射熱取得率」については、それぞれの基準値（基準省令第1条第1項第2号イ(1)(ⅰ)の表に掲げる数値をいう。）と併せて記載してください。

(3)　「基準省令第1条第1項第2号イ(3)の基準」又は「基準省令第1条第1項第2号ロ(3)の基準」を用いる場合は、別紙に詳細を記載してください。

(4)　「BEI」は、設計一次エネルギー消費量（その他一次エネルギー消費量を除く。）を基準一次エネルギー消費量（その他一次エネルギー消費量を除く。）で除したものをいいます。「BEI」を記載する場合は、小数点第二位未満を切り上げた数値としてください。

④　第四面は、他の制度の届出書の写しに必要事項を補うこと、複数の住戸に関する情報を集約して記載すること等により記載すべき事項の全てが明示された別の書面をもって代えることができます。

6．別紙関係

①　1欄は、共同住宅等又は複合建築物の住戸に係る措置について、住戸ごとに記入してください。なお、計画に係る住戸の数が二以上である場合は、当該各住戸に関して記載すべき事項の全てが明示された別の書面をもって代えることができます。

②　1欄の(1)の1）から3）までにおける「断熱材の施工法」は、部位ごとに断熱材の施工法を複数用いている場合は、主たる施工法のチェックボックスに「✓」マークを入れてください。なお、主たる施工法以外の施工法について、主たる施工法に準じて、別紙のうち当該部位に係る事項を記入したものを添えることを妨げるものではありません。

③　1欄の(1)の1）から4）までにおける「断熱性能」は、「断熱材の種別及び厚さ」、「熱貫流率」又は「熱抵抗値」のうち、該当するチェックボックスに「✓」マークを入れ、併せて必要な事項を記入してください。「断熱材の種別及び厚さ」については、当該部位に使用している断熱材の材料名及び厚さを記入してください。

④　1欄の(1)の3）及び4）における(イ)及び(ロ)の「該当箇所の有無」は、該当箇所がある場合には「有」のチェックボックスに、「✓」マークを入れてください。

⑤　1欄の(1)の5）の「開口部比率」とは、外皮面積の合計に占める開口部の面積の割合をいいます。

⑥　1欄の(1)の5）は、開口部のうち主たるものを対象として、必要な事項を記入してください。

⑦　1欄の(1)の5）の「断熱性能」は、「建具等の種類」又は「熱貫流率」の該当するチェックボックスに「✓」マークを入れ、必要な事項を記入してください。

⑧　1欄の(1)の5）の「日射遮蔽性能」は、「ガラスの日射熱取得率」、「付属部材」又は「ひさし、軒等」について該当するチェックボックスに「✓」マークを入れ、必要な事項を記入してください。

⑨　1欄の(1)の6）の「該当箇所の有無」は、該当箇所がある場合には、「有」のチェックボックスに「✓」マークを入れ、「断熱性能」の欄に、「断熱補強の範囲」及び「断熱補強の熱抵抗値」を記入してください。

⑩　1欄の(2)の「暖房」、「冷房」、「換気」、「照明」、「給湯」については、住戸に設置する設備機器（「照明」にあっては、非居室に白熱灯又はこれと同等以下の性能の照明設備を採用しない旨）とその効率（「照明」を除く。）を記載してください。設備機器が複数ある場合は最も効率の低い設備機器とその効率を記載してください。「効率」の欄には、「暖房」では熱源機の熱効率又は暖房能力を消費電力で除した値を、「冷房」では冷房能力を消費電力で除した値を、「換気」では換気回数及び比消費電力（全般換気設備の消費電力を設計風量で除した値をいう。以下同じ。）（熱交換換気設備を採用する場合にあっては、比消費電力を有効換気量率で除した値）を、「給湯」では熱源機の熱効率をそれぞれ記載してください。ただし、浴室等、台所及び洗面所がない場合は、「給湯」の欄は記載する必要はありません。

⑪　1欄に書き表せない事項で特に記入すべき事項は、2欄に記入し、又は別紙に記入して添えてください。

様式第23～様式第66　〔省略〕

○建築物エネルギー消費性能基準等を定める省令

（平成28年1月29日
経済産業省・国土交通省令第1号）

最終改正　令和元年11月7日経済産業省・国土交通省令第3号

（令和元年11月7日経済産業省・国土交通省令第3号の一部は未施行につき該当条文末尾参照）

〔（注）　令和元年11月7日経済産業省・国土交通省令第3号によって改正された部分に下線を付しました。〕

目次

第１章　建築物エネルギー消費性能基準

（建築物エネルギー消費性能基準）

第１条　建築物のエネルギー消費性能の向上に関する法律（以下「法」という。）第2条第3号の経済産業省令・国土交通省令で定める基準は、次の各号に掲げる建築物の区分に応じ、それぞれ当該各号に定める基準とする。

一　非住宅部分（法第11条第1項に規定する非住宅部分をいう。以下同じ。）を有する建築物（複合建築物（非住宅部分及び住宅部分（同項に規定する住宅部分をいう。以下同じ。）を有する建築物をいう。以下同じ。）を除く。第10条第1号において「非住宅建築物」という。）　次のイ又はロのいずれかに適合するものであること。ただし、国土交通大臣がエネルギー消費性能を適切に評価できる方法と認める方法によって非住宅部分が備えるべきエネルギー消費性能を有することが確かめられた場合においては、この限りでない。

イ　非住宅部分の設計一次エネルギー消費量（実際の設計仕様の条件を基に算定した一次エネルギー消費量（1年間に消費するエネルギー（エネルギー

の使用の合理化等に関する法律（昭和54年法律第49号）第2条第1項に規定するエネルギーをいう。以下同じ。）の量を熱量に換算したものをいう。以下同じ。）をいう。以下同じ。）が、非住宅部分の基準一次エネルギー消費量（床面積、設備等の条件により定まる基準となる一次エネルギー消費量をいう。以下同じ。）を超えないこと。

ロ　非住宅部分の用途と同一の用途の一次エネルギー消費量モデル建築物（国土交通大臣が用途に応じて一次エネルギー消費量の算出に用いるべき標準的な建築物であると認めるものをいう。以下同じ。）の設計一次エネルギー消費量が、当該一次エネルギー消費量モデル建築物の基準一次エネルギー消費量を超えないこと。

二　住宅部分を有する建築物（複合建築物を除く。以下「住宅」という。）　次のイ及びロに適合するものであること。ただし、国土交通大臣がエネルギー消費性能を適切に評価できる方法と認める方法によって住宅部分が備えるべきエネルギー消費性能を有することが確かめられた場合においては、この限りでない。

イ　次の(1)から(3)までのいずれかに適合すること。

(1)　次の(ⅰ)又は(ⅱ)のいずれかに適合すること。

(ⅰ)　国土交通大臣が定める方法により算出した単位住戸（住宅部分の1の住戸をいう。以下同じ。）の外皮平均熱貫流率（単位住戸の内外の温度差1度当たりの総熱損失量（換気による熱損失量を除く。）を外皮（外気等（外気又は外気に通じる床裏、小屋裏、天井裏その他これらに類する建築物の部分をいう。）に接する天井（小屋裏又は天井裏が外気に通じていない場合にあっては、屋根）、壁、床及び開口部並びに当該単位住戸以外の建築物の部分に接する部分をいう。以下(ⅰ)において同じ。）の面積で除した数値をいう。以下同じ。）及び冷房期（1年間のうち1日の最高気温が23度以上となる全ての期間をいう。以下同じ。）の平均日射熱取得率（日射量に対する室内に侵入する日射量の割合を外皮の面積により加重平均した数値をいう。以下同じ。）が、次の表の上欄に掲げる地域の区分に応じ、それぞれ同表の中欄及び下欄に掲げる数値以下であること。

地域の区分	外皮平均熱貫流率（単位1平方メートル1度につきワット）	冷房期の平均日射熱取得率
一	0.46	一

二	0.46	―
三	0.56	―
四	0.75	―
五	0.87	3.0
六	0.87	2.8
七	0.87	2.7
八	―	3.2

（ⅱ）　住宅（単位住戸の数が1であるものを除く。）の住棟単位外皮平均熱貫流率（(ⅰ)に規定する国土交通大臣が定める方法により算出した単位住戸の外皮平均熱貫流率の合計を単位住戸の数で除したものをいう。以下(ⅱ)及び(2)(ⅱ)において同じ。）及び住棟単位冷房期平均日射熱取得率（(ⅰ)に規定する国土交通大臣が定める方法により算出した単位住戸の冷房期の平均日射熱取得率の合計を単位住戸の数で除したものをいう。以下(ⅱ)及び(2)(ⅱ)において同じ。)が、次の表の上欄に掲げる地域の区分に応じ、それぞれ同表の中欄及び下欄に掲げる数値以下であること。

地域の区分	住棟単位外皮平均熱貫流率（単位　1平方メートル1度につきワット）	住棟単位冷房期平均日射熱取得率
一	0.41	―
二	0.41	―
三	0.44	―
四	0.69	―
五	0.75	1.5
六	0.75	1.4
七	0.75	1.3
八	―	2.4

(2)　次に掲げる住宅の区分に応じ、それぞれに定める基準に適合すること。

(ⅰ)　住宅（単位住戸の数が1であるものに限る。）　(1)(ⅰ)に規定する国土交通大臣が定める方法により算出した外皮性能モデル住宅（国土交通大臣が構造に応じて外皮平均熱貫流率及び冷房期の平均日射熱取得率の算出に用いるべき標準的な住宅であると認めるものをいう。）の単位住戸の外皮平均熱貫流率及び冷房期の平均日射熱取得率が、(1)(ⅰ)の表の上欄に掲げる地域の区分に応じ、それぞれ同表の中欄及び下欄に掲げる数値以下であること。

(ⅱ)　住宅（単位住戸の数が1であるものを除く。）　(1)(ⅱ)に規定する国土交通大臣が定める方法により算出した外皮性能モデル共同住宅（国土交通大臣が構造に応じて外皮平均熱貫流率及び冷房期の平均日射熱取得率の算出に用いるべき標準的な共同住宅であると認めるものをいう。）の住棟単位外皮平均熱貫流率及び住棟単位冷房期平均日射熱取得率が、(1)(ⅱ)の表の上欄に掲げる地域の区分に応じ、それぞれ同表の中欄及び下欄に掲げる数値以下であること。

(3)　住宅部分が外壁、窓等を通しての熱の損失の防止に関する国土交通大臣が定める基準に適合すること。

ロ　次の(1)から(3)までのいずれかに適合すること。

(1)　住宅部分の設計一次エネルギー消費量が、住宅部分の基準一次エネルギー消費量を超えないこと。

(2)　住宅部分の一次エネルギー消費量モデル住宅（国土交通大臣が設備に応じて住宅部分の一次エネルギー消費量の算出に用いるべき標準的な住宅であると認めるものをいう。以下同じ。）の設計一次エネルギー消費量が、当該一次エネルギー消費量モデル住宅の基準一次エネルギー消費量を超えないこと。

(3)　住宅部分が一次エネルギー消費量に関する国土交通大臣が定める基準に適合すること。

三　複合建築物　次のイ又はロのいずれか（法第11条第1項に規定する特定建築行為（法附則第3条第1項に規定する特定増改築を除く。）に係る建築物にあっては、イ）に適合するものであること。

イ　非住宅部分が第1号に定める基準に適合し、かつ、住宅部分が前号に定める基準に適合すること。

ロ　次の(1)及び(2)に適合すること。

(1)　複合建築物の設計一次エネルギー消費量が、複合建築物の基準一次エネルギー消費量を超えないこと。

(2)　住宅部分が前号イに適合すること。

2　前項第2号イ(1)(ⅰ)及び(ⅱ)の地域の区分は、国土交通大臣が別に定めるものとする。

（平28経産・国交通令5・令元経産・国交通令3・一部改正）

〔未施行〕　本条は、令和元年11月7日経済産業省・国土交通省令第3号で次のように改正され、令和2年4月1日から施行。

（建築物エネルギー消費性能基準）

第1条　建築物のエネルギー消費性能の向上に関する法律（以下「法」という。）第2条第3号の経済産業省令・国土交通省令で定める基準は、次の各号に掲げる建築物の区分に応じ、それぞれ当該各号に定める基準とする。

一　〔現行〕

二　住宅部分を有する建築物（複合建築物を除く。以下「住宅」という。）次のイ及びロに適合するものであること。ただし、国土交通大臣がエネルギー消費性能を適切に評価できる方法と認める方法によって住宅部分が備えるべきエネルギー消費性能を有することが確かめられた場合においては、この限りでない。

イ　次の(1)から(3)までのいずれかに適合すること。

(1)　次の(ⅰ)又は(ⅱ)のいずれかに適合すること。

(ⅰ)　国土交通大臣が定める方法により算出した単位住戸（住宅部分の1の住戸をいう。以下同じ。）の外皮平均熱貫流率（単位住戸の内外の温度差1度当たりの総熱損失量（換気による熱損失量を除く。）を外皮（外気等（外気又は外気に通じる床裏、小屋裏、天井裏その他これらに類する建築物の部分をいう。）に接する天井（小屋裏又は天井裏が外気に通じていない場合にあっては、屋根）、壁、床及び開口部並びに当該単位住戸以外の建築物の部分に接する部分をいう。以下(ⅰ)において同じ。）の面積で除した数値をいう。以下同じ。）及び冷房期（1年間のうち1日の最高気温が23度以上となる全ての期間をいう。以下同じ。）の平均日射熱取得率（日射量に対する室内に侵入する日射量の割合を外皮の面積により加重平均した数値をいう。以下同じ。）が、次の表の上欄に掲げる地域の区分に応じ、それぞれ同表の中欄及び下欄に掲げる数値以下であること。

地域の区分	外皮平均熱貫流率（単位　1平方メートル1度につきワット）	冷房期の平均日射熱取得率
一	0.46	—
二	0.46	—
三	0.56	—
四	0.75	—
五	0.87	3.0
六	0.87	2.8
七	0.87	2.7
八	—	6.7

（ⅱ）　住宅（単位住戸の数が1であるものを除く。）の住棟単位外皮平均熱貫流率（(ⅰ)に規定する国土交通大臣が定める方法により算出した単位住戸の外皮平均熱貫流率の合計を単位住戸の数で除したものをいう。以下(ⅱ)及び(2)(ⅱ)において同じ。）及び住棟単位冷房期平均日射熱取得率（(ⅰ)に規定する国土交通大臣が定める方法により算出した単位住戸の冷房期の平均日射熱取得率の合計を単位住戸の数で除したものをいう。以下(ⅱ)及び(2)(ⅱ)において同じ。）が、次の表の上欄に掲げる地域の区分に応じ、それぞれ同表の中欄及び下欄に掲げる数値以下であること。

地域の区分	住棟単位外皮平均熱貫流率（単位　1平方メートル1度につきワット）	住棟単位冷房期平均日射熱取得率
一	0.41	—
二	0.41	—
三	0.44	—
四	0.69	—

五	0.75	1.5
六	0.75	1.4
七	0.75	1.3
八	―	2.8

(2)・(3)　〔現行〕

ロ　〔現行〕

三　〔現行〕

2　〔現行〕

（非住宅部分に係る設計一次エネルギー消費量）

第2条　前条第1項第1号イの非住宅部分の設計一次エネルギー消費量及び同号ロの一次エネルギー消費量モデル建築物の設計一次エネルギー消費量は、次の式により算出した数値（その数値に小数点以下1位未満の端数があるときは、これを切り上げる。）とする。

$$E_T = (E_{AC} + E_V + E_L + E_W + E_{EV} - E_S + E_M) \times 10^{-3}$$

この式において、E_T、E_{AC}、E_V、E_L、E_W、E_{EV}、E_S及びE_Mは、それぞれ次の数値を表すものとする。

E_T　設計一次エネルギー消費量（単位　1年につきギガジュール）

E_{AC}　空気調和設備の設計一次エネルギー消費量（単位　1年につきメガジュール）

E_V　空気調和設備以外の機械換気設備の設計一次エネルギー消費量（単位　1年につきメガジュール）

E_L　照明設備の設計一次エネルギー消費量（単位　1年につきメガジュール）

E_W　給湯設備の設計一次エネルギー消費量（単位　1年につきメガジュール）

E_{EV}　昇降機の設計一次エネルギー消費量（単位　1年につきメガジュール）

E_S　エネルギーの効率的利用を図ることのできる設備（以下「エネルギー利用効率化設備」という。）による設計一次エネルギー消費量の削減量（単位　1年につきメガジュール）

E_M　その他一次エネルギー消費量（単位　1年につきメガジュール）

2　前項の空気調和設備の設計一次エネルギー消費量、空気調和設備以外の機械換気設備の設計一次エネルギー消費量、照明設備の設計一次エネルギー消費量、給湯設備の設計一次エネルギー消費量、昇降機の設計一次エネルギー消費量、エネルギー利用効率化設備による設計一次エネルギー消費量の削減量及びその他一次エネルギー消費量は、国土交通大臣が定める方法により算出するものとする。

（平28経産・国交通令5・一部改正）

（非住宅部分に係る基準一次エネルギー消費量）

第３条　第1条第1項第1号イの非住宅部分の基準一次エネルギー消費量及び同号ロの一次エネルギー消費量モデル建築物の基準一次エネルギー消費量は、次の式により算出した数値（その数値に小数点以下1位未満の端数があるときは、これを切り上げる。）とする。

$E_{ST} = (E_{SAC} + E_{SV} + E_{SL} + E_{SW} + E_{SEV} + E_M) \times 10^{-3}$

この式において、E_{ST}、E_{SAC}、E_{SV}、E_{SL}、E_{SW}、E_{SEV}及びE_Mは、それぞれ次の数値を表すものとする。

E_{ST}　基準一次エネルギー消費量（単位　1年につきギガジュール）

E_{SAC}　空気調和設備の基準一次エネルギー消費量（単位　1年につきメガジュール）

E_{SV}　空気調和設備以外の機械換気設備の基準一次エネルギー消費量（単位　1年につきメガジュール）

E_{SL}　照明設備の基準一次エネルギー消費量（単位　1年につきメガジュール）

E_{SW}　給湯設備の基準一次エネルギー消費量（単位　1年につきメガジュール）

E_{SEV}　昇降機の基準一次エネルギー消費量（単位　1年につきメガジュール）

E_M　その他一次エネルギー消費量（単位　1年につきメガジュール）

2　前項の空気調和設備の基準一次エネルギー消費量、空気調和設備以外の機械換気設備の基準一次エネルギー消費量、照明設備の基準一次エネルギー消費量、給湯設備の基準一次エネルギー消費量、昇降機の基準一次エネルギー消費量及びその他一次エネルギー消費量は、国土交通大臣が定める方法により算出するものとする。

（平28経産・国交通令5・一部改正）

（住宅部分の設計一次エネルギー消費量）

第４条　第1条第1項第2号ロ(1)の住宅部分の設計一次エネルギー消費量（住宅部

分の単位住戸の数が1である場合に限る。）及び同号ロ(2)の一次エネルギー消費量モデル住宅の設計一次エネルギー消費量（住宅部分の単位住戸の数が1である場合に限る。）並びに第3項各号の単位住戸の設計一次エネルギー消費量は、次の式により算出した数値（その数値に小数点以下1位未満の端数があるときは、これを切り上げる。）とする。

$E_T=(E_H+E_C+E_V+E_L+E_W-E_S+E_M)\times10^{-3}$

この式において、E_T、E_H、E_C、E_V、E_L、E_W、E_S及びE_Mは、それぞれ次の数値を表すものとする。

E_T　設計一次エネルギー消費量（単位　1年につきギガジュール）

E_H　暖房設備の設計一次エネルギー消費量（単位　1年につきメガジュール）

E_C　冷房設備の設計一次エネルギー消費量（単位　1年につきメガジュール）

E_V　機械換気設備の設計一次エネルギー消費量（単位　1年につきメガジュール）

E_L　照明設備の設計一次エネルギー消費量（単位　1年につきメガジュール）

E_W　給湯設備（排熱利用設備を含む。次項において同じ。）の設計一次エネルギー消費量（単位　1年につきメガジュール）

E_S　エネルギー利用効率化設備による設計一次エネルギー消費量の削減量（単位　1年につきメガジュール）

E_M　その他一次エネルギー消費量（単位　1年につきメガジュール）

2　前項の暖房設備の設計一次エネルギー消費量、冷房設備の設計一次エネルギー消費量、機械換気設備の設計一次エネルギー消費量、照明設備の設計一次エネルギー消費量、給湯設備の設計一次エネルギー消費量、エネルギー利用効率化設備による設計一次エネルギー消費量の削減量及びその他一次エネルギー消費量は、国土交通大臣が定める方法により算出するものとする。

3　第1条第1項第2号ロ(1)の住宅部分の設計一次エネルギー消費量（住宅部分の単位住戸の数が1である場合を除く。以下この項において同じ。）及び同号ロ(2)の一次エネルギー消費量モデル住宅の設計一次エネルギー消費量は、次の各号のいずれかの数値とする。

一　単位住戸の設計一次エネルギー消費量の合計と共用部分（住宅部分のうち単位住戸以外の部分をいう。以下同じ。）の設計一次エネルギー消費量とを合計した数値

二　単位住戸の設計一次エネルギー消費量を合計した数値

4　第2条第1項及び第2項の規定は、前項第1号の共用部分の設計一次エネルギー消費量について準用する。

（平28経産・国交通令5・令元経産・国交通令3・一部改正）

（住宅部分の基準一次エネルギー消費量）

第５条　第1条第1項第2号ロ(1)の住宅部分の基準一次エネルギー消費量（住宅部分の単位住戸の数が1である場合に限る。）及び同号ロ(2)の一次エネルギー消費量モデル住宅の基準一次エネルギー消費量（住宅部分の単位住戸の数が1である場合に限る。）並びに第3項各号の単位住戸の基準一次エネルギー消費量は、次の式により算出した数値（その数値に小数点以下1位未満の端数があるときは、これを切り上げる。）とする。

$E_{ST}=(E_{SH}+E_{SC}+E_{SV}+E_{SL}+E_{SW}+E_{M})\times 10^{-3}$

この式において、E_{ST}、E_{SH}、E_{SC}、E_{SV}、E_{SL}、E_{SW}及びE_{M}は、それぞれ次の数値を表すものとする。

E_{ST}　基準一次エネルギー消費量（単位　1年につきギガジュール）

E_{SH}　暖房設備の基準一次エネルギー消費量（単位　1年につきメガジュール）

E_{SC}　冷房設備の基準一次エネルギー消費量（単位　1年につきメガジュール）

E_{SV}　機械換気設備の基準一次エネルギー消費量（単位　1年につきメガジュール）

E_{SL}　照明設備の基準一次エネルギー消費量（単位　1年につきメガジュール）

E_{SW}　給湯設備の基準一次エネルギー消費量（単位　1年につきメガジュール）

E_{M}　その他一次エネルギー消費量（単位　1年につきメガジュール）

2　前項の暖房設備の基準一次エネルギー消費量、冷房設備の基準一次エネルギー消費量、機械換気設備の基準一次エネルギー消費量、照明設備の基準一次エネルギー消費量、給湯設備の基準一次エネルギー消費量及びその他一次エネルギー消費量は、国土交通大臣が定める方法により算出するものとする。

3　第1条第1項第2号ロ(1)の住宅部分の基準一次エネルギー消費量（住宅部分の単位住戸の数が1である場合を除く。以下この項において同じ。）及び同号ロ(2)の一次エネルギー消費量モデル住宅の基準一次エネルギー消費量は、次の各号に掲げる住宅の区分に応じ、それぞれ当該各号に定めるとおりとする。

一　住宅部分の設計一次エネルギー消費量を前条第3項第1号の数値とした住宅　単位住戸の基準一次エネルギー消費量の合計と共用部分の基準一次エネルギー消費量とを合計した数値

二　住宅部分の設計一次エネルギー消費量を前条第3項第2号の数値とした住宅単位住戸の基準一次エネルギー消費量を合計した数値

4　第3条第1項及び第2項の規定は、前項第1号の共用部分の基準一次エネルギー消費量について準用する。

（平28経産・国交通令5・令元経産・国交通令3・一部改正）

（複合建築物の設計一次エネルギー消費量）

第６条　第1条第1項第3号ロ(1)の複合建築物の設計一次エネルギー消費量は、第2条第1項の規定により算出した非住宅部分の設計一次エネルギー消費量と第4条第1項又は第3項の規定により算出した住宅部分の設計一次エネルギー消費量とを合計した数値とする。

（平28経産・国交通令5・一部改正）

（複合建築物の基準一次エネルギー消費量）

第７条　第1条第1項第3号ロ(1)の複合建築物の基準一次エネルギー消費量は、第3条第1項の規定により算出した非住宅部分の基準一次エネルギー消費量と第5条第1項又は第3項の規定により算出した住宅部分の基準一次エネルギー消費量とを合計した数値とする。

（平28経産・国交通令5・一部改正）

第２章　特定建築主の新築する分譲型一戸建て規格住宅のエネルギー消費性能の一層の向上のために必要な住宅の構造及び設備に関する基準

（特定建築主の新築する分譲型一戸建て規格住宅のエネルギー消費性能の一層の向上のために必要な住宅の構造及び設備に関する基準）

第８条　法第27条第1項の経済産業省令・国土交通省令で定める基準は、次の各号に定める基準とする。ただし、国土交通大臣がエネルギー消費性能を適切に評価できる方法と認める方法によって特定建築主の新築する分譲型一戸建て規格住宅が備えるべきエネルギー消費性能を有することが確かめられた場合においては、この限りでない。

一　特定建築主が令和2年度以降に新築する分譲型一戸建て規格住宅が、第1条第1項第2号イ(1)(ⅰ)に適合するものであること。

二　特定建築主が各年度に新築する分譲型一戸建て規格住宅に係る第1条第1項第2号ロ(1)の住宅部分の設計一次エネルギー消費量の合計が、当該年度に新築する分譲型一戸建て規格住宅の特定建築主基準一次エネルギー消費量（床面積、設備等の条件により定まる特定建築主の新築する分譲型一戸建て規格住宅に係る基準となる一次エネルギー消費量をいう。次条において同じ。）

の合計を超えないこと。

（平28経産・国交通令5・追加、令元経産・国交通令3・一部改正）

（特定建築主基準一次エネルギー消費量）

第9条 特定建築主基準一次エネルギー消費量は、次の各号に掲げる住宅の区分に応じ、それぞれ当該各号に定めるとおりとする。

一 特定建築主が令和元年度までに新築する分譲型一戸建て規格住宅 次の式により算出した数値（その数値に小数点以下1位未満の端数があるときは、これを切り上げる。次号において同じ。）

$$E_{ST} = \{(E_{SH} + E_{SC} + E_{SV} + E_{SL} + E_{SW}) \times 0.9 + E_M\} \times 10^{-3}$$

本条において、E_{ST}、E_{SH}、E_{SC}、E_{SV}、E_{SL}、E_{SW}及びE_Mは、それぞれ次の数値を表すものとする。

E_{ST} 特定建築主基準一次エネルギー消費量（単位 1年につきギガジュール）

E_{SH} 第5条第1項の暖房設備の基準一次エネルギー消費量（単位 1年につきメガジュール）

E_{SC} 第5条第1項の冷房設備の基準一次エネルギー消費量（単位 1年につきメガジュール）

E_{SV} 第5条第1項の機械換気設備の基準一次エネルギー消費量（単位 1年につきメガジュール）

E_{SL} 第5条第1項の照明設備の基準一次エネルギー消費量（単位 1年につきメガジュール）

E_{SW} 第5条第1項の給湯設備の基準一次エネルギー消費量（単位 1年につきメガジュール）

E_M 第5条第1項のその他一次エネルギー消費量（単位 1年につきメガジュール）

二 特定建築主が令和2年度以降に新築する分譲型一戸建て規格住宅 次の式により算出した数値

$$E_{ST} = \{(E_{SH} + E_{SC} + E_{SV} + E_{SL} + E_{SW}) \times 0.85 + E_M\} \times 10^{-3}$$

（平28経産・国交通令5・追加、令元経産・国交通令3・一部改正）

第2章の2 特定建設工事業者の新たに建設する請負型規格住宅のエネルギー消費性能の一層の向上のために必要な住宅の構造及び設備に関する基準

（特定建設工事業者の新たに建設する請負型規格住宅のエネルギー消費性能の一層の向上のために必要な住宅の構造及び設備に関する基準）

第9条の2 法第28条の3第1項の経済産業省令・国土交通省令で定める基準は、次の各号に定める基準とする。ただし、国土交通大臣がエネルギー消費性能を適切に評価できる方法と認める方法によって特定建設工事業者の新たに建設する請負型規格住宅が備えるべきエネルギー消費性能を有することが確かめられた場合においては、この限りでない。

一　特定建設工事業者が令和6年度以降に新たに建設する請負型規格住宅が、第1条第1項第2号イ(1)に適合するものであること。

二　特定建設工事業者が各年度に新たに建設する請負型規格住宅に係る第1条第1項第2号ロ(1)の住宅部分の設計一次エネルギー消費量の合計が、当該年度に新たに建設する請負型規格住宅の特定建設工事業者基準一次エネルギー消費量（床面積、設備等の条件により定まる特定建設工事業者の新たに建設する請負型規格住宅に係る基準となる一次エネルギー消費量をいう。次条において同じ。）の合計を超えないこと。

（令元経産・国交通令3・追加）

（特定建設工事業者基準一次エネルギー消費量）

第9条の3　一戸建て住宅の特定建設工事業者基準一次エネルギー消費量は、次の各号に掲げる住宅の区分に応じ、それぞれ当該各号に定めるとおりとする。

一　特定建設工事業者が令和6年度以降に新たに建設する請負型規格住宅のうち一戸建ての住宅（次号に掲げるものを除く。）　次の式により算出した数値（その数値に小数点以下1位未満の端数があるときは、これを切り上げる。次号及び次項において同じ。）

$$E_{ST}=\{(E_{SH}+E_{SC}+E_{SV}+E_{SL}+E_{SW})\times 0.8+E_{M}\}\times 10^{-3}$$

（本条において、E_{ST}、E_{SH}、E_{SC}、E_{SV}、E_{SL}、E_{SW}及びE_{M}は、それぞれ次の数値を表すものとする。

E_{ST}　特定建設工事業者基準一次エネルギー消費量（単位　1年につきギガジュール）

E_{SH}　第5条第1項の暖房設備の基準一次エネルギー消費量（単位　1年につきメガジュール）

E_{SC}　第5条第1項の冷房設備の基準一次エネルギー消費量（単位　1年につきメガジュール）

E_{SV}　第5条第1項の機械換気設備の基準一次エネルギー消費量（単位　1年につきメガジュール）

E_{SL}　第5条第1項の照明設備の基準一次エネルギー消費量（単位　1年につきメガジュール）

E_{SW}　第5条第1項の給湯設備の基準一次エネルギー消費量（単位　1年につきメガジュール）

（ E_M 第5条第1項のその他一次エネルギー消費量（単位 1年につきメガジュール））

二 特定建設工事業者が令和6年度以降の年度であって経済産業大臣及び国土交通大臣が定める年度以降に新たに建設する請負型規格住宅のうち一戸建ての住宅 次の式により算出した数値

$$E_{ST} = \{(E_{SH} + E_{SC} + E_{SV} + E_{SL} + E_{SW}) \times 0.75 + E_M\} \times 10^{-3}$$

2 特定建設工事業者が令和6年度以降に新たに建設する請負型規格住宅のうち長屋又は共同住宅の特定建設工事業者基準一次エネルギー消費量は、次の式により算出した数値とする。

$$E_{ST} = \{(E_{SH} + E_{SC} + E_{SV} + E_{SL} + E_{SW}) \times 0.9 + E_M\} \times 10^{-3}$$

3 前項の特定建設工事業者基準一次エネルギー消費量は、次の各号に掲げる長屋又は共同住宅の区分に応じ、それぞれ当該各号に定めるとおりとする。

一 住宅部分の設計一次エネルギー消費量を第4条第3項第1号の数値とした長屋又は共同住宅 単位住戸の特定建設工事業者基準一次エネルギー消費量の合計と共用部分の特定建設工事業者基準一次エネルギー消費量とを合計した数値

二 住宅部分の設計一次エネルギー消費量を第4条第3項第2号の数値とした長屋又は共同住宅 単位住戸の特定建設工事業者基準一次エネルギー消費量を合計した数値

4 第3条第1項及び第2項の規定は、前項第1号の共用部分の特定建設工事業者基準一次エネルギー消費量について準用する。この場合において、同条第1項中「$E_{ST} = \{(E_{SAC} + E_{SV} + E_{SL} + E_{SW} + E_{SEV}) + E_M\} \times 10^{-3}$」とあるのは「$E_{ST} = \{(E_{SAC} + E_{SV} + E_{SL} + E_{SW} + E_{SEV}) \times 0.9 + E_M\} \times 10^{-3}$」とする。

（令元経産・国交通令3・追加）

第３章 建築物エネルギー消費性能誘導基準

（建築物エネルギー消費性能誘導基準）

第10条 法第30条第1項第1号の経済産業省令・国土交通省令で定める基準は、次の各号に掲げる建築物の区分に応じ、それぞれ当該各号に定める基準とする。

一 非住宅建築物 次のイ及びロ（非住宅部分の全部を工場、畜舎、自動車車庫、自転車駐車場、倉庫、観覧場、卸売市場、火葬場その他エネルギーの使用の状況に関してこれらに類するもの（イ(1)において「工場等」という。）の用途に供する場合にあっては、ロ）に適合するものであること。ただし、国土交通大臣がエネルギー消費性能を適切に評価できる方法と認める方法によって非住宅部分が建築物のエネルギー消費性能の向上の一層の促進のために誘導すべきエネルギー消費性能を有することが確かめられた場合においては、この限りでない。

イ　次の(1)又は(2)のいずれかに適合すること。

(1)　国土交通大臣が定める方法により算出した非住宅部分（工場等の用途に供する部分を除く。以下(1)及び(2)において同じ。）の屋内周囲空間（各階の外気に接する壁の中心線から水平距離が5メートル以内の屋内の空間、屋根の直下階の屋内の空間及び外気に接する床の直上の屋内の空間をいう。以下(1)及び(2)において同じ。）の年間熱負荷（1年間の暖房負荷及び冷房負荷の合計をいう。以下(1)及び(2)において同じ。）を屋内周囲空間の床面積の合計で除した数値が、用途及び第1条第1項第2号イ(1)の地域の区分（以下単に「地域の区分」という。）に応じて別表に掲げる数値以下であること。ただし、非住宅部分を2以上の用途に供する場合にあっては、当該非住宅部分の各用途の屋内周囲空間の年間熱負荷の合計を各用途の屋内周囲空間の床面積の合計で除して得た数値が、用途及び地域の区分に応じた別表に掲げる数値を各用途の屋内周囲空間の床面積により加重平均した数値以下であること。

(2)　非住宅部分の形状に応じた年間熱負荷モデル建築物（非住宅部分の形状を単純化した建築物であって、屋内周囲空間の年間熱負荷の算出に用いるべきものとして国土交通大臣が認めるものをいう。以下(2)において同じ。）について、国土交通大臣が定める方法により算出した屋内周囲空間の年間熱負荷を屋内周囲空間の床面積の合計で除した数値が、用途及び地域の区分に応じて別表に掲げる数値以下であること。ただし、非住宅部分を2以上の用途に供する場合にあっては、当該非住宅部分に係る年間熱負荷モデル建築物の各用途の屋内周囲空間の年間熱負荷の合計を各用途の屋内周囲空間の床面積の合計で除して得た数値が、用途及び地域の区分に応じた別表に掲げる数値を各用途の屋内周囲空間の床面積により加重平均した数値以下であること。

ロ　次の(1)又は(2)のいずれかに適合すること。

(1)　第1条第1項第1号イの非住宅部分の設計一次エネルギー消費量が、非住宅部分の誘導基準一次エネルギー消費量（床面積、設備等の条件により定まる建築物エネルギー消費性能誘導基準となる一次エネルギー消費量をいう。以下同じ。）を超えないこと。

(2)　第1条第1項第1号ロの一次エネルギー消費量モデル建築物の設計一次エネルギー消費量が、当該一次エネルギー消費量モデル建築物の誘導基準一次エネルギー消費量を超えないこと。

二　住宅　次のイ及びロに適合するものであること。ただし、国土交通大臣がエネルギー消費性能を適切に評価できる方法と認める方法によって住宅部分が建築物のエネルギー消費性能の向上の一層の促進のために誘導すべきエネルギー消費性能を有することが確かめられた場合においては、この限りでない。

イ　住宅部分が第1条第1項第2号イ(1)に適合すること。

ロ　第1条第1項第2号ロ(1)の住宅部分の設計一次エネルギー消費量が、住宅部分の誘導基準一次エネルギー消費量を超えないこと。

三　複合建築物　次のイ又はロのいずれかに適合するものであること。

イ　非住宅部分が第1号に定める基準に適合し、かつ、住宅部分が前号に定める基準に適合すること。

ロ　次の(1)から(3)までに適合すること。

(1)　非住宅部分が第1条第1項第1号に定める基準に適合し、かつ、住宅部分が同項第2号イ(1)及びロに適合すること。

(2)　第1条第1項第3号ロ(1)の複合建築物の設計一次エネルギー消費量が、複合建築物の誘導基準一次エネルギー消費量を超えないこと。

(3)　非住宅部分が第1号イに適合すること。

（平28経産・国交通令5・一部改正・旧第8条繰下、令元経産・国交通令3・一部改正）

（非住宅部分に係る誘導基準一次エネルギー消費量）

第11条　前条第1号ロ(1)の非住宅部分の誘導基準一次エネルギー消費量及び同号ロ(2)の一次エネルギー消費量モデル建築物の誘導基準一次エネルギー消費量は、次の式により算出した数値（その数値に小数点以下1位未満の端数があるときは、これを切り上げる。）とする。

$$E_{ST} = \{(E_{SAC} + E_{SV} + E_{SL} + E_{SW} + E_{SEV}) \times 0.8 + E_M\} \times 10^{-3}$$

この式において、E_{ST}、E_{SAC}、E_{SV}、E_{SL}、E_{SW}、E_{SEV}及びE_Mはそれぞれ次の数値を表すものとする。

E_{ST}　誘導基準一次エネルギー消費量（単位　1年につきギガジュール）

E_{SAC}　第3条第1項の空気調和設備の基準一次エネルギー消費量（単位　1年につきメガジュール）

E_{SV}　第3条第1項の空気調和設備以外の機械換気設備の基準一次エネルギー消費量（単位　1年につきメガジュール）

E_{SL}　第3条第1項の照明設備の基準一次エネルギー消費量（単位　1年につきメガジュール）

E_{SW}　第3条第1項の給湯設備の基準一次エネルギー消費量（単位　1年につきメガジュール）

E_{SEV} 第3条第1項の昇降機の基準一次エネルギー消費量（単位　1年につきメガジュール）
E_{M} 第3条第1項のその他一次エネルギー消費量（単位　1年につきメガジュール）

（平28経産・国交通令5・一部改正・旧第9条繰下）

（住宅部分の誘導基準一次エネルギー消費量）

第12条　第10条第2号ロの住宅部分の誘導基準一次エネルギー消費量（住宅部分の単位住戸の数が1である場合に限る。）及び次項の単位住戸の誘導基準一次エネルギー消費量は、次の式により算出した数値（その数値に小数点以下1位未満の端数があるときは、これを切り上げる。）とする。

$$E_{ST} = \{(E_{SH} + E_{SC} + E_{SV} + E_{SL} + E_{SW}) \times 0.9 + E_{M}\} \times 10^{-3}$$

この式において、E_{ST}、E_{SH}、E_{SC}、E_{SV}、E_{SL}、E_{SW}及びE_{M}は、それぞれ次の数値を表すものとする。
E_{ST}　誘導基準一次エネルギー消費量（単位　1年につきギガジュール）
E_{SH} 第5条第1項の暖房設備の基準一次エネルギー消費量（単位　1年につきメガジュール）
E_{SC} 第5条第1項の冷房設備の基準一次エネルギー消費量（単位　1年につきメガジュール）
E_{SV} 第5条第1項の機械換気設備の基準一次エネルギー消費量（単位　1年につきメガジュール）
E_{SL} 第5条第1項の照明設備の基準一次エネルギー消費量（単位　1年につきメガジュール）
E_{SW} 第5条第1項の給湯設備の基準一次エネルギー消費量（単位　1年につきメガジュール）
E_{M} 第5条第1項のその他一次エネルギー消費量（単位　1年につきメガジュール）

2　第10条第2号ロの住宅部分の誘導基準一次エネルギー消費量（住宅部分の単位住戸の数が1である場合を除く。以下この項において同じ。）は、次の各号に掲げる住宅の区分に応じ、それぞれ当該各号に定めるとおりとする。

一　住宅部分の設計一次エネルギー消費量を第4条第3項第1号の数値とした住宅　単位住戸の誘導基準一次エネルギー消費量の合計と共用部分の誘導基準一次エネルギー消費量とを合計した数値

二　住宅部分の設計一次エネルギー消費量を第4条第3項第2号の数値とした住宅　単位住戸の誘導基準一次エネルギー消費量を合計した数値

3　前条の規定は、前項第1号の共用部分の誘導基準一次エネルギー消費量について準用する。この場合において、同条中「$E_{ST} = \{(E_{SAC} + E_{SV} + E_{SL} + E_{SW} + E_{SEV}) \times 0.8 + E_M\} \times 10^{-3}$」とあるのは「$E_{ST} = \{(E_{SAC} + E_{SV} + E_{SL} + E_{SW} + E_{SEV}) \times 0.9 + E_M\} \times 10^{-3}$」とする。

（平28経産・国交通令5・一部改正・旧第10条繰下、令元経産・国交通令3・一部改正）

（複合建築物の誘導基準一次エネルギー消費量）

第13条　第10条第3号ロ(2)の複合建築物の誘導基準一次エネルギー消費量は、第11条の規定により算出した非住宅部分の誘導基準一次エネルギー消費量と前条第1項又は第2項の規定により算出した住宅部分の誘導基準一次エネルギー消費量とを合計した数値とする。

（平28経産・国交通令5・一部改正・旧第11条繰下）

附　則

（施行期日）

第１条　この省令は、法の施行の日（平成28年4月1日）から施行する。

（経過措置）

第２条　法第19条第1項の規定による届出に係る住宅であって、地域の気候及び風土に応じた住宅であることにより第1条第1項第2号イに適合させることが困難であるものとして国土交通大臣が定める基準に適合するものについて、同号の規定を適用する場合においては、当分の間、同号イの規定は、適用しない。

（令元経産・国交通令3・一部改正）

第３条　この省令の施行の際現に存する建築物の非住宅部分について、第3条及び第11条の規定を適用する場合においては、当分の間、第3条第1項中「$E_{ST} = (E_{SAC} + E_{SV} + E_{SL} + E_{SW} + E_{SEV} + E_M) \times 10^{-3}$」とあるのは「$E_{ST} = \{(E_{SAC} + E_{SV} + E_{SL} + E_{SW} + E_{SEV}) \times 1.1 + E_M\} \times 10^{-3}$」と、第11条中「$E_{ST} = \{(E_{SAC} + E_{SV} + E_{SL} + E_{SW} + E_{SEV}) \times 0.8 + E_M\} \times 10^{-3}$」とあるのは「$E_{ST} = (E_{SAC} + E_{SV} + E_{SL} + E_{SW} + E_{SEV} + E_M) \times 10^{-3}$」とする。

2　この省令の施行の際現に存する建築物の非住宅部分について、第10条第1号の規定を適用する場合においては、当分の間、同号イの規定は、適用しない。

（平28経産・国交通令5・一部改正）

第４条　この省令の施行の際現に存する建築物の住宅部分について、第1条第1項第2号の規定を適用する場合においては、同号ロ(1)に適合する場合に限り、当分の間、同号イの規定は、適用しない。

2　この省令の施行の際現に存する建築物の住宅部分について、第5条及び第12条の規定を適用する場合においては、当分の間、第5条第1項中「$E_{ST} = (E_{SH} +$

$E_{SC}+E_{SV}+E_{SL}+E_{SW}+E_{M}$）$\times 10^{-3}$」とあるのは「$E_{ST}=$ ｛($E_{SH}+E_{SC}+E_{SV}+E_{SL}+E_{SW}$）$\times 1.1+E_{M}$｝$\times 10^{-3}$」と、同条第4項中「準用する。」とあるのは「準用する。この場合において、同条第1項中「$E_{ST}=$（$E_{SAC}+E_{SV}+E_{SL}+E_{SW}+E_{SEV}+E_{M}$）$\times 10^{-3}$」とあるのは、「$E_{ST}=$ ｛($E_{SAC}+E_{SV}+E_{SL}+E_{SW}+E_{SEV}$）$\times 1.1+E_{M}$｝$\times 10^{-3}$」とする。」と、第12条第1項中「$E_{ST}=$ ｛($E_{SH}+E_{SC}+E_{SV}+E_{SL}+E_{SW}$）$\times 0.9+E_{M}$｝$\times 10^{-3}$」とあるのは「$E_{ST}=$（$E_{SH}+E_{SC}+E_{SV}+E_{SL}+E_{SW}+E_{M}$）$\times 10^{-3}$」と、同条第3項中「$E_{ST}=$ ｛($E_{SAC}+E_{SV}+E_{SL}+E_{SW}+E_{SEV}$）$\times 0.9+E_{M}$｝$\times 10^{-3}$」とあるのは「$E_{ST}=$（$E_{SAC}+E_{SV}+E_{SL}+E_{SW}+E_{SEV}+E_{M}$）$\times 10^{-3}$」とする。

3　この省令の施行の際現に存する建築物の住宅部分について、第10条第2号の規定を適用する場合においては、当分の間、同号イの規定は、適用しない。

（平28経産・国交通令5・一部改正）

附　則（平成28・12・21経産・国交通令5）抄

（施行期日）

1　この省令は、建築物のエネルギー消費性能の向上に関する法律附則第1条第2号に掲げる規定の施行の日（平成29年4月1日）から施行する。

附　則（令和元・11・7経産・国交通令3）

（施行期日）

1　この省令は、建築物のエネルギー消費性能の向上に関する法律の一部を改正する法律の施行の日（令和元年11月16日）から施行する。ただし、第2条の規定は、令和2年4月1日から施行する。

（経過措置）

2　この省令の施行の日前にこの省令による改正前の建築物エネルギー消費性能基準等を定める省令（以下「旧省令」という。）附則第2条の規定により所管行政庁が旧省令第1条第1項第2号イに適合させることが困難であると認めた住宅に対する同号イの適用については、なお従前の例による。

別表（第10条関係）（平28経産・国交通令5・一部改正）

	用途		地域の区分							
			1	2	3	4	5	6	7	8
(1)	事務所等		480	480	480	470	470	470	450	570
(2)	ホテル等	客室部	650	650	650	500	500	500	510	670
		宴会場部	990	990	990	1260	1260	1260	1470	2220

(3)	病院等	病室部	900	900	900	830	830	830	800	980
		非病室部	460	460	460	450	450	450	440	650
(4)	百貨店等		640	640	640	720	720	720	810	1290
(5)	学校等		420	420	420	470	470	470	500	630
(6)	飲食店等		710	710	710	820	820	820	900	1430
(7)	集会所等	図書館等	590	590	590	580	580	580	550	650
		体育館等	790	790	790	910	910	910	910	1000
		映画館等	1490	1490	1490	1510	1510	1510	1510	2090

備考

1　単位は、1平方メートル1年につきメガジュールとする。

2　「事務所等」とは、事務所、官公署その他エネルギーの使用の状況に関してこれらに類するものをいう。

3　「ホテル等」とは、ホテル、旅館その他エネルギーの使用の状況に関してこれらに類するものをいう。

4　「病院等」とは、病院、老人ホーム、福祉ホームその他エネルギーの使用の状況に関してこれらに類するものをいう。

5　「百貨店等」とは、百貨店、マーケットその他エネルギーの使用の状況に関してこれらに類するものをいう。

6　「学校等」とは、小学校、中学校、義務教育学校、高等学校、大学、高等専門学校、専修学校、各種学校その他エネルギーの使用の状況に関してこれらに類するものをいう。

7　「飲食店等」とは、飲食店、食堂、喫茶店、キャバレーその他エネルギーの使用の状況に関してこれらに類するものをいう。

8　「図書館等」とは、図書館、博物館その他エネルギーの使用の状況に関してこれらに類するものをいい、「体育館等」とは、体育館、公会堂、集会場、ボーリング場、劇場、アスレチック場、スケート場、公衆浴場、競馬場又は競輪場、社寺その他エネルギーの使用の状況に関してこれらに類するものをいい、「映画館等」とは、映画館、カラオケボックス、ぱちんこ屋その他エネルギーの使用の状況に関してこれらに類するものをいう。

○建築物のエネルギー消費性能の向上に関する法律施行令の規定により、認定建築物エネルギー消費性能向上計画に係る建築物の床面積のうち通常の建築物の床面積を超えることとなるものを定める件

（平成28年2月1日
国土交通省告示第272号）

最終改正　令和元年11月15日国土交通省告示第787号

［（注）　令和元年11月15日国土交通省告示第787号によって改正された部分に下線を付しました。］

建築物のエネルギー消費性能の向上に関する法律施行令（平成28年政令第8号）第13条の規定に基づき、認定建築物エネルギー消費性能向上計画に係る建築物の床面積のうち通常の建築物の床面積を超えることとなるものを次のように定める。

建築物のエネルギー消費性能の向上に関する法律施行令第14条第1項（同条第2項の規定により読み替えて適用される場合を含む。）の国土交通大臣が定める床面積は、次の各号に掲げる設備を設ける部分の床面積の合計とする。

一　太陽熱集熱設備、太陽光発電設備その他再生可能エネルギー源を利用する設備であってエネルギー消費性能の向上に資するもの
二　燃料電池設備
三　コージェネレーション設備
四　地域熱供給設備
五　蓄熱設備
六　蓄電池（床に据え付けるものであって、再生可能エネルギー発電設備と連系するものに限る。）
七　全熱交換器

附　則

この告示は、建築物のエネルギー消費性能の向上に関する法律（平成27年法律第53号）の施行の日（平成28年4月1日）から施行する。

附　則（平成28·12・21国交通告1433）

この告示は、平成29年4月1日から施行する。

附　則（令和元・11・15国交通告787）

この告示は、建築物のエネルギー消費性能の向上に関する法律の一部を改正する法律の施行の日（令和元年11月16日）から施行する。

○建築物のエネルギー消費性能の向上に関する法律施行規則第40条第2号の規定に基づき、国土交通大臣が定める者を定める件

（平成28年2月29日 国土交通省告示第431号）

改正　平成28年12月21日国土交通省告示第1433号

建築物のエネルギー消費性能の向上に関する法律施行規則（平成28年国土交通省令第5号）第40条第2号の規定に基づき、国土交通大臣が定める者を次のように定める。

建築物のエネルギー消費性能の向上に関する法律施行規則第40条第2号の国土交通大臣が定める者は、同条第1号イからニまでのいずれかに該当する者であり、かつ、同号に規定する登録適合性判定員講習と同等以上の内容を有すると国土交通大臣が認める講習（建築物のエネルギー消費性能の向上に関する法律（平成27年法律第53号）附則第1条第2号に掲げる規定の施行の日前に行われたものに限る。）を修了した者とする。

附　則

この告示は、建築物のエネルギー消費性能の向上に関する法律附則第1条第2号に掲げる規定の施行の日から施行する。

附　則（平成28・12・21国交通告1433）

この告示は、平成29年4月1日から施行する。

○建築物のエネルギー消費性能の表示に関する指針

（平成28年3月11日
国土交通省告示第489号）

最終改正　令和元年11月15日国土交通省告示第785号

［(注)　令和元年11月15日国土交通省告示第785号によって改正された部分に下線を付しました。］

建築物のエネルギー消費性能の向上に関する法律（平成27年法律第53号）第7条の規定を実施するため、建築物のエネルギー消費性能の表示に関する指針を次のように定めたので、告示する。

建築物のエネルギー消費性能の表示に関する指針

建築物の販売又は賃貸を行う事業者（以下「販売・賃貸事業者」という。）は、建築物のエネルギー消費性能の向上に関する法律（以下「法」という。）第7条の規定に基づき、次に定めるところにより、その販売又は賃貸を行う建築物について、エネルギー消費性能を表示するよう努めるものとする。

1. 遵守事項

販売・賃貸事業者は、その販売又は賃貸を行う建築物について、エネルギー消費性能を表示する場合においては、(1)の表示事項について、(2)の表示方法により、(3)に留意して、表示するよう努めるものとする。ただし、法第36条第3項の規定に基づき表示を付する場合にあっては、本指針で定めるところにより表示をしたものとする。

(1)　表示事項

表示を行う事項は次のとおりとする。ただし、⑤から⑦までの設計一次エネルギー消費量及び基準一次エネルギー消費量は、非住宅建築物（建築物エネルギー消費性能基準等を定める省令（平成28年経済産業省・国土交通省令第1号。以下「基準省令」という。）第1条第1項第1号に規定する非住宅建築物をいう。以下同じ。）にあっては同号イの設計一次エネルギー消費量及び基準一次エネルギー消費量の算出方法、同号ロの設計一次エネルギー消費量及び基準一次エネルギー消費量の算出方法又は同号ただし書の国土交通大臣がエネルギー消費性能を適切に評価できる方法と認める方法により算出された数値から、同令第2条第1項及び第3条第1項のその他一次エネルギー消費量を減じた数値とし、住宅（同令第1条第1項第2号に規定する住宅をいう。以下同じ。）にあっては同号ロ(1)及び(2)の設計一次エネルギー消費量及び基準一次エネルギー消費量の算出方法又は同号ただし書の国土交通大臣がエネルギー消費性能を適切に評価できる方法と認める方法により算出された数値から、同令第4条第1項及び第5条第1項のその他一次エネルギー消費量を減じた数値とし、複合建築物（同令第1条第1項第1号に規定する複合建築物をいう。以下同じ。）にあっては同項第3号ロ(1)の設計一次エネルギー消費量及び基準一次エネルギー消費量の算出方法により算出された数値から、同令第2条第1項、第3条第1項、第4条第1項及び第5条第1項のその他一次エネルギー消費量を減じた数値とする。

① 建築物の名称。ただし、建築物が一戸建ての住宅である場合にあっては、当該建築物の名称の表示を省略することができる。

② 評価年月日

③ 第三者認証（法第2条第5号に規定する所管行政庁又は法第15条第1項に規定する登録建築物エネルギー消費性能判定機関若しくは建築物のエネルギー消費性能の評価についてこれと同等以上の能力を有する機関が行った建築物のエネルギー消費性能に関する認証をいう。以下同じ。）又は自己評価（第三者認証以外の建築物のエネルギー消費性能に関する評価をいう。以下同じ。）の別

④ 第三者認証の場合にあっては、認証を行った機関の名称

⑤ 設計一次エネルギー消費量の基準一次エネルギー消費量からの削減率。削減率は次の式により算出する数値（一未満の端数があるときは、これを切り捨てる。）とする。

$$\frac{\text{基準一次エネルギー消費量}-\text{設計一次エネルギー消費量}}{\text{基準一次エネルギー消費量}}\times 100$$

⑥ 基準一次エネルギー消費量、誘導基準一次エネルギー消費量（非住宅建築物にあっては基準省令第10条第1号ロの誘導基準一次エネルギー消費量の算出方法により、住宅にあっては同条第2号ロの誘導基準一次エネルギー消費量の算出方法により、複合建築物にあっては同条第3号ロ(2)の誘導基準一次エネルギー消費量の算出方法によりそれぞれ算出された数値から、基準省令第11条及び第12条第1項のその他一次エネルギー消費量を減じた数値をいう。）及び設計一次エネルギー消費量の関係を明らかにした図

⑦ 設計一次エネルギー消費量が基準一次エネルギー消費量を超えないとき（住宅にあっては、基準省令第1条第1項第2号ロ(3)の基準に適合している場合を、複合建築物にあっては、非住宅部分が同項第1号に適合し、かつ、住宅部分が同項第2号ロに適合している場合を含む。）は、その旨

⑧ 非住宅建築物にあっては基準省令第10条第1号イに適合しているとき又

は同号ただし書の国土交通大臣がエネルギー消費性能を適切に評価できる方法と認める方法によって当該非住宅建築物が備えるべき外皮性能を有することが確かめられたとき、住宅にあっては基準省令第1条第1項第2号イに適合しているとき又は同号ただし書の国土交通大臣がエネルギー消費性能を適切に評価できる方法と認める方法によって当該住宅が備えるべき外皮性能を有することが確かめられたとき、複合建築物にあっては非住宅部分が基準省令第10条第1号イに、住宅部分が基準省令第1条第1項第2号イにそれぞれ適合しているときは、その旨

⑨　建築物の一部について建築物のエネルギー消費性能の評価を実施した場合にあっては、建築物の一部の評価である旨

⑩　第三者認証の場合にあっては、第三者認証を表すマーク（以下「第三者認証マーク」という。）

(2)　表示方法

(1)の表示事項を表示するに当たっては、次の方法によることとする。

①　(1)の表示事項は、別表の(1)に定めるラベルにより表示すること。ただし、ラベルを付する部分の地の色やデザインに応じて当該ラベルの色（別表のラベルの欄中イの部分は除く。）、文字の配置及び大きさ等を変更することができる。

②　(1)の表示事項は、建築物本体に貼付し若しくは刻印し又は広告、宣伝用物品、売買契約若しくは賃貸借契約に関する書類、電磁的記録その他の建築物と表示事項との対応関係が明らかな印刷物等に表示し、及び見やすい箇所に表示すること。

③　ラベルを付することができる範囲が著しく制約されるときは、(1)の表示事項（②、③及び⑤を除く。）の一部を省略することができる。

(3)　その他の事項

外皮性能を表す数値を表示する場合にあっては、非住宅建築物にあっては年間熱負荷係数（基準省令第10条第1号イの屋内周囲空間の年間熱負荷を屋内周囲空間の床面積の合計で除した数値をいう。以下同じ。）を、用途及び同令第1条第1項第2号イ(1)(ⅰ)及び(ⅱ)の地域の区分（以下「地域の区分」という。）に応じて基準省令別表に掲げる数値で除した数値（非住宅建築物を2以上の用途に供する場合にあっては、同令第10条第1号イの各用途の屋内周囲空間の年間熱負荷の合計を各用途の屋内周囲空間の床面積の合計で除した数値を、用途及び地域の区分に応じた同令別表に掲げる数値を各用途の屋内周囲空間の床面積により加重平均した数値で除した数値とする。）又は国土交通大臣がエネルギー消費性能を適切に評価できる方法と認める方法により

算出された数値を、住宅にあっては同令第1条第1項第2号イ(1)(ⅰ)及び(2)(ⅰ)の外皮平均熱貫流率若しくは冷房期の平均日射熱取得率、同号イ(1)(ⅱ)及び(2)(ⅱ)の住棟単位外皮平均熱貫流率若しくは住棟単位冷房期平均日射熱取得率又は国土交通大臣がエネルギー消費性能を適切に評価できる方法と認める方法により算出された数値を、複合建築物の非住宅部分にあっては年間熱負荷係数を用途及び地域の区分に応じて同令別表に掲げる数値で除した数値（複合建築物の非住宅部分を2以上の用途に供する場合にあっては、同令第10条第1号イの各用途の屋内周囲空間の年間熱負荷の合計を各用途の屋内周囲空間の床面積の合計で除した数値を、用途及び地域の区分に応じた同令別表に掲げる数値を各用途の屋内周囲空間の床面積により加重平均した数値で除した数値とする。）を、複合建築物の住宅部分にあっては同令第1条第1項第2号イ(1)(ⅰ)及び(2)(ⅰ)の外皮平均熱貫流率及び冷房期の平均日射熱取得率又は同号イ(1)(ⅱ)及び(2)(ⅱ)の住棟単位外皮平均熱貫流率若しくは住棟単位冷房期平均日射熱取得率を、それぞれ表示すること。

2. 推奨事項

販売・賃貸事業者は、その販売又は賃貸を行う建築物について、エネルギー消費性能を表示する場合においては、次の事項に配慮するものとする。

(1) 表示事項

表示を行う事項については、1の(1)の表示事項に加え、一次エネルギー消費量を算出した場合にあっては、基準一次エネルギー消費量及び設計一次エネルギー消費量を表示することが望ましい。この場合において、非住宅建築物にあっては基準省令第1条第1項第1号イの設計一次エネルギー消費量及び基準一次エネルギー消費量の算出方法又は同号ただし書の国土交通大臣がエネルギー消費性能を適切に評価できる方法と認める方法により算出された数値から、同令第2条第1項及び第3条第1項のその他一次エネルギー消費量を減じた数値を、住宅にあっては同令第1条第1項第2号ロ(1)の設計一次エネルギー消費量及び基準一次エネルギー消費量の算出方法又は同号ただし書の国土交通大臣がエネルギー消費性能を適切に評価できる方法と認める方法により算出された数値から、同令第4条第1項及び第5条第1項のその他一次エネルギー消費量を減じた数値を、複合建築物にあっては同令第1条第1項第3号ロ(1)の設計一次エネルギー消費量及び基準一次エネルギー消費量の算出方法により算出された数値から、同令第2条第1項、第3条第1項、第4条第1項及び第5条第1項のその他一次エネルギー消費量を減じた数値を延べ床面積で除した数値を表示することとする。

(2)　その他の事項

1の(1)の表示事項及び(1)の表示事項を表示するに当たっては、次の方法によることとする。

① (1)の表示事項は、別表の(2)に定めるラベルにより表示すること。ただし、ラベルを付する部分の地の色やデザインに応じて当該ラベルの色、文字の配置及び大きさ等を変更することができる。

② 1の(1)⑤から⑧まで、1の(3)及び2の(1)において採用した建築物のエネルギー消費性能の評価の方法について、解説が記載された資料の配布その他の適切な手段により明らかにすること。

③ 建築物のエネルギー消費性能の程度を示す段階的な指標を表示する場合にあっては、当該指標の考え方等について、解説が記載された資料の配布その他の適切な手段により明らかにすること。

④ 販売・賃貸事業者は、建築物の販売又は賃貸をしようとするときは、当該建築物の購入又は賃借をしようとする者に対し、当該建築物のエネルギー消費性能に関する表示の内容を説明すること。

附　則

この告示は、法の施行の日（平成28年4月1日）から施行する。

附　則（平成28・12・21国交通告1433）

この告示は、平成29年4月1日から施行する。

附　則（令和元・11・15国交通告785）

この告示は、令和元年11月16日から施行する。

別表

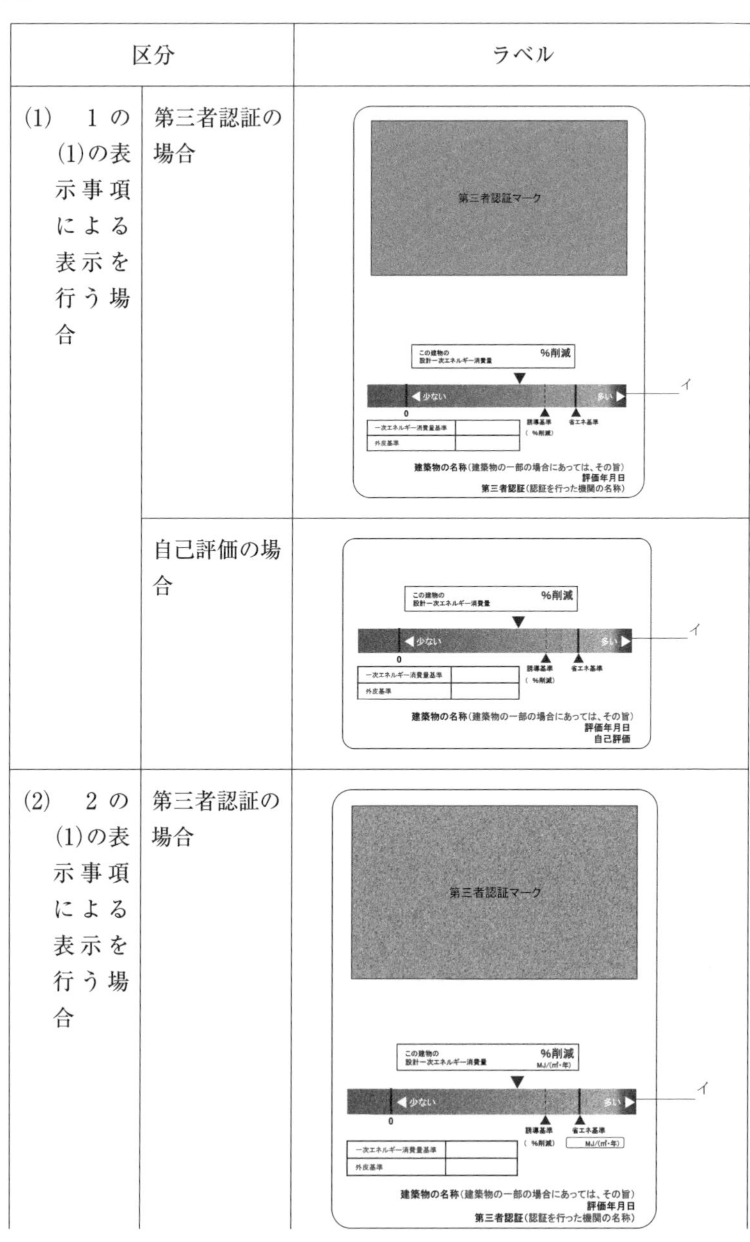

区分		ラベル
(1)　1の(1)の表示事項による表示を行う場合	第三者認証の場合	第三者認証マーク この建物の 設計一次エネルギー消費量　%削減 ◀少ない　多い▶　イ 0　誘導基準（　%削減）　省エネ基準 一次エネルギー消費量基準 外皮基準 建築物の名称（建築物の一部の場合にあっては、その旨） 評価年月日 第三者認証（認証を行った機関の名称）
	自己評価の場合	この建物の 設計一次エネルギー消費量　%削減 ◀少ない　多い▶　イ 0　誘導基準（　%削減）　省エネ基準 一次エネルギー消費量基準 外皮基準 建築物の名称（建築物の一部の場合にあっては、その旨） 評価年月日 自己評価
(2)　2の(1)の表示事項による表示を行う場合	第三者認証の場合	第三者認証マーク この建物の 設計一次エネルギー消費量　%削減 MJ/(㎡・年) ◀少ない　多い▶　イ 0　誘導基準（　%削減）　省エネ基準　MJ/(㎡・年) 一次エネルギー消費量基準 外皮基準 建築物の名称（建築物の一部の場合にあっては、その旨） 評価年月日 第三者認証（認証を行った機関の名称）

<table>
<tr><td></td><td>自己評価の場合</td><td>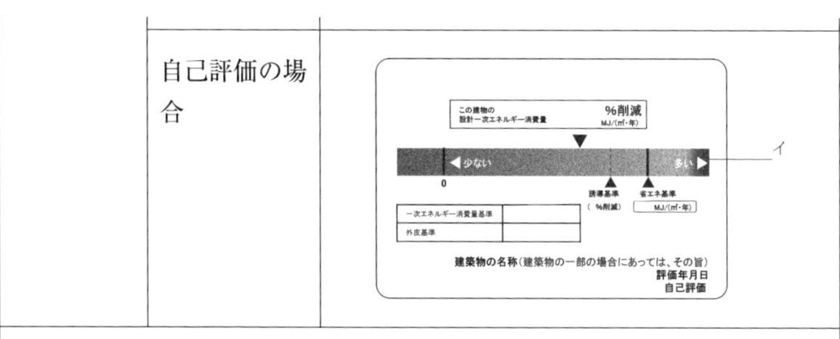
</td></tr>
<tr><td colspan="3">備考
ラベルの欄中イの部分の色は、左端部において緑色、右端部において赤色となるよう色の変化が行われたものとする。</td></tr>
</table>

○建築物のエネルギー消費性能の向上に関する基本的な方針

（令和元年11月18日
国土交通省告示第793号）

建築物のエネルギー消費性能の向上に関する法律（平成27年法律第53号）第3条第1項の規定に基づき、建築物のエネルギー消費性能の向上に関する基本的な方針（平成28年国土交通省告示第609号）の全部を次のように改正したので、同条第6項において準用する同条第5項の規定により公表する。

建築物のエネルギー消費性能の向上に関する基本的な方針

第1　建築物のエネルギー消費性能の向上の意義及び目標に関する事項

1.　意義

我が国はエネルギー源の中心となっている化石燃料に乏しく、その大宗を海外からの輸入に頼る根本的脆弱性を抱えており、国民生活及び産業活動の基盤となるエネルギーの安定的確保は常に大きな課題であり、エネルギーの需給構造の早期安定化が不可欠である。また、エネルギーの安定的供給構造の確立とともに、徹底した省エネルギー社会の実現、再生可能エネルギーの導入加速化等を推進することが強く求められている。

こうした中、平成27年（2015年）7月、令和12年度（2030年度）におけるエネルギー需給構造のあるべき姿を示した長期エネルギー需給見通しが策定され、さらに、平成30年（2018年）7月に閣議決定された第5次エネルギー基本計画の中で、その実現を目指すこととされている。長期エネルギー需給見通しにおいては、省エネルギー対策の見通しとして、令和12年度（2030年度）のエネルギー消費量を省エネルギー対策前と比較して約13%削減することが掲げられている。

エネルギー消費量については、産業部門・運輸部門が減少・微増する中、業務・家庭部門において著しく増加し、現在ではエネルギー消費量全体の約3割を占めるに至っており、省エネルギー社会を確立していく上では、業務・家庭部門のエネルギー消費量の削減が喫緊の課題となっている。業務・家庭部門において高い省エネルギー効果が期待されるのは、建築物の省エネルギー化であることから、建築物の新築や増改築等の建築行為の機会を捉えて、外壁、窓等の断熱性能等の確保や高効率設備の導入等の省エネルギー化のための措置を講じ、建築物のエネルギー消費性能の向上を図ることが必要である。

また、平成27年（2015年）12月に、温室効果ガス排出削減のための国際的な枠組みである「パリ協定」が採択（平成28年（2016年）11月発効）され、同協定を踏まえ、平成28年（2016年）5月に閣議決定された地球温暖化対策計画において、長期エネルギー需給見通しと整合的なものとして、令和12年度（2030年度）の温室効果ガス排出量を平成25年度（2013年度）と比較して26.0％削減する目標が掲げられている。その内訳として、業務その他部門及び家庭部門の温室効果ガス排出削減目標は、それぞれ令和12年度（2030年度）に平成25年度（2013年度）比で約40％削減することとされており、その削減に当たっては、新築建築物における建築物エネルギー消費性能基準（建築物の備えるべきエネルギー消費性能の確保のために必要な建築物の構造及び設備に関する基準をいう。以下同じ。）への適合の推進や既存建築物の省エネルギー改修等により建築物のエネルギー消費性能の向上を図ることが、今後一層重要となる。さらには、建築物の外壁、窓等の断熱化等は、省エネルギーの観点のみならず、室内の温熱環境の改善にもつながることから、居住者等の健康の維持及び増進や執務環境の向上等に寄与することが考えられる。

建築物のエネルギー消費性能の向上に関する法律（以下「本法」という。）は、こうした建築物のエネルギー消費性能の向上を図るための措置を定めたものであり、エネルギーの使用の合理化等に関する法律（昭和54年法律第49号）と相まって、建築物のエネルギー消費性能の向上を図り、もって国民経済の健全な発展と国民生活の安定向上に寄与することを目的としている。

2．目標

建築物のエネルギー消費性能の向上は、我が国の業務・家庭部門のエネルギー消費量を削減していくための取組の一環を成すものであり、次に掲げる事項を目標とするものである。

(1)　新築時の建築物エネルギー消費性能基準への適合の確保

建築物の新築時は、外壁、窓等の断熱性能等の確保や高効率設備の導入等を比較的行いやすく、また、建築物は一旦新築されればストックとして長期にわたり使用されることから、建築ストックのエネルギー消費性能の向上を図るためには、新築時に一定のエネルギー消費性能を確実に確保することが重要である。そこで、新築の建築物については、建築物エネルギー消費性能基準への適合の確保に向けて、建築物の規模・用途ごとの特性に応じた実効性の高い対策を講じることとする。

このため、本法では、住宅以外の一定規模以上の建築物について、新築時に建築物エネルギー消費性能基準への適合を義務付ける制度（以下「基準適合義務制度」という。）の対象とするとともに、基準適合義務制度の対象となっていない建築物についても、中規模以上のものの新築については届出を義務付ける制度（以下「届出義務制度」という。）の対象とすることとする。

また、これら基準適合義務制度及び届出義務制度に係る建築物以外の建築物（以下「小規模建築物」という。）についても、設計を行う建築士による建築物エネルギー消費性能基準への適合性の評価及び当該評価の結果等についての建築主への説明を義務付ける制度（以下「評価・説明義務制度」という。）の対象とすることとする。

(2)　既存ストックの省エネルギー改修の促進

膨大な建築ストックのエネルギー消費性能を向上させるためには、建築物の新築時のエネルギー消費性能の確保に加えて、既存建築物のエネルギー消費性能の向上も重要である。一方で、増改築以外の改修による建築物のエネルギー消費性能の向上については、新築や増改築に比べてコストや構造上の制約が大きい。そこで、本法では、増改築の場合については、基準適合義務制度、届出義務制度及び評価・説明義務制度によって、その他の改修の場合については、建築物のエネルギー消費性能に係る認定や表示の制度等によってエネルギー消費性能の向上を推進し、支援措置と相まって、建築ストック全体のエネルギー消費性能の底上げを図ることとする。

(3)　エネルギー消費性能に優れた建築物の整備及び普及促進

国全体のエネルギー消費量を削減するに当たっては、エネルギー消費性能が建築物エネルギー消費性能基準を超える優れた建築物の普及を図ることが不可欠である。このため、以下の取組を行う。

①　ZEH、ZEB、LCCM住宅

新築建築物について、外壁、窓等の断熱性能等の確保及び設備の大幅な効率化を図るとともに、再生可能エネルギーの利用を推進し、年間の一次エネルギー消費量が正味（ネット）でゼロ又は概ねゼロとなるZEH（ネット・ゼロ・エネルギー・ハウス）やZEB（ネット・ゼロ・エネルギー・ビル）の更なる普及を図る。

これらZEH・ZEBとあわせて、資材製造や建設段階から運用段階までの二酸化炭素排出量の削減、住宅の長寿命化によりライフサイクル全体を通じた二酸化炭素排出量をマイナスにするLCCM住宅（ライフ・サイクル・カーボン・マイナス住宅）の普及を目指す。

② 住宅トップランナー制度

特定建築主（自らが定めた一戸建ての住宅の構造及び設備に関する規格（屋根、壁又は床その他の構造の寸法等及び空気調査設備その他の設備の種類等に関する規格をいう。以下②及び第2の2.（4）において同じ。）に基づき一戸建ての住宅を一定戸数以上新築し、これを分譲することを業として行う建築主をいう。以下同じ。）の新築する当該規格に基づく一戸建ての住宅（第3の4. において「分譲型一戸建て規格住宅」という。）及び特定建設工事業者（自らが定めた住宅の構造及び設備に関する規格に基づく住宅を新たに一定戸数以上建設する工事を業として請け負う者をいう。以下同じ。）の新たに建設する当該規格に基づく住宅（第3の4. において「請負型規格住宅」という。）について、それぞれ目標年度においてこれらの住宅のエネルギー消費性能の一層の向上のために必要な住宅の構造及び設備に関する基準を設定し、建築物のエネルギー消費性能の向上を図る。

③ 建築物エネルギー消費性能向上計画の認定及び容積率の特例制度

建築物のエネルギー消費性能が建築物エネルギー消費性能基準を超え、かつ、建築物のエネルギー消費性能の向上の一層の促進のために誘導すべき基準（以下「建築物エネルギー消費性能誘導基準」という。）に適合すること等の基準を満たす場合には、建築物エネルギー消費性能向上計画の認定及び容積率の特例を受けることができることとし、エネルギー消費性能の優れた建築物の普及を図ることとする。

④ 建築物のエネルギー消費性能の表示制度

建築物の建築主や買主及び借主等の消費者が建築物の購入や賃借に当たり、建築物のエネルギー消費性能に関する情報を容易に取得できるよう、建築物のエネルギー消費性能の表示制度の充実及び定着により環境性能の見える化を図ることで、エネルギー消費性能の優れた建築物が市場で適切に評価され、消費者に選択される環境の整備を進める。

第2　建築物のエネルギー消費性能の向上のための施策に関する基本的な事項

1. 国、地方公共団体等の各主体の役割

建築ストックのエネルギー消費性能の向上を図るためには、建築主等が、その意義及び目標を十分認識して自発的に取り組むことが重要である。

このため、国及び地方公共団体は、建築物のエネルギー消費性能の向上の意義及び目標に関し、建築主等に対する啓発に努めるとともに、建築主等の取組をできる限り支援する観点から、エネルギー消費性能に優れた建築物の建築等（建築物の新築、増築若しくは改築（以下「建築」という。)、建築物の修繕若しくは模様替又は建築物への空気調和設備等の設置若しくは建築物に設けた空気調和設備等の改修をいう。）を行いやすい環境の整備や負担軽減のための制度の構築等、必要な施策を講ずるよう努めることとする。

具体的には、国は、地方公共団体及び関係する団体・機関等と協力して、建築主等、設計者、施工者、建築物の販売又は賃貸を行う事業者（以下「販売・賃貸事業者」という。）等に対して、本法の基準及び手続並びに支援制度の周知に取り組むとともに、建築物の設計及び施工、建築物エネルギー消費性能適合性判定等を担う技術者の育成を含め、当該判定等に係る執行体制の充実及び強化に努めるものとする。

また、エネルギー消費性能に優れた建築物の普及及び啓発の観点からも、国や地方公共団体の公共建築物については、積極的にエネルギー消費性能の向上を図る必要がある。特に、不特定多数の者が利用する公共建築物については、当該建築物のエネルギー消費性能を積極的に表示することにより、建築物のエネルギー消費性能に係る表示の普及に努めるものとする。

建築物のエネルギー消費量を削減するためには、本法に定める建築物のエネルギー消費性能の向上に関する措置とあわせて、建築物の使用者による自主的な省エネルギーのための行動を促すことが重要である。そこで、国は、地方公共団体や設計者、施工者、販売・賃貸事業者等と連携し、建築物のエネルギー消費性能の向上による温室効果ガス排出量の削減の必要性や光熱費の削減の効果などについて、建築物の建築主や買主及び借主等の消費者に対して情報発信を行うよう努めるものとする。この際、建築物のエネルギー消費性能の向上は、光熱費等の削減だけでなく、断熱化による室内の温熱環境の改善、ヒートショックの防止及び壁の表面結露・カビ発生による室内空気質の汚染防止等につながり、ひいては居住者の健康維持や快適性の向上等に資することについて、理解を促すことが必要である。こうした情報発信を進めるため、住宅の断熱性能向上に伴う多様な効果についての検証を進める。あわせて、消費者が物件選択の際に住宅の省エネ性能を容易に把握できるようにするため、住宅情報提供サイト等において、消費者にとってわかりやすい想定光熱費情報を含めた省エネ性能の表示を促す方策の検討を進める。

また、既存建築物のエネルギー消費性能の向上を着実に進めていくためにはエネルギー消費性能を向上させるための改修の実施にあたって、既存建築物のエネルギー消費性能を診断・評価する必要があることから、当該診断・評価を簡易に実施する手法の開発等を進めるとともに、長時間利用する室のエネルギー消費性能を向上させるための改修など部分的・効率的な改修の有効性等について検証しつつ、当該改修を促す方策についても検討を進める。

国及び地方公共団体は、こうした取組を着実に進めることで、業務その他部門及び家庭部門に係る建築物のエネルギー消費量及び温室効果ガス排出量の削減についての令和12年度（2030年度）の中期目標等の達成を確実なものとする。また、国は、令和32年（2050年）までに80％の温室効果ガスの削減を目指すといった長期的目標の達成も見据え、建築物のエネルギー消費性能に関する実態や設計・施工に係る実態等について継続的に最新の状況を把握し、その状況を踏まえ、制度の不断の見直し等を図ることとする。

2．本法に定める建築物のエネルギー消費性能の向上のための措置に関する基本的な考え方

建築物のエネルギー消費性能の向上を図るためには、建築物の特性を踏まえつつ、規制的措置と誘導的措置とを一体的に講ずることが有効である。

そこで、本法では、建築物の新築時等において、一定のエネルギー消費性能の確保を図るための規制的措置として、(1)基準適合義務制度、(2)届出義務制度及び(3)評価・説明義務制度を設けるとともに、高いエネルギー消費性能を有する住宅の供給促進を図るため、(4)特定建築主の新築する住宅及び特定建設工事業者の新たに建設する住宅について、エネルギー消費性能の一層の向上のために必要な住宅の構造及び設備に関する基準に適合させるよう求める制度（以下「住宅トップランナー制度」という。）を設けている。

また、誘導的措置としては、エネルギー消費性能に優れた建築物が市場で適切に評価される環境を整備するための(5)基準適合認定建築物（建築物エネルギー消費性能基準に適合している旨の所管行政庁の認定を受けた建築物をいう。以下(5)②において同じ。）に係る表示制度とともに、エネルギー消費性能に優れた建築物の建築等を誘導するための(6)建築物エネルギー消費性能誘導基準に適合すること等の基準を満たす場合の容積率の特例を設けている。

(1)　基準適合義務制度

建築物の建築の機会を捉えて、省エネルギー化のための措置を講ずることが効果的であることから、本法では、住宅以外の一定規模以上の建築物

の建築をしようとする場合に、建築主に対して基準適合義務を課している。

所管行政庁は、登録建築物エネルギー消費性能判定機関、建築基準法（昭和25年法律第201号）第2条第35号に規定する特定行政庁及び同法第77条の21に規定する指定確認検査機関とともに、建築をしようとする建築主に対して、建築確認と併せて建築物エネルギー消費性能適合性判定等の手続が必要となる旨を十分に周知し、確実な実施と建築物エネルギー消費性能基準への適合の確保に努めるものとする。

(2)　届出義務制度

基準適合義務制度の対象となっていない建築物のエネルギー消費量についても、新築建築物全体のエネルギー消費量に占める割合は少なくないことから、本法では、一定規模以上の建築物の建築の際には、建築主による所管行政庁への届出を義務付けている。

その際、建築主が建築物エネルギー消費性能基準に適合していることを証明する登録住宅性能評価機関（住宅の品質確保の促進等に関する法律（平成11年法律第81号）第5条第1項に規定するものをいう。）等による評価の結果（以下(2)において「評価書」という。）を提出する場合には、届出期限を短縮するとともに、届出に係る手続の簡素化を図ることとする。

所管行政庁は、届出に係る建築物の計画が、建築物エネルギー消費性能基準に適合せず、必要と認めるときは、建築主に対して計画の変更の指示等をすることができるが、届出に際して評価書が提出される場合は所管行政庁の審査業務の負担が軽減されることから、所管行政庁による建築物エネルギー消費性能基準に適合しない建築物への対応を強化することとする。具体的には、建築物エネルギー消費性能基準に適合しない全ての建築物の建築主を対象に、当該基準の適合に向けた計画の再検討の指導・助言等を行うとともに、著しく建築物エネルギー消費性能が低い建築物（原則として、建築物エネルギー消費性能基準に適合しない建築物であって、地域ごとに、当該地域における新築の建築物（届出義務制度の対象となるものに限る。）の約9割が満たす建築物エネルギー消費性能の水準に達していないものとすることが考えられる。）の建築主を対象に、計画の変更の指示等を行うことを通じて、建築物エネルギー消費性能基準の適合率の向上を図るよう努めることとする。

(3)　評価・説明義務制度

小規模建築物は、一棟あたりのエネルギー消費量は小さいものの、着工棟数は建築物全体の9割以上を、エネルギー消費量は建築物全体の4割近くを占めることから、そのエネルギー消費性能の向上が不可欠である。

小規模建築物の建築主の多くは建築物エネルギー消費性能を高めることについて潜在的な関心を有するものの、十分な専門的知見がない個人であり、その関心は専門的な知見を有する者からの具体的な説明や提案を受けて初めて顕在化・具体化するという性質を有する。

こうした小規模建築物の特性を踏まえ、本法では、評価・説明義務制度を通じて建築士が関与しながら小規模建築物の建築主の行動変容を促し、建築物エネルギー消費性能基準への適合を推進することとする。

具体的には、建築主が、建築しようとする小規模建築物について建築物エネルギー消費性能基準に適合させるための措置を適切に検討できるよう、建築主から評価・説明を要しない旨の意思の表明があった場合を除き、建築士が、設計した小規模建築物の建築物エネルギー消費性能基準への適合性について評価を行うとともに、当該設計の委託をした建築主に対し、当該小規模建築物が建築物エネルギー消費性能基準に適合するか否か及び適合していない場合には建築物エネルギー消費性能の確保のためにとるべき措置について、説明することとする。

(4)　特定建築主の新築する住宅及び特定建設工事業者の新たに建設する住宅に係る措置

特定建築主及び特定建設工事業者（以下(4)において「特定建築主等」という。）においては、エネルギー消費性能に係る標準仕様の整備、建築材料の一括発注等の生産体制が主流となってきており、その供給する住宅の大部分は、自らが定めた住宅の構造及び設備に関する規格に基づく住宅である。特定建築主等は、市場全体の建材の品質・価格形成や施工技術の水準等に与える影響が大きく、エネルギー消費性能の高い建築物の開発・供給を促すことにより、新築住宅全体のエネルギー消費性能の向上を効率的に進めることができる。

こうした点に着目し、住宅トップランナー制度において、特定建築主等を対象として、これらの事業者が供給する住宅のエネルギー消費性能の実態等を踏まえた適切な水準の基準を設定し、エネルギー消費性能の向上を図る。

また、国土交通大臣は、目標年度において当該基準への適合状況が不十分であるなど、エネルギー消費性能の向上を相当程度行う必要があると認めるときは、特定建築主等に対して勧告・命令を行うことができることから、特定建設工事業者の供給する住宅の最終的なエネルギー消費性能は建築主が決定することに留意しつつ、勧告の実施等を通じて、制度の効果的な運用に努めるものとする。

(5)　表示制度

建築物のエネルギー消費性能の向上を図るためには、建築物のエネルギー消費性能の見える化を通じて、エネルギー消費性能に優れた建築物が市場で適切に評価され、消費者に選択されるような環境整備を図ることが重要である。具体的には、信頼性の高い評価指標や第三者の評価による建築物のエネルギー消費性能の表示制度の充実及び普及が有効である。

こうした表示制度の普及により、建築主等に対してインセンティブが付与され、建築物のエネルギー消費性能の向上につながることが期待される。

①　販売・賃貸事業者の建築物のエネルギー消費性能の表示に関する努力義務

本法において、販売・賃貸事業者は、その販売又は賃貸を行う建築物について、エネルギー消費性能を表示するよう努めなければならない旨規定されている。国は、販売・賃貸事業者が、建築物のエネルギー消費性能の表示を行うに当たり、表示することが望ましい項目や表示方法等について、建築物のエネルギー消費性能の表示に関する指針（以下「建築物エネルギー消費性能表示指針」という。）に基づき、消費者が建築物の購入や賃借を検討する際に、エネルギー消費性能を踏まえて適切に判断することができるよう、建築物エネルギー消費性能表示指針に則ったエネルギー消費性能の分かりやすい表示の実施を促進する。

②　基準適合認定表示制度

本法では、建築物エネルギー消費性能基準に適合している旨の認定を受けた場合には、その旨の表示を付することができる制度（基準適合認定表示制度）が設けられている。特に既存建築物については、そのエネルギー消費性能は千差万別であるが、当該表示を付することで当該既存建築物が基準適合認定建築物であることを購入者や賃借人等が一目で認識できることとなる。

建築物の所有者は、既存建築物の省エネルギー改修等を行い、基準適合認定建築物とした場合に、本表示制度を活用することが考えられる。

(6)　誘導基準適合認定及び容積率の特例

国全体のエネルギー消費量を削減するに当たっては、エネルギー消費性能が建築物エネルギー消費性能基準を超える優れた建築物の普及を図ることが不可欠である。このため、本法では、複数の建築物の連携により高いエネルギー消費性能を実現しようとする取組を含め建築物エネルギー消費性能が建築物エネルギー消費性能誘導基準に適合すること等を認定基準とする建築物エネルギー消費性能向上計画の認定（以下(6)において「誘導基準適合認定」という。）及び容積率の特例を設けている。

所管行政庁は、誘導基準適合認定を受けた建築主（以下(6)において「認定建築主」という。）に対し、認定を受けた建築物エネルギー消費性能向上計画（以下(6)において「認定建築物エネルギー消費性能向上計画」という。）に基づくエネルギー消費性能向上のための建築物の新築等の状況について報告を求めることができることから、認定建築物エネルギー消費性能向上計画に従って建築物のエネルギー消費性能向上のための建築物の新築等がされることを確保するため、建築等に係る工事が終了した旨の報告を求める等、適切な措置を講ずることが必要である。具体的には、認定建築物エネルギー消費性能向上計画に従ってエネルギー消費性能向上のための建築物の新築等に係る工事が行われた旨を建築士等が確認した書類により報告を行うことを認定建築主に対し求めることとする。

また、国及び地方公共団体は、建築物のエネルギー消費性能の表示制度や支援措置等を通じて、認定建築物エネルギー消費性能向上計画に係る建築物のより一層の普及に努めることとする。

なお、建築物エネルギー消費性能誘導基準については、エネルギー需給の実態や目標、建築物のエネルギー消費性能の実態等を踏まえ、定期的にその水準の見直しを図ることとする。

(7)　地方公共団体の条例による建築物エネルギー消費性能基準の付加

地方公共団体は、その地方の自然的社会的条件の特殊性により、建築物エネルギー消費性能基準のみによってはエネルギー消費性能を確保することが困難であると認める場合においては、条例で、建築物エネルギー消費性能基準に必要な事項を付加することができることとする。

3.　エネルギー消費性能に優れた建築物の建築等及び取得時の負担の軽減

エネルギー消費性能に優れた建築物は、一般的な建築物と比較して新築、取得等に係る費用が一定程度高くなることが見込まれる。エネルギー消費性能に優れた建築物の新築、取得等に対するインセンティブを付与するため、建築物の省エネルギー化に要する費用に係る支援措置の充実に努めることとする。この場合において、既存建築物の断熱化等の躯体の改修は技術的にも容易でないこと、賃貸住宅については省エネルギー化による光熱費低減のメリットが所有者ではなく入居者に帰属すること、地域の気候風土によって省エネルギー化の達成のしやすさが異なること等、建築物の特性や地域特性に応じた支援措置が求められていることに留意する。

4. 設計、施工等を担う技術者の育成、中小工務店等の技術力向上等への配慮

エネルギー消費性能に優れた建築物の建築等を行うに当たっては専門的な知識が必要になることから、実際に設計・施工等を行う事業者や技術者等が、エネルギー消費性能に優れた建築物の設計や断熱施工に関する技術等を十分に修得できるよう努めることとする。特に、住宅・建設産業は、技術水準等に差のある大工・中小工務店等の占める割合が大きいことから、大工・中小工務店等に対する技術講習の実施等により、エネルギー消費性能に優れた建築物の建築等に関する技術の普及並びに人材の養成及び資質の向上に努めることとする。

また、本法に定める住宅トップランナー制度とあわせて、住宅事業者の自発的な取組を更に促すため、国は、住宅事業者から自発的に提供された住宅のエネルギー消費性能の向上に係る目標やその達成状況等の情報を集約し、消費者等に分かり易く公表する仕組みを整備するよう努めることとする。

5. 技術開発等

国は、建築物のエネルギー消費性能の向上に資する技術の開発及びエネルギー消費性能の評価のための手法の整備を支援するため、財政上の措置等の必要な措置を講ずるよう努めるとともに、それらの措置に係る十分な情報の提供を行うものとする。

また、本法に基づく国土交通大臣による特殊の構造又は設備を用いる建築物の認定制度について、適確な運用を図り、エネルギー消費性能の向上に資する新技術の普及・促進を図ることとする。

加えて、建築物のエネルギー消費性能の向上を進める上で、エネルギー消費性能の向上に資する科学技術の振興を図ることは、大きな意義を有するものであることを踏まえ、国は、現行の建築物エネルギー消費性能基準ではその効果が十分に評価できていない技術について、そのエネルギー消費性能等に係る調査研究及びデータの収集・蓄積の推進やその成果の普及等に努めるものとする。

国及び関係機関は、各技術におけるエネルギー消費性能の向上の効果や住宅の断熱化等による健康維持・増進効果等の検証について、協力して取り組むとともに、その検証結果等の情報発信等に努めるものとする。

6．気候風土適応住宅への配慮

伝統的構法の住宅については、断熱が困難な構法を採用していることや比較的大きな開口部を有していること等により、一般的に、建築物エネルギー消費性能基準への適合が困難な場合がある。

このため、本法では、通風の確保など地域の気候・風土・文化を踏まえた工夫の活用により優れた居住環境の確保を図る伝統的構法による住まいづくりの重要性に配慮し、地域の気候及び風土に応じた住宅については、届出義務制度及び評価・説明義務制度の適用にあたり、建築物エネルギー消費性能基準を一部合理化する措置を講じる。

第3　建築物のエネルギー消費性能の向上のために建築主等が講ずべき措置に関する基本的な事項

1．建築物の建築主が講ずべき措置

(1)　本法においては、規制的措置として、特定建築行為を行う建築主に対しては、基準適合義務が定められているほか、一定規模以上の建築物の建築を行う建築主については届出が義務付けられている。

その他の建築主についても、建築をしようとする建築物について、エネルギー消費性能基準に適合させるために必要な措置を講ずる努力義務が本法において定められている。具体的には、建築をしようとする建築物が建築物エネルギー消費性能基準に適合したものとなるよう、外壁、窓等を通しての熱の損失の防止、エネルギー消費効率に優れた空気調和設備等の採用、再生可能エネルギーの利用の推進等を図り、建築物エネルギー消費性能基準に適合するよう措置を講ずるよう努めるものとする。また、外壁、窓等を通しての熱の損失の防止を図るための措置については、次の措置を講ずるよう努めるものとする。

①　外壁の方位、室の配置等に配慮して建築物の配置計画及び平面計画を策定すること。

②　外壁、屋根、天井、床、窓等の開口部を断熱性の高いものとすること。

③　窓からの日射の適切な制御が可能な方式の採用等により日射による熱負荷の低減を図ること。

④　気密性の確保、防露性能の確保、室内空気汚染の防止等に十分配慮す

ること。

⑤　非住宅建築物については、屋内周囲空間の熱負荷の低減を図るものとし、誘導基準における外皮基準（PAL＊）を満たすよう措置を講ずること。

⑥　住宅については、建築物エネルギー消費性能基準等を定める省令（平成28年経済産業省・国土交通省令第1号）第1条第1項第2号イの外皮平均熱貫流率及び平均日射熱取得率の基準並びに別表1の気密性の確保及び結露の防止等の措置の基準等を満たす措置を講ずるよう努めること。

(2)　建築物の建築をしようとする者、建築物の直接外気に接する屋根、壁又は床の修繕又は模様替をしようとする者及び建築物への空気調和設備等の設置又は建築物に設けた空気調和設備等の改修をしようとする者は、当該建築物の外壁、窓等を通しての熱の損失の防止及び当該建築物に設ける空気調和設備等に係るエネルギーの効率的利用を図るため、適確な建築等を行うとともに、エネルギー消費効率が優れ、かつ、効率的な使用が可能となる空気調和設備等の設置又は適切な改修に努めるものとする。建築物に設けた設備等の性能を適確に発揮できるよう必要に応じ当該設備等の性能の検証（コミッショニング）を実施するよう努めるものとする。

2.　建築物の所有者等が講ずべき措置

(1)　建築物の所有者は、当該建築物の状況、投資効果等を総合的に勘案しつつ、次の事項を実施するよう努めるものとする。

①　エネルギー消費効率の向上及び効率的な使用の観点から、エネルギーを消費する既設の設備の更新及び改善並びに当該既設設備に係るエネルギーの使用の制御等の用に供する付加設備を導入すること。

②　建築物の外壁、窓等を通しての熱の損失の防止及び当該建築物に設ける空気調和設備等に係るエネルギーの効率的利用の観点から、当該建築物の適正な維持保全を行うとともに、当該建築物のエネルギー消費性能の向上を図るため、改修その他の所要の措置についても検討すること。

(2)　建築物の所有者、管理者又は占有者（以下(2)及び別表2において「所有者等」という。）は、当該建築物の外壁、窓等を通しての熱の損失の防止のため、別表2の建築物の所有者等の維持保全に関する措置の基準を満たすよう努めるとともに、空気調和設備等に係るエネルギーの効率的利用に努めるものとする。

特に、特定建築物の所有者は、建築物エネルギー消費性能基準に適合する状態が維持されるよう特定建築物の維持保全を実施するよう努めるものとする。

(3)　建築物の所有者は、建築物エネルギー消費性能表示指針に則って表示するように努めるものとする。

3.　建築物の設計者等が講ずべき措置

建築物の設計又は施工を行う者は、適確な設計又は施工を行うことを通じて、建築物のエネルギー消費性能の向上に努めるものとする。

建築物の設計又は施工に当たっては、外壁、窓等を通しての熱の損失の防止措置に関して適切に設計又は施工を行うとともに、より高効率な空気調和設備等や太陽光発電等の再生可能エネルギーを利用する設備の利用、更新等が図られるよう努め、省エネルギーの観点からより適切な運転を実現できるよう、設備等の性能の検証や最適化等を適確に実施し、適切な施工を行うよう努めるものとする。特に、住宅の断熱材の施工に当たっては、別表3の住宅の断熱材の施工に係る留意事項に配慮することとする。

また、小規模建築物は、建築物のエネルギー消費性能に関して十分な知識を有していない個人が建築主である場合が多く、建築物のエネルギー消費性能に関する建築主の理解の不足が建築物のエネルギー消費性能向上の課題となっている。一方で、建築主自身が当該建築物の居住者や利用者になることが多く、設計時点における建築主に対する建築物のエネルギー消費性能に関する情報の提供が、建築物のエネルギー消費性能の向上のきっかけとなると考えられることから、評価・説明義務制度の適切な実施を通じて建築主の行動変容を促すよう努めるものとする。この際、あわせて、建築物の使用及び維持保全に係る留意点等について説明することが望ましい。

4.　特定建築主等が講ずべき措置

特定建築主は、分譲型一戸建て規格住宅につき、また、特定建設工事業者は、請負型規格住宅につき、そのエネルギー消費性能の一層の向上のために必要な住宅の構造及び設備に関する基準を満たすよう努めることとする。具体的には、当該住宅の外壁、窓等を通しての熱の損失の防止及び住宅に設ける空気調和設備等に係るエネルギーの効率的利用等によるエネルギー消費性能の向上を図るため、適確な建築等を行い、エネルギー消費効率が優れた空気調和設備等の設置及び再生可能エネルギーの利用の推進等を図り、エネルギー消費性能の向上に資する住宅に関する技術の開発及び導入に努めるものとする。

5．建築物の販売・賃貸事業者が講ずべき措置

建築物の販売・賃貸事業者は、消費者がエネルギー消費性能に優れた建築物の選択をより行いやすくする観点から、建築物エネルギー消費性能表示指針に則った表示を行い、自らが販売又は賃貸する建築物のエネルギー消費性能の情報の提供等に努めるものとする。

6．熱損失防止建築材料の製造事業者等が講ずべき措置

熱損失防止建築材料（建築物の直接外気に接する屋根、壁又は床（これらに設ける窓その他の開口部を含む。）を通しての熱の損失の防止の用に供される建築材料をいう。以下6. において同じ。）の製造を行う者は、その製造に係る熱損失防止建築材料につき、製品開発、設計、試作及び量産の各段階において熱の損失の防止に関する性能の向上に力点を置いた事業活動を展開するよう努めるものとする。

熱損失防止建築材料の製造、加工、輸入又は販売の事業を行う者は、熱の損失の防止に関する性能の優れた建築材料が普及するよう、当該性能に関する規格の設定、施工の容易性の向上に努めるとともに、建築主、設計事務所、ハウスメーカー、工務店、建築材料製造事業者等に対する熱損失防止建築材料の適正な選択に資する情報の提供その他所要の措置を講ずるよう努めるものとする。

別表1　気密性の確保及び結露の防止等の措置の基準

1　気密性の確保

室内に直接侵入する隙間風の防止による暖冷房負荷の削減、壁体内気流の防止措置による断熱材の断熱効果の補完及び適確な計画換気の実現のため、気密性を確保するための措置を講ずるものとする。

2　防露性能の確保

次の事項に留意し、単位住戸の断熱性能及び耐久性能を損なうおそれのある結露の発生を防止するための措置を講ずるものとする。

(1)　表面結露の防止

単位住戸の断熱性能が外皮平均熱貫流率の基準に適合する場合であっても、断熱構造化すべき部位において、表面結露が発生するおそれのある著しく断熱構造を欠く部分（開口部を除く。）を設けないこと。

(2)　内部結露の防止

断熱材の内部又は断熱材よりも屋外にあって外気に開放されていない部

分においては、内部結露の発生を防止するため、水蒸気の侵入及び排出について考慮し、当該部分に多量の水蒸気が滞留しないよう適切な措置を講ずること。

3　暖房機器等による室内空気汚染の防止

単位住戸に開放燃焼式の暖房機器又は給湯機器を設置する場合にあっては、室内空気汚染を可能な限り防止するための措置を講ずるものとする。

4　防暑のための通気経路の確保

夏期の防暑のために通風が有効な地域における単位住戸について、防犯及び騒音防止の観点から日常生活に支障のない範囲で通風経路の確保に努めるものとする。

別表2　建築物の所有者等の維持保全に関する措置の基準

建築物の所有者等は、次に掲げる事項を適確に講ずるよう努めるものとする。

1　建築物の外壁、窓等を通しての熱の損失の防止

次に掲げる事項に配慮し、建築物の外壁、窓等を通しての熱の損失の防止を図るものとする。

(1)　熱の損失が増大しないよう採用した室の配置等の維持保全をすること。

(2)　外壁、屋根、床、窓等の開口部の清掃、補修等により、これらの断熱性の維持保全をすること。

(3)　窓からの日射の制御の状態の点検、緑化施設の保全等により、日射による熱負荷の低減措置の維持保全をすること。

なお、住宅の維持保全については、躯体（屋根（小屋裏又は天井裏が外気に通じているものを除く。以下同じ。）又はその直下の天井、外気等（外気又は外気に通じる床裏、小屋裏若しくは天井裏をいう。以下(3)において同じ。）に接する天井、壁、床（地盤面をコンクリートその他これに類する材料で覆ったもの又は床裏が外気に通じないもの（以下(3)において「土間床等」という。）を除く。以下同じ。）及び外周が外気等に接する土間床等をいう。）及び開口部の断熱性能等に係る維持保全については、その断熱性能等の低下を抑制するため、次に掲げる事項について定期的に点検し、必要に応じて適切に補修すること。

①　屋根及び外壁の表面のひび割れ、剥がれ等の有無

②　開口部の建具の破損、隙間等の有無

③　ひさし、軒その他日射の侵入を防止する部分の破損の有無

2　空気調和設備に係るエネルギーの効率的利用

次に掲げる事項に配慮し、空気調和設備に係るエネルギーの効率的利用を図るものとする。

(1)　室等の空気調和負荷の特性等に配慮して採用した空気調和設備のシステムの維持保全をすること。

(2)　風道、配管等の点検、補修等により、エネルギーの損失を抑制するために採用した熱搬送設備の維持保全をすること。

(3)　熱源機器、ポンプ、空気調和機等の作動状況の点検等により、採用した空気調和設備の制御方法の維持保全をすること。

(4)　熱源システムの点検等により、採用した熱源システムのエネルギーの利用効率を維持すること。

3　空気調和設備以外の機械換気設備に係るエネルギーの効率的利用

次に掲げる事項に配慮し、空気調和設備以外の機械換気設備に係るエネルギーの効率的利用を図るものとする。

(1)　風道等の点検、補修等により、エネルギーの損失を抑制するために採用した空気搬送設備の維持保全をすること。

(2)　送風機等の作動状況の点検等により、採用した機械換気設備の制御方法の維持保全をすること。

(3)　機器の点検、清掃等により、採用した機器の換気能力及びエネルギーの利用効率を維持すること。

4　照明設備に係るエネルギーの効率的利用

次に掲げる事項に配慮し、照明設備に係るエネルギーの効率的利用を図るものとする。

(1)　照明設備の点検、清掃等により、採用した照明設備の効率を維持すること。

(2)　照明設備の作動状況の点検等により、採用した照明設備の制御方法の維持保全をすること。

(3)　保守管理に配慮して採用した設置方法の維持保全をすること。

(4)　照明設備の配置、照度、室等の形状、内装仕上げ等の維持保全をすること。

5　給湯設備に係るエネルギーの効率的利用

次に掲げる事項に配慮し、給湯設備に係るエネルギーの効率的利用を図るものとする。

(1)　配管の点検、補修等により、エネルギーの損失を抑制するために採用した配管設備の維持保全をすること。

(2)　熱源機器、ポンプ等の作動状態の点検等により、採用した給湯設備の制御方法の維持保全をすること。

(3)　熱源システムの点検等により、採用した熱源システムのエネルギーの利用効率を維持すること。

6　昇降機に係るエネルギーの効率的利用

次に掲げる事項に配慮し、昇降機に係るエネルギーの効率的利用を図るものとする。

(1)　昇降機の作動状況の点検等により、採用した昇降機の制御方法の維持保全をすること。

(2)　駆動装置の点検等により、採用した駆動装置のエネルギーの利用効率を維持すること。

7　エネルギー利用効率化設備に係るエネルギーの効率的利用

次に掲げる事項に配慮し、エネルギー利用効率化設備に係るエネルギーの効率的利用を図るものとする。

(1)　エネルギー利用効率化設備の点検、清掃等により、採用したエネルギー利用効率化設備の効率を維持すること。

(2)　エネルギー利用効率化設備の作動状況の点検等により、採用したエネルギー利用効率化設備の制御方法の維持保全をすること。

(3)　保守管理に配慮して採用した設置方法の維持保全をすること。

別表3　住宅の断熱材の施工に係る留意事項

断熱材の施工に当たっては、次に掲げる事項に配慮すること。

(1)　断熱材は、必要な部分に隙間が生じないよう施工すること。

(2)　外壁の内部の空間が外気に通じる天井裏又は外気に通じる床裏に対し開放されている住宅の当該外壁に充填断熱工法によって断熱施工する場合にあっては、当該外壁の上下端部、床、天井又は屋根との取合部に気流止めを設けること。

(3)　間仕切壁と天井又は床との取合部において、間仕切壁の内部の空間が外気に通じる天井裏又は外気に通じる床裏に対し開放されている場合にあっては、当該取合部に気流止めを設けること。

(4)　グラスウール、ロックウール、セルローズファイバー等の繊維系断熱材、プラスチック系断熱材（産業標準化法（昭和24年法律第185号）に基づく日本産業規格（以下「日本産業規格」という。）A 9521（建築用断熱材）に規定するもの、日本産業規格A 9526（建築物断熱用吹付け硬質ウレタンフォーム）に規定する吹付け硬質ウレタンフォームA種1、A種1H、A種2又はA種2Hに適合するもの及びこれらと同等以上の透湿抵抗を有するものを除く。）その他これらに類するものであって透湿抵抗の小さい断熱材を使用する場合にあっては、防湿層（断熱層（断熱材で構成される層をいう。以下(4)において同じ。）の室内側に設けられ、防湿性が高い材料で構成される層であって、断熱層への漏気及び水蒸気の侵入を防止するものをいう。）を設けること。ただし、結露の発生の防止に有効な措置が講じられていることが確かめられた場合にあっては、この限りでない。

○建築物のエネルギー消費性能の向上に関する法律施行令第3条第3号の規定に基づき、居住者以外の者が主として利用していると認められるものを定める件

（平成28年11月30日
国土交通省告示第1376号）

建築物のエネルギー消費性能の向上に関する法律施行令（平成28年政令第8号）第3条第3号の規定に基づき、居住者以外の者が主として利用していると認められるものを次のように定める。

1　建築物のエネルギー消費性能の向上に関する法律施行令第3条第3号の居住者以外の者が主として利用していると認められるものとして国土交通大臣が定める建築物の部分（次項において「特定共用部分」という。）は、次に掲げる要件を満たす部分とする。

一　居住者以外の者が当該部分を利用すること。

二　当該部分の存する建築物における、居住者以外の者のみが利用する部分の床面積の合計が、居住者のみが利用する部分の床面積の合計より大きいこと。

2　建築物の計画から想定される当該部分の利用状況に照らして、前項第2号の要件により難い事情がある場合は、前項の規定にかかわらず、当該状況に応じて適当と認められる部分を特定共用部分とする。

附　則

この告示は、建築物のエネルギー消費性能の向上に関する法律（平成27年法律第53号）の一部の施行の日（平成29年4月1日）から施行する。

○建築物のエネルギー消費性能の向上に関する法律施行令第7条第1項第2号の規定に基づき、壁を有しないことその他の高い開放性を有するものを定める件

（平成28年11月30日
国土交通省告示第1377号）

建築物のエネルギー消費性能の向上に関する法律施行令（平成28年政令第8号）第7条第1項第2号の規定に基づき、壁を有しないことその他の高い開放性を有するものを次のように定める。

建築物のエネルギー消費性能の向上に関する法律施行令第7条第1項第2号の壁を有しないことその他の高い開放性を有するものとして国土交通大臣が定める用途は、当該用途に供する建築物の構造が次のいずれかの要件を満たす用途とする。

一　壁を有しないこと。

二　内部に間仕切壁又は戸（ふすま、障子その他これらに類するものを除く。）を有しない階又はその一部であって、その床面積に対する常時外気に開放された開口部の面積の割合が20分の1以上である部分のみで構成されていること。

附　則

この告示は、建築物のエネルギー消費性能の向上に関する法律（平成27年法律第53号）の一部の施行の日（平成29年4月1日）から施行する。

○地域の気候及び風土に応じた住宅であることにより建築物エネルギー消費性能基準等を定める省令第1条第1項第2号イに適合させることが困難であるものとして国土交通大臣が定める基準を定める件

（令和元年11月15日
国土交通省告示第786号）

建築物エネルギー消費性能基準等を定める省令（平成28年経済産業省・国土交通省令第1号）附則第2条の規定に基づき、地域の気候及び風土に応じた住宅であることにより同令第1条第1項第2号イに適合させることが困難であるものとして国土交通大臣が定める基準を次のように定める。

1　建築物エネルギー消費性能基準等を定める省令附則第2条に規定する地域の気候及び風土に応じた住宅であることにより同令第1条第1項第2号イに適合させることが困難であるものとして国土交通大臣が定める基準は、次の各号に掲げる要件に適合するものであることとする。

一　次のイからハまでのいずれかに該当するものであること

イ　外壁の過半が両面を真壁造とした土塗壁であること

ロ　外壁が両面を真壁造とした落とし込み板壁であること

ハ　次の(1)及び(2)に該当すること

(1)　外壁について、次の(ⅰ)から(ⅲ)までのいずれかに該当すること

(ⅰ)　片面を真壁造とした土塗壁であること

(ⅱ)　片面を真壁造とした落とし込み板壁であること

(ⅲ)　過半が両面を真壁造とした落とし込み板壁であること

(2)　屋根、床及び窓について、次の(ⅰ)から(ⅲ)までのいずれかに該当すること

(ⅰ)　屋根が化粧野地天井であること

(ⅱ)　床が板張りであること

(ⅲ)　窓の過半が地場製作の木製建具であること

二　所管行政庁が、その地方の自然的社会的条件の特殊性により、前号に掲げる要件のみでは、地域の気候及び風土に応じた住宅であると認められない場合において、当該要件に必要な要件を付加したものを別に定めている場合には、これに適合していること

2　所管行政庁は、その地方の自然的社会的条件の特殊性により、前項各号に掲げる要件では、地域の気候及び風土に応じた住宅であると認められない場合においては、当該要件と同等であると認められるものを別に定めることができる。

附　則

この告示は、令和元年11月16日から施行する。

〔令和元年11月施行〕
Q＆A　改正建築物省エネ法のポイント

令和2年1月24日　初版発行

編　集　建築物省エネ法研究会

発行者　新日本法規出版株式会社
代表者　星　謙一郎

発行所　新日本法規出版株式会社

本　社 総轄本部　(460-8455)　名古屋市中区栄1－23－20
電話　代表　052(211)1525

東京本社　(162-8407)　東京都新宿区市谷砂土原町2－6
電話　代表　03(3269)2220

支　社　札幌・仙台・東京・関東・名古屋・大阪・広島
高松・福岡

ホームページ　https://www.sn-hoki.co.jp/

ISBN978-4-7882-8669-6
5100107　改正省エネ法